# 我与律师学院

## 中国人民大学律师学院十周年纪念文集

## 2010—2020

中国人民大学律师学院 / 组编

中国法制出版社
CHINA LEGAL PUBLISHING HOUSE

## 中国人民大学律师学院

成立于2010年4月26日，是中国人民大学为落实国家法律人才发展战略、创立中国律师专业化教育体系而设立，是我国第一所由部属重点高校组建的律师学院，归属中国人民大学法学院管理。

律师学院承担着中国人民大学法学院全日制法律硕士（律师方向）研究生培养的重要任务，同时积极开展学术研究、教育培训、国际交流，编辑出版各类教材等，践行培养高素质、复合型法律人才，服务于社会、服务于法律实务界的社会责任。

# 中国人民大学律师学院十周年纪念文集
# 出版说明

中国人民大学律师学院成立于 2010 年 4 月 26 日，是中国人民大学为落实国家法律人才培养战略、创立中国律师专业化教育体系而设立，是我国第一所由部属重点高校组建的律师学院，归属中国人民大学法学院管理。

律师学院承担着中国人民大学法学院法律硕士（律师方向）研究生培养的重要任务，同时积极开展学术研究，教育培训，国际交流，编辑出版各类教材、专著等，践行培养高素质、复合型法律人才，服务于社会、服务于法律实务界的社会责任。

至 2020 年，律师学院已创建十年，培养的法律硕士（律师方向）研究生有 238 人，已毕业执业或从事法律实务工作的有 177 人，在读 61 人，已培训全国律师 23000 余人次。律师学院已出版的教材包括“基础律师实务”和“高端业务实录”系列 27 册，陆续出版“律师操典”系列教材 10 余册，出版了《中国律师教育发展研究报告》《中国公司律师发展白皮书（2019）》等研究报告及《医患纠纷法律问题研究》等学术专著。律师学院创设的研究机构有：中蒙 / 蒙中法律服务研究中心、中国人民大学律师学院艺术与法律研究中心、中国人民大学律师学院商事犯罪研究中心、中国人民大学律师学院公职律师与公司律师研究中心、中国人民大学双创法律服务工作站（法硕创新创业实践基地）等。中国法学会律师法学研究会的秘书处是研究会的常设机构，设于律师学院。律师学院作为创始发起单位，成立了“中国律师教育联盟”，联盟成员包括 32 家全国高等院校、律师协会的律师学院。

在律师学院成立十周年之际，学院的创建者——人大法学院 1978 级（以下简称 78 级）校友、学院教师、校外实务导师、友人、学生和培训学员等热情高涨，纷纷自发撰文祝贺，以不同的视角描绘了律师学院自创建之初到建院十年的方方面面……自古名联有曰：

上　联：肇启文明运

下　联：宏开富有基

横　批：丰硕有年

我们借用“肇启”“宏开”“丰硕”之意，分章收录了大家的文章，结集以贺。

总结和检视律师学院十年来的发展和路径，在学校和法学院的进一步要求和指导下，律师学院应清晰定位，在制度建设及各项管理规范上趋于完善，以求健康运营、更上一层楼。

目录
Contents

## 第一部分　肇启

## 第二部分　宏开



## 第三部分　丰硕

## 附录　中国人民大学律师学院各研究机构及十年分类大事记

1

CHAPTER

第一部分

# 肇　启

# 追忆律师学院成立二三事

韩玉胜[*]

一转眼，律师学院成立十周年了，常言道，“十年树木，百年树人”，此言不虚。十年走过来，律师学院发展到今天，实属不易。想起十年前，人大法律系78级的若干热心校友，为律师学院的成立群策群力，出谋划策，踊跃出资赞助，确实很有感触。值此律师学院成立十周年之际，把成立律师学院过程中的几件事情捋一捋，也算是做一个律师学院的“史记”吧。以下我用美术中的白描手法，不做任何修饰，本色还原当时的场景和过程。

## 一、成立律师学院的缘起

2009年年底，法律系78级的老大哥邱贵生偕公子开车从沈阳到北京，住在校内的贤进大厦，邱大哥照例约请北京的几位老同学吃饭，谁有时间谁就来，那次来的78级同学有万春、李争平、黄海星、刘瑞起、洪道德、马晓琳、王洪涛等，还有我。老同学见面非常亲热，在

---

* 中国人民大学律师学院副院长，中国人民大学法学院教授、博士生导师，中国人民大学犯罪与监狱学研究所所长，北京地石律师事务所主任，执业律师。曾任中国监狱工作协会副会长，曾挂职于北京市怀柔区人民检察院任副检察长，担任多家公检法司专家咨询委员会委员或顾问。

席间，大家互相打听彼此的近况，聊得挺热闹。大家聊到老同学刘春田牵头成立了知识产权学院，聊到知识产权学院是二级学院，由法学院代管，又聊到我办了退休手续之后当了法学院校友工作委员会主任，东一句西一句，没有主题，海阔天空。邱大哥一直笑眯眯地听大家说，偶尔插话问一句，他就是这样，永远话不多说，但是他说出的话往往都很有分量。等大家聊得差不多了，他开口说道：听大家说了这么多，我有个想法和大家商量一下。刚才大家一边说我一边在想，明年是法学院成立 60 周年，每年咱们都是给法学院捐款，这次咱们能不能给法学院送上一份特别的礼物。送什么呢？知识产权学院给我一个启发，咱们同学有那么多做律师的，有这个能力，是不是可以由 78 级校友集资，在人大成立一个律师学院，正好老韩也退休了，还当了法学院校友办的主任，有时间也有精力和法学院沟通协调这件事。老韩在法学院工作几十年，人都比较熟，可以先探探路，看看有没有可能性，如果有，咱们就做起来。咱们这次给学校捐一个律师学院作为校庆礼物，听听大家的意见怎么样。邱大哥的话一下子让大家都很兴奋，七嘴八舌说了很多，但归根结底都是赞成做这件事。最激动的是黄海星，到底是在中央电视台做传媒的，说了一大堆做这件事的必要性，又举了其他地方的很多例子。洪道德是 78 级同学里的小字辈，平时碍于辈分不太多说话，那天也说对此事他愿意出钱出力。马晓琳说这绝对是个开创性的事，值得去做。万春一如既往只笑不说话，问到他才说，这是好事可以试试。李争平只说了一句：我听老大哥的，需要我做什么尽管吩咐。刘瑞起是个精细人，一直和王洪涛嘀嘀咕咕的，不知道在说什么。老邱问他有什么想法，他说，刚才和洪涛在算计，在学校成立个学院需要多少钱，是 500 万元还是 1000 万元？老邱说，老韩是学校的“坐地炮”，对学校的情况最了解，问我大概需要多少钱，我说真的不知道，没这个概念，因为人大从来没有过校友集资建一个学院的先例。老邱说让我先问一下法学院院方的意思，如果法学院同意成立律师学院，并且向学校提出申请，那就马上动手筹办这件事；如果法学院认为没必要，那就算了。之所以要通过法学院办这件事，是因为有知识产权学院的先例可以做参照。我那时候刚刚办了退休手续，本来不想再干这样的杂事，对这件事心里一点儿底都没有，但是看着大家个个那么有劲头，我实在不好意思说不，而且只是让我问问，成不成还不一定呢。

说到这儿，我要实事求是地说，最早提出要办一个律师学院想法的，是我们的老大哥邱贵生，而且是在餐厅吃饭时的非正式场合提出来的。现在回想起来，成立律师学院动议的提出竟然如此简单，如此不正规，但是却实实在在成为后来一步步走下去的开端，回过头来看甚至觉得有点儿不可思议。世间的事情常常就是这么奇怪，在不经意间办了一件大事。

十年前的事了，现在回想起各位同学的神态和发言，恍如昨日，历历在目，当时在座的各位同学可以做个见证。

## 二、雷厉风行的法学院

2010 年元旦刚过，法学院院长韩大元到我办公室，找我谈返聘的事，让我继续支持法学院的工作。我说，个人意见，返聘三年把正在指导的硕士博士生毕业送走就行了。说到支持工作，正好有件事情要报告。我把 78 级校友准备集资捐助成立律师学院的事详细做了说明，大元院长非常感兴趣，说现在教育部、学校都要求在教育上开拓创新，但是一直找不到创新的突破口，成立律师学院是一个非常大胆的想法，而且是由校友集资捐助，不用国家和学校投资一分钱，人大从来没有过这样的办学模式，全国高校也没听说过这样的先例，完全由校友自发出资建一个学院，这是个创举，他个人非常支持这件事，但是还要经法学院办公会议研究才能决定。大元院长仔细询问了 78 级校友商量这件事的过程，他说既然要做这件事，就必须落在实处，可以先行集资 500 万元作为启动和运行资金，以后的律师学院自负盈亏。大元院长还对我说，如果这件事确定下来就向学校写正式报告，一个班的校友出资 500 万元捐建律师学院，不占用学校经费，学校应该会支持。大元院长说，现在要做三件事，一是他在法学院办公会议上提出这件事进行讨论；二是他去面见纪校长沟通汇报；三是让我尽快联系校友把集资 500 万元的事落实。第三件事一办妥，他马上去办前两件事。

说实话，我没想到大元院长会这么支持成立律师学院，更没想到沟通会如此顺利。我马上给邱贵生打电话，老大哥也没想到会这么快就有回音，他让我联系刘瑞起、黄海星等。我和瑞起一说，他也非常高兴，说就是集资 500 万元吧？他来筹划，一两天告诉我结果。结果当天晚上就告诉我，集资的事办妥了，邱贵生、黄士林、徐建、刘瑞起各出资 100 万元共计 400 万元，其他同学量力而行凑 100 万元，肯定没问题。第二天，瑞起打电话给我，说问过了，还有 12 个同学愿意出资，有出 10 万元的，有出 20 万元的，一共有 140 万元，最后决定原来准备出 100 万元的，各核减 10 万元，总计 500 万元，随时可以打款到指定账户。我马上把集资 500 万元已经确定的事报告给大元院长，他大概也没想到会这么快就把 500 万元搞定了，说他会尽快在院办公会议上提出讨论，可能还需要找 78 级的校友座谈商量一些具体细节问题，说我算一个校友代表，再看看还有其他哪些校友能来。原来我说让四个主要出资人来参加座谈会，后来邱贵生说，他在沈阳，黄士林、徐建在深圳，来回跑不太方便，刘瑞起在北京，就由刘瑞起和我代表 78 级校友吧。后来法学院召集开了几次会议，大元院长每次都参加，另有法学院的副院长胡锦光、龙翼飞以及姚辉、叶林、潘文军等老师，当然还有刘瑞起和我。座谈会商量了律师学院的组织形式，由法学院指派 7 人、78 级校友推举 4 人组成理事会，由法学院院长担任理事长，78 级同学一人担任副理事长，78 级同学出任律师学院院长，法学院指派一人担任执行院长，另指任两个副院长。座谈会讨论了理事会的章程，法学院和 78 级校友的协议，还讨论了其他一些具体事项。记得开会时大家开玩笑，说我既是 78 级校友在法学院的“卧底”，又是法学院在 78 级校友里的“卧底”，一手托两家，引得大家哈哈一笑。虽然在开会时是说个玩笑话，但是私下里大元院长跟我说得很明白，我是法学院的老同志了，既代表 78 级校友，更代表法学院，以后出了任何问题都唯我是问。

这期间，刘瑞起和黄海星几乎天天来找我，甚至我下楼准备回家，他们俩也和我一起下楼，站在明德广场上还能说半天。说不烦那是假的，但是我也理解他们的心情，大家都急于知道法学院为成立律师学院的事在做着哪些准备。特别是黄海星，嘴角冒着沫不停地说，翻来覆去地说，刘瑞起偶尔搭句话，黄海星顺着刘瑞起的话又说了一大堆。现在回过头来想想，他们对这件事情的用心程度远在我之上，若没他们天天督促着，我可能就被惰性牵着走了。

## 三、破茧而出的律师学院

法学院办公会议到底怎么研究的，我不得而知，但是，我知道法学院办公室很多人都在忙着筹备成立律师学院的事。路磊几乎天天和我联系，甚至有时一天联系好几次。我查了一下邮箱，从 2010 年年初开始，和黄士林、徐建、黄海星、薛庆予以及路磊等来往的邮件有 40 多封，和刘瑞起差不多天天见面，成立律师学院是个设想，说说很简单，真运作起来杂七杂八的事情很多。比如，理事会中 78 级校友的推荐人选、第一任院长的人选、理事会章程的起草、与法学院协议的起草、成立大会拟邀请的嘉宾、顾问委员会的组成人选，等等。因为我在学校，所以成了 78 级校友和法学院沟通联系中转平台的不二人选，几乎每天都在沟通。

关于律师学院院长的推荐人选，当时有两个考虑：一个是我，理由是我在法学院工作了几十年，人熟好办事；刚刚退休，有时间有精力做这件事；以前做过法律系的副主任，有经验。一个是徐建，理由是做律师几十年，律师执业的经历丰富；社会活动能力强，精力充沛，能张罗；做过深圳律师协会的会长，有经验。邱贵生特意来北京，找我谈谁当院长的问题。我说我不合适，因为在学校工作时间太长，已经有固定的思维模式，缺乏创新意识，难以胜任律师学院工作的要求，而且我这个人惰性比较强，安分守己，知足常乐，不擅长做开创性的工作，只适宜守摊儿。相比之下，徐建做律师的经验、精力、能力都比我强太多了，特别是他活跃的思维、不墨守成规的视角是我所不具备的，是创办和运作律师学院这样一个新生事物极为需要的。所以，徐建做院长要比我更合适。邱大哥觉得，我说的话有一定道理，他说打电话跟徐建谈谈。当时他对我提出了一个要求，就是我必须做副院长，一是帮助徐建协调和法学院、学校的关系，二是徐建不在北京的时候保证律师学院的正常运转。面对老大哥的苦口婆心，我没有理由拒绝。

2010 年 2 月初，我去深圳办事，那天晚上狂风大作，暴雨倾盆，徐建冒着风雨到酒店找我，我们俩一直聊到夜里 3 点多。他说自己不适合当院长也不想当院长，当初就是从北京到深圳来的，不愿意吃回头草，而且现在家居深圳，工作在深圳，经常去北京多有不便，又没有在学校工作的经历，恐怕力不从心耽误事。我把和邱老哥谈话的内容告诉他，对他说我可以做副手，协助他协调学校里各个方面的关系。他最后说再考虑考虑。

向韩大元院长报告时，我说 78 级校友一致推荐徐建做律师学院的第一任院长，并且讲了几个理由，这几个理由在法学院给学校的报告中几乎原封不动地写上了。

直到看到由校长签署的关于同意设立律师学院的批件，才知道，2010 年 2 月和 3 月，法学院分别向学校写了关于申请成立律师学院的报告和补充报告，学校发展规划处于 4 月 13 日向学校提交了关于成立律师学院的请示，4 月 24 日纪校长签署了同意成立律师学院的决定，4 月 25 日学校正式下发了文件，4 月 26 日举行了律师学院成立大会。严格来说，律师学院的成立日期应当以纪校长签发决定的 2010 年 4 月 24 日为准。

中国人民大学律师学院成立大会的盛况有当时各家媒体的详细报道，可谓有案可查，就不再赘述了。

最后要说明的是，在 78 级校友商量成立律师学院一事时，就达成了共识，律师学院虽然是由 78 级校友集资捐助的，但本身是中国人民大学的律师学院，是法学院下属的二级学院，78 级校友只是开了个头。作为法学院校友的一部分，78 级校友希望全体校友都支持律师学院的工作，并积极参与到律师学院的各项工作中，把律师学院作为校友的一项事业，继往开来，一直传承下去。

本文开头写的是为律师学院成立一事做个“史记”，按照司马迁、太史公写史的规矩，要对每个记载的历史事件和人物注明出处，我当然不能破例。有关律师学院成立的往来邮件、申请报告、补充报告、请示报告、批准文件可为书证，各位参与此事的 78 级校友、法学院的各位领导、同仁可为人证，当然还有我自己的亲身经历，写了以上文字，权当律师学院酝酿成立过程的一个“大事记”。

# 律　　缘

黄士林*

律师学院成立十年了，我在学院理事会担任副理事长，虽然不处于学院运营管理的一线，但在每年一次的理事会年会上都要讨论律师学院的工作总结与重大事项，与人大法律系78级老校友及人大法学院领导和教授聚在一起，参与和关注律师学院的建设与发展。

人大法律系78级只有一个班，一共38个人。1982年毕业，到2020年刚好经历了38年。如果按班上最小年龄的同学算，毕业时22岁，加上38年今年刚好60岁，基本上都已退休养老了。这些同学当年毕业时没有一个人是被安排做律师的，也没有人以律师作为职业志向。但是经过七八年的折腾和选择，想不到38个人中有25人先后做了专职律师和兼职律师，占总人数的65%以上。这个统计结果确实很有意思，这也为十年前设立人大律师学院的渊源做了一个注脚。

* 中国人民大学律师学院副理事长，中国人民大学律师学院法律硕士研究生实务导师，一级律师。

## 律路开启

在 38 年前的 1982 年，人大法律系 78 级毕业生除留在高校教学或继续读研外，大多数分配到北京的各部委机关。在那个还是以计划经济为主的年代，国家法制还不太成形，我们这届毕业生没人会想到从事法律实务职业，甚至分配到法院或检察院工作也会被认为是相对差的结果，更不用说做律师了。当时作为首都的北京也只是按照行政区域设立了一些“法律顾问处”，虽然从事律师业务但不是叫作律师，而是叫作法律顾问或法律工作者，这显然不是当时法律院校毕业生的落脚之地。回头看，我们这些学法律的毕业生竟然不想从事法律实务工作也是蛮笑话的。那么不干法律干什么呢？假定当时允许个人选择工作岗位，说句实在话，我想多数人也搞不清楚自己适合做什么，一切都是“懵嚓嚓”的，只能是一边走一边看。

1983 年，深圳市组织部和人事局派人到北京招聘干部，我当时在国家劳动人事部政策研究室工作，招聘组就住在劳动人事部的招待所。我得悉消息后立刻溜过去了解情况，并对招聘人员所描绘的深圳特区新颖状况和光明前景有所触动。言罢立刻转告“北漂”同窗，一个是在人民银行总行条法司工作的徐建，一个是在最高人民法院经济审判庭工作的刘瑞起。北京籍同学肯定是对“南漂”不感兴趣的，只有我们这些“北漂”才有一颗躁动的心。当然也有例外，分配在全国人大法工委工作的具有诗人情愫的杨松，是我们班最早跑到深圳做律师的北京人。

我带徐建和刘瑞起见了深圳招聘组的负责人曾运深，招聘组对于他们这样的高质量人才相当满意，恨不得马上把人领走。当时深圳为法律人才安排的工作领域和岗位还很窄，但其中有律师行业。刘瑞起非常肯定地表示愿意到深圳做律师；徐建初始愿望是去深圳外贸单位，但招聘组说外贸单位没有适合干法律的工作岗位。我们三人商量后，觉得还是先去深圳做律师，如有不妥以后可再调换。我当时在部里干得不错，还没下定出走的决心，表示再等等，但这一等就是四年以后的事了，一直到 1987 年年底才调到深圳做律师。

深圳方面办事效率很高，人事商调函几日内就发给徐建和刘瑞起了。但在那个年代，调离北京、调离大机关也不是一件简单的事。据说二人各自在单位申请离京的理由皆是女友在异地，因为调女友进京工作是一件非常困难的事。当然，这种借口是真是假那只有他们二人清楚……徐建调深圳的手续很快就办好了，而刘瑞起却因最高人民法院人事部门对新来的大学生的限制，其调动手续拖延了很久。所以，徐建是我们班第一个调到深圳专门从事律师职业的，是真正的领头羊。

就我个人的印象，我们人大法律系 78 级同学陆续转到深圳做执业律师的，主要是通过深圳市司法局、法学会、蛇口工业区、深圳法制报社、中国法律事务中心（司法部直属所）深圳办事处等途径，最高峰的时候有 15 位同窗云集深圳做执业律师，占 78 级同学总数的近 40%。按时间顺序是：徐建、杨松、任湘清、刘瑞起、黄士林、张永明、卫毅、常韦、薛庆予、甄占川、郭少枝、陈里程（后转从政）、杨建东、苏北新、王洪涛（广东圣天平律所派驻北京分所合伙律师）。这些人在不同历史时期分散驻留在深圳诸多律所，总体涵盖了：深圳市对外经济律师事务所、深圳市经济贸易律师事务所、深圳市法律事务中心、深圳市振昌律师事务所、蛇口律师事务所、沙头角律师事务所、中国法律服务（香港）有限公司深圳办事处、中国法律事务中心深圳办事处、广东圣天平律师事务所及其北京分所、广东度量衡律师事务所、广东融关律师事务所、北京康达（深圳）律师事务所……由此，每人都在深圳打拼出一块天地。我原来帮徐建、刘瑞起联络和推荐到深圳的无意之举，竟在当时的南粤边陲小镇开创了北京律师界同学共聚的场面，这真是意想不到的结果。

## 律院情怀

现任律师学院院长刘瑞起既是一位功成名就的律师，也是一个素有教育情怀的人。记得十几年前他在深圳做执业律师时就经常和我聊起搞教育的事，他说这大半生干律师已经满足了，挣的钱够花也就行了，得换个活法，用后半辈子做些教育的事利国利民，应该是最合适的选择。他这不经意的话让我心头一动。这哥们儿平时嘻嘻哈哈，满嘴江湖，给人一种混世人杰的印象，但想不到骨子里还有这种“高大上”的理想，不禁令我刮目相看。

说起青年律师教育培训的事情，本人做执业律师多年深有感触。那些新入行的年轻律师，虽然都受过高等法学教育并通过了律师资格考试，但普遍存在“不接地气”的情况，不会写法律文书，不会起草合同，不懂得怎样跟人打交道。如果不是指导律师认真细心地言传身教，往往三五年时间都难以独立操作。这说明我们的法学教育是有一定缺陷的，教学与实践结合不紧密，法律毕业生的技能尚不能满足律师工作的实际需要。

人大和北大都是以法学研究作为主要教育目标，早期的毕业生多数从事法学研究和教学工作；而历史上的各大政法院校则是以培养法律实务人才为主要目标，其毕业生大多数走向公检法岗位。但是随着社会发展，这种教育特点和职业分界逐渐被打破了。因此，人民大学不仅要培养法学研究人才，也要培养法律实务人才。十年前全国尚没有一所正规的、具备一定规模的律师学院，人民大学法律专业作为全国的领头羊，理应率先扛起律师专业教育的大旗。

人大律师学院的筹划及成功设立，除了当时的法学院院长韩大元教授起到的关键性作用，更离不开刘瑞起、韩玉胜、徐建三位学友的积极运作。

刘瑞起是个“智多星”人物，善于出谋划策，并且还能利用其所积累的人脉关系穿针引线，调动资源。这哥们儿还有个特点，出名得利的事他推别人身上去，自己乐得躲在后面当军师。在创办律师学院这件事情上，我第一次是从他那里听到的，后面的研讨、沟通、集资、审定方案及合同等，我也都是按照这位军师安排行动的。从那时起，刘瑞起的律师执业生涯明显缩减了，在北京的时间远远长于在深圳的时间，以至于最后从深圳人变回了北京人。

韩玉胜是人大法律系 78 级的老班长，善于组织领导，做事思维缜密。在这件事上他的位置比较特殊：既是律师学院的开办者 78 级同学的一员，又要代表人大法学院对律师学院进行管理和监督，用律师专业上的话说就是“利益冲突”，所以这活儿不好干，干好了是“桥梁”，干不好“两头不是人”。当然，最后结果还不错，当了“桥梁”，没当坏人。

至于徐建，那是一个公知性的扛旗人物，名头在外，广交社会各界名流，又做过深圳市司法局副局长和深圳市律师协会第一届民选会长，业绩显赫，在人大王利明副校长的支持下，担纲首届律师学院院长绝对是不二人选。

回忆往事，刘瑞起、韩玉胜、徐建三位人大法律系 78 级校友对律师学院的设立起到了开创性的作用，功不可没。不仅如此，这个创意摆到桌面上来的时候，似乎触动了 78 级校友心底里的母校情怀、教育事业情怀、律师事业情怀，可谓一呼众应，纷纷出心出力，慷慨解囊。除了前述仍在深圳执业的同窗外，远在沈阳的老大哥邱贵生，跨境（澳门）法律资政陈里程，央媒名记李争平、黄海星（现任律师学院副院长），民企老板王耀华，天津大学和中国政法大学著名教授何悦、洪道德，以及仍在母校执教的著名学者刘春田、徐孟洲等，都为律师学院的创建做出了极大的努力和贡献。这段历史值得我们永记。

律师学院十年来的发展与成绩有目共睹，无须我再来总结了。当然，目前还有很多不尽如人意之处，尚有诸多重大目标有待实现，各位任重道远，尚需努力。当人大法律系 78 级校友退出历史舞台时，我们希望律师学院能够顺利交接，继续存续，并不断发展壮大。不论未来如何，78 级校友创建律师学院的历史将是永存的。

# 一次具有历史意义的同学聚会

## ——人大律师学院筹备工作侧记

黄海星 *

2010年春节前的一天，正值我们人大法律系78级毕业生离开母校28周年的日子，十多位老同学为了一件重要的事情聚在了一起。聚会的地点是我找的，位于北四环国家奥林匹克体育中心院内的一家内部餐厅。这个餐厅我也是头一次去，虽不出名，但环境非常雅致。说好晚上6点半大家要聚齐，但有四五位同学在举办过1990年亚运会和2008奥运会的硕大的体育中心院子里迷路了，晕头转向围着英东游泳馆和体育场走了好几圈也找不到餐厅的门。那时还不时兴移动导航，找地方要靠询问，联系人要靠手机，为了能接上同学，我在餐厅门口进进出出了五六回，等同学全都凑齐，包间电视的《新闻联播》都播到国际简讯了。

让各位同学千辛万苦找到这家餐厅，其实并不完全是为了吃饭和联络感情，当晚还有更

* 中国人民大学律师学院副院长，中国人民大学律师学院法律硕士研究生实务导师，中国政法大学新闻与传播学院兼职教授，中华全国法制新闻协会副秘书长，中国广播电视社会组织联合会法制电视节目委员会秘书长，原中央广播电视总台高级记者，社会与法频道主编。

重要的事情需要大家来协商，只是刚好凑在了饭点。虽说大家都围着一个大圆桌，但年纪最大的老邱、老韩、北新和老蔡几位照例坐在了主宾的位置上，而开场白则是由德高望重的邱贵生同学来做。记得从沈阳让孩子开车送来的老邱是这样讲的：各位同学，今天请大家从四面八方聚到这里，是要讨论一件大事，也是我们人大法律系 78 级同学在毕业 28 年之后要共同创办的一项事业。与以往不同的是，到场的同学们个个目光如炬、表情庄重，没有人盯着已经上桌的饭菜，所有人的视线都集中在老邱的身上。随后他简要地介绍了正在筹备中的人大律师学院，他说徐建、黄士林、刘瑞起、徐孟洲、王洪涛、黄海星和王耀华等多位同学已经为这件事忙活了几个月，碰了十几次头、吃了好几餐饭，还先后拜访了包括法学院、校领导和各职能部门，现在办学的方向已经明确，学校和法学院这边也有了积极的回复，如果律师学院筹备顺利，今年春季就能获批和开班，届时它既是国内重点高校创办的第一所律师学院，也是人大复校后毕业生为母校筹建的第一所二级学院，更是人大法律系 78 级同学在职场奋斗近 30 年后的一次集体创业和再出发，意义非常重大！老邱是见过大世面的人，当年在沈阳做过检察长和企业董事长，为人沉稳、从不喜形于色，但是他的这个开场白语气坚定、富有煽动力，让人印象深刻。

开场白之后是徐建同学的发言，他阅历丰富，是同学中不多的入学前把工农商学兵都经历过一遍的人，毕业后他从人人羡慕的央行去了深圳市司法局，从官办所律师、副局长、司法部驻港公司副总经理做到了深圳律师协会的会长，此时担任着一家律所的主任。因为有从政经验，履历又丰富，这位我心中的二哥说起话来从来都是激情澎湃、中气很足。徐建说这些年自己无论是做什么，一直都没有离开过律师这个老本行，让他有深切感受的是对于中国十多万名律师而言，没有一个学校是专门培养律师的，目前还都是手工作坊、师父带徒弟的模式，这样做既浪费了师父的宝贵经验，做徒弟的也学不好。作为一个执业近 30 年的律师，他认为律师的素质教育和专业培训不可或缺。对于如何办学，他强调与法学院重点讲理论要有所不同，律师学院的重点应该放在讲实务上，将来除了请人大法学院的教授做校内导师，国内一大批顶尖律师都可以成为律师学院的校外导师。这位随后担任律师学院第一任院长的资深律师，在学院创办之初频繁往返于深圳和北京，亲力亲为地为前几届的学员授课传业，利用自己的行动实现了初衷。十年下来，律师学院教务提供的数据让我非常振奋：人大律师学院先后培训了全国各地的律师 23000 余人次，这些陆续开办的各种主题的培训班、研讨班和论坛涵盖刑事辩护、民事诉讼、公司法务、资本市场、知识产权、房地产等各个领域。除此之外，律师学院培养了 238 名律师方向的法律硕士，这些培训过的学员和毕业的研究生很多都已是各地执业律师中的佼佼者。

老韩的本名叫韩玉胜，在读书期间他就被全班同学叫成了老韩，究其原因一是入学时年龄比较大，二是长相显得老成和严肃。老韩毕业后一直留在法律系和后来的法学院任教，是国内著名的刑法学专家，曾担任过法律系的副主任。他详细介绍了几个月来从发起倡议、联系同学、论证方案、与法学院和校领导进行沟通的情况。老韩说尽管困难重重，但创办律师学院的条件已经基本成熟，今天把参与律师学院筹备的同学都请到这里来，就是要拍板定案，解决何时办、如何办及经费从哪里来的问题。律师学院成立之后他做了律师学院的副院长并连任至今，成为律师学院和法学院之间、律师学院和学校各职能部门之间联络和沟通的桥梁。可以这样说，在律师学院成立之初，徐建院长是在前面高举高打、冲锋陷阵，韩玉胜副院长则是支前模范，同时还承担着打扫战场的职能。

刘春田、徐孟洲和韩玉胜一样都是人大法学院的著名教授和博导，刘、徐二人在知识产权和财税法领域还是学界的领军人物，在发言中他们建议充分调动同学和校友的积极性，在培训师资、讲好律师实务的同时，组织人力尽快编撰一批高水平的教材，从而填补一些律师职业教育中存在的空白。据我所知，在律师学院成立之后，先后聘请近 50 位国内外德高望重、经验丰富的资深律师担任校外导师，已经出版、成书的教材包括“基础律师实务”和“高端业务实录”两个系列共计 27 册，接下来还会陆续推出 10 余册“律师操典”教材，不难想像这是一个要靠时间换空间积累的系统工程，但是对中国的律师教育可谓功德无量。

与前几位同学的发言相比，黄士林和刘瑞起两位同学的发言重点放在了资金筹措、机构搭建、理事会的职能、与法学院的关系等几个方面，换句话说，都是一些实操性的问题。这两位家在天津的同学毕业之后，一个去了劳动部，一个去了最高人民法院，后来又先后跑到深圳下海做了执业律师，两个人此时都是律师事务所的主任，律师业务做得风生水起，在广东和深圳律师界都是响当当的人物。其中黄士林同学当时担任着广东省律师协会的副会长。大黄在发言中特别强调，我们同学发起成立的律师学院虽然是人民大学主管的一个二级学院，但它不是官办的，没有人出钱买单，属于完全要借助校友的力量来办学，人大法学院会是律师学院业务的指导单位，将来律师学院还会成立一个理事会作为最高决策机构。在律师学院成立之后，黄士林成为副理事长并一直担任至今，此为后话。刘瑞起的发言直指要害，他说在过年之前把参与筹备的同学都叫到一起，除了对律师学院的运作方案进行再一次论证，还有一个更重要的事情就是要解决办学经费从哪里来的问题。因为前面大黄讲了我们不是官办和“吃皇粮”的二级学院，学校和法学院都不会承担办学的经费和风险，所有的启动资金都要仰仗在座的人大法律系 78 级同学自行筹措，换句话说，就是需要大家来认捐，看看每位同学能够拿出多少钱。言简意赅、讲求实际的刘瑞起后来做了律师学院的第二任院长，住家也从深圳搬到了北京，正是在他的带领下人大律师学院再续辉煌，不仅经营走出了困境，还实现了可持续的发展。

现在回想，这次聚会既是决定人大律师学院能否成立、何时成立的一次“遵义会议”，又是让与会同学拍板认筹的一次“鸿门宴”。尽管在此之前大家也在各种场合商议过，但是今天则是从务虚到务实、从动嘴到掏钱，在这样一个决定律师学院命运的重要场合，如果谁想当个逃兵都会有一点不好意思……然而榜样的力量是无穷的，德高望重的邱贵生、志在必得的徐建、沉稳坚毅的黄士林和举重若轻的刘瑞起成了带头大哥，他们四个人表示会分别从个人的积蓄里拿出 90 万元，在他们的感召之下，我和其他十几位同学也做出了表示，拿出的费用从 10 万元到 50 万元不等。正所谓金钱不是万能的，但如果没有这笔宝贵的启动经费，律师学院的方案就有可能胎死腹中，至今还锁在徐建和刘瑞起的律所办公室抽屉里。这次聚会讨论气氛热烈，时间持续到了近 11 点，看到一帮老同学意犹未尽、谈兴正浓，厨师和服务员熬不住都下了班，偌大的餐厅里就只剩下我们这个包间灯火通明、人声鼎沸。作为这次聚会的组织者，我当时坐在靠门口的位置，先是要不断出去找人和接人，然后是点菜和催菜，到了最后是去给餐厅经理和服务员解释和道歉，同学中一些精彩的发言听得并不是很完整。记得王耀华、薛庆予、任湘清、刘白驹、万春、何悦、蔡晓鹏、王洪涛、李争平和洪道德等多位同学都从培训的重点、导师的遴选、课程的设置、课件的录制、教材的出版、与法学院和各地律协的关系等方面提出了很好的建议。如果说人大律师学院在风风雨雨中能够坚持自己的特色走过不平凡的十年，这次同学人数最多、拍板定案和决定出资的聚会发挥了十分重要的作用；如果同学们当晚没有能就如何办学和出资达成一个共识，很难想象会有此后长达十年的不懈努力和精诚合作。

最后我想借用曾经让香港歌手陈奕迅走红的一首《十年》的歌词作为本文的结尾：如果对于明天没有要求，牵牵手就像旅游，成千上万个门口，总有一个人要先走，因为十年之后，我们是朋友还可以问候。

# 对律师教育的属性和规律的再认识

## ——中国律师教育发展研究报告摘要

潘文军 *

“中国律师教育发展研究”是中国人民大学律师学院设计、组织、实施的，以律师教育为主题的连续性研究项目，也是我国首个运用社会调查、实证分析、比较研究等多种方法，从机构、个人、区域等多个层次全面反映我国律师教育状况与发展趋势的学术性调查研究项目，在国内外研究领域具有填补空白的意义。中国律师教育发展研究旨在解释并分析中国律师教育的历程、现状与变迁，收集中国律师教育不同阶段和层次的基本数据，发现中国律师教育中存在的主要问题，为相关学术研究提供参考，为我国在新的经济发展阶段和司法改革推进中构建并完善律师教育体系提供建议。

律师教育是律师制度中的一项重要内容，律师制度在一个国家的产生、存在需要政治、经济、法律等方面必要条件。考虑到制度差异和研究目的，此次中国律师教育发展研究以中华人民共和国成立后的律师教育为调查和研究对象，地域限于中国大陆（内地），不包括

---

* 中国人民大学律师学院副院长，中国人民大学法学院副教授、法学博士、硕士研究生导师，中国人民大学法学实验实践教学中心副主任、诊所式法律教学与研究中心主任，北京市地石律师事务所执业律师。

港澳台地区。

中国律师教育发展研究从中国实际出发，着重介绍全国范围内的基本情况和当前存在的突出性问题，既考察了律师教育的历史轨迹和发展趋势，又兼顾了基础数据来源的全国代表性和区域差异性。我们将在此次研究的基础上，进一步向宏观和微观两个方向延伸，形成系统化、连续性的中国律师教育发展研究报告集，考虑将以三年到五年为一期，根据律师教育的发展状况，采取总体介绍加专门问题探讨的体例形式进行编排和撰写。

我们相信，对我国律师教育的系统性、全面性考察，将有助于进一步提升我国律师职业群体的整体水平，同时也促进我国律师教育事业的发展，使我国律师在法治中国的建设中发挥更大的作用。

## 一、研究背景

2014 年 10 月，中国共产党十八届四中全会在北京召开，首次以全会的形式专题研究部署全面推进依法治国这一基本治国方略，会议通过《中共中央关于全面推进依法治国若干重大问题的决定》，对加强社会主义民主政治制度建设和推进法治中国建设提出明确要求。法治中国的建设，在一定程度上依赖于中国律师业的发展与进步。

严格意义上讲，中国律师制度是清末变法改制效仿西方典章制度的产物，1912 年 9 月，北洋政府颁布实施了《律师暂行章程》，标志着近现代律师制度在中国的正式建立。在中华人民共和国成立后的前十年里，中国律师制度发展经历了一系列改造和重建。1954 年 7 月，司法部发出《关于试验法院组织制度中几个问题的通知》，指定北京、上海、天津、重庆、武汉、沈阳等大城市试办法律顾问处，开展律师工作，截至 1957 年 6 月，全国有 19 个省成立了 820 个法律顾问处，总计 2500 多名专职律师和 300 多名兼职律师。[①] 此后，由于历史原因，中国

① 张志铭：《回眸和展望：百年中国律师的发展轨迹》，载《国家检察官学院学报》2013 年第 1 期，第 128 页。

律师制度经历了挫折和全面破坏阶段，直到 1978 年中国共产党十一届三中全会召开之后，中国律师制度才逐渐得以恢复。

经过 30 多年的迅速发展，目前我国律师业的整体状况已非往昔可比。据司法部统计，截至 2019 年年底，全国共有执业律师 47.3 万多人，其中专职律师 39.73 万多人，兼职律师 1.25 万多人，公职律师 4.33 万多人，公司律师 1.09 万多人，军队律师 1500 人；18 个省（区、市）的律师人数超过万人，其中 4 个省（市）（北京、广东、江苏、山东）超过 3 万人。全国共有律师事务所 3.2 万多家，其中合伙所 1.94 万多家，国资所 970 多家，个人所 9200 多家；对外开放方面，有来自 23 个国家和地区的律师事务所在华（内地、大陆）设立 303 家代表机构，其中外国律师事务所驻华代表机构 225 家，香港地区律师事务所驻内地代表机构 64 家，台湾地区律师事务所驻大陆代表机构 14 家，有 12 家港澳律师事务所与内地律师事务所建立了合伙型联营律师事务所，有 7 家在上海自贸区设立代表处的外国律师事务所与中国律师事务所实行联营。①

中国律师事业的蓬勃发展，与中国法治和经济建设的推进是息息相关、相互促进的。近几年来正在进行的自贸区建设、新一轮的司法体制改革、“一带一路”的建设和“亚投行”的设立，对中国律师而言，既是机遇也是挑战。经济全球化也势必带来法律服务市场和律师职业发展的全球化，形势也将对中国律师的专业技能和服务质量提出更高的要求，同时对中国律师的培养也提出了更高的要求和期待。律师教育的水平在一定程度上决定着未来中国律师整体的执业水平，以及中国律师参与我国法治化进程和国际法律事务处理的能力。可是，经过我们的调查研究发现，目前我国的法律职业教育长期以来存在制度缺失，职业教育和法学教育还是基本混同的状态，律师培养制度的构建依然是零散的、落后的，尚未形成体系和规模；学界和实务界对律师教育的属性、规律和重要性仍缺乏科学统一的认识，律师职业教育

---

① 《2019 年度律师、基层法律服务工作统计分析》，载司法部政府网，http://www.moj.gov.cn/organization/content/2020-06/24/574_3251377.html，2020 年 8 月 31 日访问。

体系化、规范化的理念亟须加强。为适应律师业发展的需求，近年来各地已相继成立了 39 家律师学院[①]，全国和地方律协在教育培训方面也进行了有益的探索，但总体上讲，现有教育体制和模式还是不能满足新形势下对中国律师业发展的要求，我国亟须建立起专业化、规范化和国际化的中国律师教育体系。

## 二、相关领域研究现状

律师教育体系的建立，首先要求建立起律师教育的理论体系和培养制度。随着司法改革的推进，构建专门化、精英化法律职业者的问题成为法治建设中的关注焦点，律师的数量和质量问题在法学教育和法律研究视域中迅速凸显，并引起司法界的广泛关注，激发了人们对法律教育问题的兴趣，使得专门论著的发表或出版渐呈加速趋势，相关的学术研讨会也频繁召开。在中国法学会律师法学研究会每年召开的年会和论坛上，都会围绕司法体制改革、律师制度建设、法治实践服务等展开主旨发言和讨论交流，研究会也举办过主题征文和优秀成果表彰，总的来说，探讨的题目也曾广泛涉及法律教育的理念和目标、法学院的建制与培养法律人管理模式、法律教学过程中的技术环节以及法律教育的历史演变等方面，但除少数研究成果外，大部分研究和讨论主要聚焦于律师法律服务的专业化和国际化发展，

① 据不完全统计，截至 2018 年 8 月底，已经成立的律师学院有 39 所，分别是：中国人民大学律师学院、华东政法大学律师学院、国家律师学院、广州大学广州律师学院、华南师范大学律师学院、复旦大学高级律师学院、浙江财经大学法学院浙联律师学院、信实律师学院、京师律师学院、海普睿诚律师学院、上海政法学院经济法学院（丝绸之路律师学院）、漫修青年律师学院、千业律师学院、泰和泰律师学院、重庆律师学院、山东诚功律师事务所诚功律师学院、上海市律师协会律师学院、上海对外经贸大学协力巨匠律师学院、北京律师学院、南京律师学院、福田律师学院、四川律师学院、浙江工业大学律师学院、贵州律师学院（贵州大学律师学院）、国浩律师学院、合肥律师学院（安徽大学律师学院）、河南财经政法大学律师学院、福州律师学院、广东司法警官职业学院律师学院、龙禧律师学院、嘉兴学院律师学院、泰山蓝天律师学院、甘肃律师学院、长沙律师学院、沈阳师范大学律师学院、阜阳律师学院、马鞍山律师学院、盈科律师学院、金杜学院。

以及律师执业权利保障等问题，同时也存在论题庞大空泛、内容差异不均、多为经验述说的问题，转为专题性、深入细致的研究并不多，特别是对律师职业教育体系化和规范化的探讨在很大程度上被忽视。尽管有研究提到了律师教育的问题，也只是探讨如何加强律师的培训和继续教育，而尚未深入论及真正意义上的律师教育，学界和实务界对律师教育的重要性和逻辑规律仍缺乏科学的统一认识，对律师教育的理论化和系统化程度不高，对律师职业教育本质上的规定性没有形成概念，对律师教育环节的各要素缺乏分析，律师教育的理念尚未建立。

"理论是实践的先导，问题总是和任务相伴而生"，此次律师学院组织的中国律师教育发展研究和出具的报告，契合了当前我国律师制度发展所需，我们尝试尽量以客观的眼光和宽广的视野去探索我国律师教育的属性和教育规律，运用科学的方法，根据历史条件和社会环境的发展变化，总结经验并提炼观点，为推动我国律师教育发展提供理论支持。

## 三、研究报告的基本内容

此次报告分两部分对我国律师教育的发展进行了梳理和研究，第一部分回顾了中华人民共和国成立以来我国律师教育的发展历程，然后通过调查问卷和实地走访的方式考察了我国律师教育的现状，提出了存在的问题；第二部分结合我国律师教育现状，运用比较研究的方法，采取专章的形式，从律师教育的四个阶段对我国律师教育进行了概要描述和实证分析。

在报告的第一部分，通过梳理和考察律师教育的发展历程和现状，我们发现，不管是过去还是现在，承担我国律师教育主要任务的，还是我们的"职业全覆盖式"的法学教育，并且我国的法学教育体系也呈现出一种复杂的状况：从教育层次上，既有专科教育（包括中专和大专）、本科教育，又有第二学士学位、法律硕士、法学硕士、法学博士、法学博士后教育；上述不同层次的教育体系中还存在不同类型的学生构成，如法律硕士既有法本法硕也有非法本法硕，其中既有全日制学生也有非全日制学生；从资金来源上，有国家出资兴办的法学教育机构，也有民间集资创办的法学教育或培训机构；从机构类型上，有专门从事法学教育的普通高校，还有综合性普通高校中的法学院系，以及各类广播电视大学、政法管理干部学院、公安院校、考试培训学校，等等。

通过梳理和考察律师制度的发展历程和现状，我们发现，目前我国职业律师的养成，大致都经历了高等教育、资格考试和职前培训、继续教育几个阶段，可见高校法学院系的法科教育并非我国律师职业发展经历中的基础和必需，同时上述几个阶段之间存在不同程度的脱节，缺乏相互衔接。这无疑造成我国目前的法学教育体系和法律人才培养之间的制度性割裂，法律职业人才缺乏统一的衡量标准，法学教育本身也缺乏法律职业教育属性，法学教育与法律职业存在错位的问题。30 多年来，律师职业准入制度也经历了从 1986 年全国律师资格考试到 2002 年统一司法考试，再到 2018 年法律职业统一考试的三个不同阶段，律师职业准入的变化和调整，不仅在一定程度上影响了律师的数量和质量，也对律师人才培养提出了新的要求，律师养成制度将产生相应的变化。

律师教育绝不仅仅是笼统的法学教育，但法学教育应当是法律职业养成的起点，律师教育应遵循其特有的规定性和教育规律。长期以来，在许多人的认识中，律师教育就是“本科教育 + 职业资格考试 + 一年实习 + 律师培训”这样一个“本科教育加职业资格考试”的模式，通过国家统一职业资格考试是大多数人从事律师职业的途径。但是应当指出的是，这样的律师培养模式，缺乏体系化和规范化，培养过程过于粗放，教育内容随意性太大，与律师职业的专业属性不匹配，也与全球法律服务市场的整体要求不接轨。

在报告的第二部分，我们考察了发达国家（包括英国、美国、德国和日本四个国家）成熟的律师教育制度，涉及法学院课程、职业培训课程和专业实习等各环节的目标、设置结构、内容和流程等，发现各国的律师教育尽管各有千秋，但都是体系化、各阶段相互衔接的教育模式，决不仅仅是简单的、无专业要求的本科教育加上资格考试。各国均要求法学教育、法律学位与法律职业的对接，并注重律师职业技能和职业伦理的培养，甚至在美国，由于法律传统和司法体系的不同，其法学教育在一定程度上就是“职业一元化”[①]的律师教育，法学教育与律师教育是统一的。虽然英国、德国、日本的律师教育与法学教育之间并非完全一致，但也是各教育环节规范清晰，相互衔接。[②]并且，在全球法律服务市场中，这些国家的律师也是一直占据着领先的地位，主导着国际性法律事务的处理。

对于行业准入的控制，其目的是要保证提供职业服务的人员具有较高的整体素质。在律师职业准入制度设计方面，大多数国家都要求申请律师资格者必须具备法律教育背景，获得与法律职业相对应的法学学位，同时特别重视对基本职业技能和职业伦理道德进行考核，即法学教育与资格考试相结合。律师行业组织对法学教育全方位介入式的监督和管理也保证了其法学教育与法律职业紧密衔接。虽然一个国家的律师教育没有固定的模式可以套用，但是我们也有必要在参考各国经验的基础上，结合我国实际情况理顺中国律师教育应有的模式，这是研究中国律师教育状况无法回避的问题。职业法律者选拔的精英化，就是要提高法律职业的门槛，建立职业法律者的准入制度。而反观我国，体系化的律师教育缺位，流于形式的实习制度实际上也没有起到连接法学教育与法律实务工作的作用。

在律师教育体系化和规范化方面，我国目前的三阶段的律师教育（高校的法学教育、律师职前培训和继续教育）制度，缺少体系化、规范化的律师职业技能的培养这个关键环节。没有职业技巧的律师无法适应职业要求。[③]各地尝试设立的律师学院是弥补体系化、规范化律师教育环节的一种探索，但是课程设计、导师机制和评价考核模式尚未成熟。体系化、规范化的律师教育必须具有明确的教学目标、科学的课程设置、健全的导师机制和高效客观的评

---

① 英美国家实行律师、检察官和法官一体化培养，检察官是政府律师，法官往往从经验丰富、品行优良的律师中选任，所以，律师是法律职业的起点，法律职业资格考试也就是律师资格考试。

② 除美国之外，英国、德国、日本都存在法学本科阶段的教育，美国的法学院教育是本科后教育。

③ 美国《基本技能与价值标准之概览》要求法律职业基本技能包括：1. 问题的解决；2. 法律分析和推理；3. 法学研究；4. 事实调查；5. 交流；6. 咨询；7. 谈判；8. 起诉和其他纠纷解决程序；9. 法律事务的组织与管理；10. 确认并解决道德困境。

价考核模式。综合理论修养、专业技能、职业伦理等多重评估标准，方可建立起一套科学合理、体现职业教育特色的评估制度。

总而言之，构建完善的律师教育体系是中国律师制度和司法建设中基础的一环，这是我们进行此课题报告研究的动力所在。

## 四、认识律师教育的属性和特点

律师教育应当是一种以法学理论教育为基础，以律师职业技能为核心，旨在培养具有律师职业思维、职业技能和职业伦理的专门法律人才的系统化教育。具体而言，中国律师教育应当是“法学基础教育 + 律师职业技能训练 + 法律实务部门实习 + 执业律师继续教育与培训”几个教育阶段的紧密结合。[①] 其中，法学基础教育主要是指目前广泛开展的法学本科教育和硕士研究生的学历教育；律师职业技能训练是指由专门设立的教育机构提供的律师职业技能训练，比如在法律硕士专业中设置律师方向，或者设立单独的律师学院，然后逐步建立起独立的律师职业技能训练体系；法律实务部门实习是指通过国家统一法律职业资格考试之后，在律师事务所进行至少 1 年的实习并接受统一培训，然后才能向地方律师协会申请律师执业资格；执业律师继续教育与培训是指获得律师执业资格后，执业律师后期接受的继续教育和各种培训。

由于律师教育是一种旨在培养具有律师职业思维、职业技能和职业伦理的专门法律人才的系统化教育，故应当具备以下的特点：

1. 律师教育是以法学理论教育为基础的专门人才教育

职业教育以基本理论素养为前提，这是一般的教育规律，不能将理论和实践对立起来，

---

① 由于本报告作为系列报告的一部分，对于中国律师教育体系的具体建构，我们将在后续的报告中进行，在此只作中国律师教育的整体性描述。

深厚的理论修养能够提高人对具体问题的洞察力和理解力，是职业法律人的基本资质，对于法律人的职业前景而言十分必要。同时，律师教育的教育对象为未来即将成为律师或者已经是执业律师的群体，这样的教育指向性决定律师教育必须是一种专业人才教育，而不能只停留在通识教育上。传统法学教育下，学生未来从事的职业可谓千差万别，可能是法官、检察官、律师等司法工作者，也可能是科研人员和教师等学术研究者，还可能是政府、企事业单位中的法律工作人员等；而律师教育的培养目标十分明确，就是培养律师。各高校设置的律师学院招收学生的前提都是其有志于未来从事律师职业，各律协和律师事务所举办的培训面向的群体也是准律师或执业律师，所传授的知识和技能就是律师在未来执业过程中可能会运用到的。所以，律师教育必然是建立在素质教育或者通识教育的基础上的专业人才教育，其教育体系应当围绕着培养优秀律师而设计。[①]

2. 律师教育的核心是律师职业技能的传授和训练，教学方法上采用实训教学

律师教育的核心是律师职业技能的培养，同时也注重个体的个性特征的发展。律师教育相对于传统法学教育，更关心知识的应用性，更重视技能的提高，针对不同的教育对象，根据其专业领域的规划和兴趣、心理特质进行差异化的知识和技能传授。律师教育的教师多是实务界的执业律师，教师结合自己充分的执业经验，能够让教育对象掌握未来从事律师实务所要运用到的技能和需要特别注意的事项。律师教育课程旨在完成学生由理论学习向实际应用的转变，培训内容包括法律技能和专项法律知识，它显然是以职业为导向的，比如案件准备和法律研究，口头表达和写作技能，会见、谈判、辩论等人际关系沟通技巧，更加强调教育对象在掌握了法学基础理论知识的基础上对于这些知识在律师实务中的运用。通过进行实务技能的传授和训练，教育对象在完成阶段性的律师教育之后，可以将这些知识和技能直接

---

① 目前我国本科教育的定位是通识教育，无法做到在法学本科阶段就强调律师教育的倾向性。1996 年，国务院学位委员会办公室批准了中国人民大学、北京大学、中国政法大学等 8 所高校首批试点招收法律硕士专业研究生，确立了我国法律职业教育的雏形。截至 2020 年 3 月，全国共有法律硕士专业学位授权点 250 个。因此，我们可以从法律硕士阶段着手建立专门的、体系化的律师教育，尝试设立律师方向，专门培养律师人才。

转换成实务中的操作方式。

律师教育在教学方法上更多侧重于用实务技能演练的方式进行，教育场所可以在高校的教室，也可以在高校之外的场所（比如律师事务所会议室、律协培训基地等）；在教学过程中教师更加注重与学生的互动，针对某些实务中会运用到的知识和技能进行演练，让学生实际进行案件的操作，充分调动学生的积极性和参与性；互动教学和指导能够对法律问题进行详尽分析，让学生在相关的法律领域进行独立研究，提供问题的解决方法，对重要的法律条文和重要判例法进行深入研究，对特殊主题给予特别关注。

3. 律师教育应当注重法律职业思维的培养

法律职业思维是法律职业人才和其他人才的根本区别。“法学院的目的是改变人，通过在法学院的经历使人们变成另一种样子……使他们对自己有一种全新的作为法律专业人士的概念，忠诚于法律职业的价值观，取得一种费解而神秘的被称为‘法律人思维方式’的推理方法”，① 法律人思维是一种独特的观察问题、分析问题、处理问题的思维逻辑，应当包括五个方面：其一，适用术语进行观察、思考和判断；其二，通过程序进行思考，遵循向过去看的习惯；其三，注重缜密的逻辑，谨慎地对待情感因素；其四，只求程序中的真，不同于科学中的求真；其五，判断结论总是非此即彼，不同于政治思维的权衡特点。②

律师在执业过程中身处法律职业共同体环境中，总是与法官、检察官打交道，只有具备了统一的对基本法律概念的理解、法律方法基本运用和基本法律思维方式，才能有共同语言，共同参与到具体案件当中。表面上不同法律职业角色之间的交流障碍，反映了法律思维欠缺、职业化程度较低、法治观念缺失的本质问题。共同的知识基础、思维方式、语言逻辑和价值目标等同质性，就是法律职业共同体的内在要求。所以律师教育必须注重法律职业思维的培养，让学生形成特有的律师职业思维习惯和方法。

---

① ［美］博西格诺等：《法律之门》，邓子滨译，华夏出版社 2002 年版，第 416 页。

② 孙笑侠：《法律家的技能与伦理》，载《法学研究》2001 年第 4 期。

4. 律师教育应当注重职业伦理教育

律师是为当事人提供法律服务的，所以律师在执业过程中应当忠于职守，诚实守信，勤勉尽责，以当事人合法利益最大化为准则。综观各国的律师准入门槛的设置，都十分注重考察申请律师执业资格人士的职业伦理道德。律师执业伦理是一种以专业技能为核心内容的理想的伦理，具有公共性质，承担着社会责任，同时又凸显自治性。例如，在刑事辩护中，律师站在与司法机关、行政机关对立的立场上，为了让律师更好地履行使命，就不应让其过分担忧来自国家机关监督或惩戒的压力，否则维护当事人的合法利益便无从谈起。律师的职业活动既不受国家职权的干预，同时又要保护其自身应有的品格，维护律师的整体声誉和形象，就需要律师在职业活动中采取自律行为。所以有必要在律师教育阶段展开职业伦理和职业道德的学习和讨论，向其灌输律师职业道德的教育内容，在个案中训练中引导和促进其主动思考、做出判断和抉择，在职业群体中形成统一的规范和标准，使法律人有底线，有原则。

# 在苏州街上……

刘瑞起 *

走苏州街进入人大西门，径抵明德法学楼，是条每日行的路。十余年来，每每途径苏州街总让我感到亲切，还会觉得“苏州街”与心境有种莫名的契合。苏州街是个有故事的地方，有关她的故事还在继续演绎着。

**仙人指路**　中国人民大学律师学院成立于2010年，距今有十年，有关筹备工作实际上早在2009年就已开始了。创设律师学院的设想，最早是源于在京的法律系78级部分校友与来京出差的邱贵生同学的一次聚会，席间大家提出了明确具体的捐款数额和参与运营的方案①，并委托留校任教已近30年的韩玉胜同学向法学院及韩大元院长②沟通及转达。

由于当时我已由深圳返京移居，遂被众同学委托当作校友代表与黄海星同学一起落实此事。如此一来，就需要时常地往学校跑，但凭我上学时的记忆印象，常走中关村大街的人大东门。有一次与韩玉胜相约在明德法学楼下去法学院，他看我从东门过来，指点我道：“你以

* 现任中国人民大学律师学院院长，中国法学会律师法学研究会副会长，执业律师，2010年至今历任中国人民大学律师学院副院长、执行院长、院长。

① 席间在座同学：邱贵生父子、韩玉胜、王洪涛、李争平、万春、马小琳、黄海星、洪道德及本人。

② 2009年，韩大元教授时任中国人民大学法学院院长。

后走苏州街进人大西门，这路顺，方便！”然后抬起一条大腿，用脚指了指西门方向……他那金鸡独立的形状，像极了仙人指路的姿势。的确，照他指点再来学校走环路经苏州街可以直接到西门，省去原来走东门要过几个路口、等红绿灯、再掉头的麻烦。

为确定落实律师学院的运作模式及资金等事项，需要经常地到法学院开会，每次韩大元院长召集开会时，都必叫上龙翼飞、胡锦光两位副院长，还有几次林嘉书记也曾出席，同时还有叶林、姚辉、潘文军老师，作为“一手托两家”的韩玉胜次次在座。而我作为校友代表仅一人，有时不免心中无底。倒不是场面的隆重让人局促，主要是讨论中常涉及一些法律关系及概念、组织架构及管理机制、责任风险的控制，等等，院领导们关心的是发展及持续性问题，叶林老师提出的质询比较多，公司法权威嘛！面对这些博导名家，我每次对他们所关注问题的应对，更像是做学生的向老师们论文答辩。幸而每次事先或会后，韩玉胜都会告诉我“都是校友熟人，不用担心，我已经沟通过了，会后我再跟进下”。开会时，我常用目光询视他，那老兄则一言不发，拱手垂裳端坐，淡定得像位幕后师爷。如此几经往复，在不到一年的时间里，律师学院成立前的各项筹措工作已完备并获法学院、学校审核批准。

识门径，不走弯路，要有高人点拨；成一事，必有推手，即如是吧！

说来也怪，我本无用心于理论学术的志趣，上学期间及毕业后在我个人的人生规划中也无回校及与韩玉胜做同事日日厮混的预设，但冥冥中竟一晃十年有余。如用十年的时间育养一子女，应该也上小学三四年级了吧……

**有门无牌的西门** 创立律师学院，得益于纪校长远见卓识，他认为律师学院的建立不占学校编制、不用学校资金，且在遵守学校各项规定并由法学院管理下，可以产生一些独特的运营方法，也可以作为创新的一个尝试。更得力于韩大元院长的举荐：律师学院在理事会的领导下，院长及运营管理团队由具有律师实务经验的法律系78级校友担任，利于加深母校与校友的联系，更好地整合校友资源；并前瞻性地从学科建设的高度在建院第一年就开设了全日制法律硕士（律师方向）研究生的教学及培养课程。也正是因为这些举措，使得律师学院在全国的律师教育中一直处于独有的领先地位，可见之英明远识。2017年，王轶老师继任法学院院长，他多次表示："凡符合学校和法学院管理规定，有益于律师学院发展的，都会全力支持。"并由法学院主管副院长高圣平老师多次开会研究律师学院教学工作。正是有这些持续不断的支持，律师学院才得以迅速发展。现今，律师学院除担负并完成日常的教学教务工作以外，从律师教育的复合性、综合性特点考虑，还跨界、跨域成立了艺术与法律研究中心、商事犯罪研究中心、公职与公司律师研究中心、中蒙法律研究中心①及与学校"双创"机制相对接的"中国人民大学双创法律服务工作站（法硕创新创业实践基地）"。中国法学会律师法学研究会的常设机构秘书处设于律师学院，其创立大会及数次年会均在律师学院举办。这些机构常年持续地开展研究、学术交流及培训的活动，并出版各类出版物等。

然而由于律师学院的工作人员的人事关系不在学校编制之内，随着时间的日渐弥久，所遇日常的不便也偶有发生，律师学院不能享有学校正规在编的随附便利，如就餐及车辆出入的待遇、学校设施及图书馆利用、子女就学等，律师学院老师常自嘲地说"我们是二等校工"。

其实，世间这种有名无分的事也常有，例如，人大西门虽开在苏州街上，但这一侧北有海淀工商局"苏州街 36 号"，南有军队干休所的"苏州街 52 号"，唯独中间的人大西门无牌无号，中间省略掉十几个号牌也不知落于何处？即便在苏州街的另一侧、工商局的街对面，连卖烟酒、卖鸭脖的铺子都有"苏州街 43-4""43-5"的牌号，人大西门竟成了"有名无分"的所在。明德法学楼虽远在人大的西边，法定地址及邮递收发的标准写法仍是东边的"中关村大街 59 号"。想必这是早年苏州街门牌编制时人大还未开西门所致。所以，老话说：不怕生错命，就怕起错名。咱虽无号牌，出生时间有别，但幸在咱名字响亮，且还站在"一流"肩上！想一想，连人大西门况且如此，心中也就释然了。

**寿礼苏州街**　如果我说"先有苏州街后有人民大学"，可能不会有人太较真儿，街名因历史沿袭而古老合乎情理。如果说"先有苏州街后有中关村大街"，则可能有人会不同意，因为

---

① 此为中国人民大学律师学院首创的中蒙两国跨境法律实务研究及咨询服务机制，自 2016 年律师学院即与蒙古国立大学法学院开展学术研讨，此后每一年皆举办各类活动。

中关村大街的前身叫白颐路，苏州街与白颐路谁早？可能是个问题。据查，苏州街确是建于乾隆二十六年（1761 年）。乾隆屡次下江南，曾偕母出巡江南，其母回京后常怀恋江南风光，适逢她老人家 70 岁寿诞，乾隆为贺寿而兴建此街做寿礼，甚得其母欢喜。

常在苏州街行走，怎能不传袭些前人遗风？

自 2010 年律师学院成立后，屡遇法学院成立 60 周年、68 周年、70 周年，为表盛情献礼 60 万元、68 万元、70 万元？仅此远远不够，失之过于简单。咱虽做不到乾隆的用心独具，筑造一条“街”做贺礼，但咱持之以恒，建设好一个“院”还是可以努力的。律师学院成立十年来，在担负法律硕士（律师方向）研究生的培养费用和律师学院自我运营成本并盈余充足的基础上，已实现 200 多万元的上缴款，还积极招募组织法律系 78 级校友及社会关系人士向学校及法学院捐款，累计已逾 1200 多万元……①

原来苏州街，竟是寿礼耶！

**苏州街也叫“买卖街”** 古时的苏州街，从万寿寺往北延伸到畅春园长达数里，建造时以苏式商业街为模型，得名“买卖街”，也叫“苏州街”，街两旁的商店、铺子仿照苏州街道样貌，还特意从苏州城里选派商人来此经营，街道商铺人来人往，吴侬软语喧嚷，好似繁华热闹的苏州街景……

如今，“买卖”的苏州街已历经演变，这条街可以叫“学子街”，当今的“国子监”了。站在苏州街上的人大西门往北看，走到头是 101 中学，畅春园对面是北京大学，苏州街中段有八一学校、中国人民大学、十九中学，往南延伸有北京理工大学、北京外国语大学、中国青年政治学院，万寿寺斜对面还有首都师范大学。对教育的投入与产出、知识人才的培养与效益，则是大手笔的“买卖”，已非昔日商业街所能比拟，这也是乾隆及其母意想不到的了。

---

① 捐款者：法律系 78 级校友邱贵生、韩玉胜、刘春田、徐孟洲、徐建、黄士林、任湘清、薛庆予、李争平、杨松、黄海星、王耀华、陈里程、何悦、洪道德及本人。组织社会关系人士捐款的有：王永和先生、彭年基金会、凌国强先生、杨旺坚、于光先生等。

这条街上称教授、学生的人员密度大，叫“师”的也多，除了教师、老师、导师外，还增添了“律师”，在人大西门附近如遇律师结伴而行或十几名律师相约而聚，想必是律师学院又有培训班开课了！

中国人民大学律师学院居于这条街上，从这条街的西门曾送走莘莘学子，至今已培养了十届法律硕士（律师方向）研究生 230 余人；面授培训全国律师 2 万余人次。

从近 300 余名讲师库中精选出了几十名全国知名律师、专家长期担任律师学院授课的实务导师。

在十年的时间里，律师学院非常注重自身的教育资源的积累与培养，律师学院自主创设性地开发了许多基础实务性课程，有些课程已由律师学院自有教师担任讲授。为加强教学与实务的联系，律师学院还培养和发展了 5 名教师成为执业律师。

岂止“吴侬软语”？这些学生、学员、老师来自海外、港澳台、广东、黑龙江，并且举办多次的“西部”培训班更有来自维吾尔族、蒙古族、藏族……英语、哈萨克语……各民族装扮的奇装异服缤纷多彩，形成了一道亮丽的风景……

**叫“苏州”的街巷已有许多** 可能是北人对苏杭景物风貌的欣赏，“苏州街”之“苏州”俨然已成为驰名标牌，仅在北京城叫“苏州”的街巷就有多处。在颐和园也有条“苏州街”，是微缩的水街，在城里叫“苏州”的胡同、巷还有多处。这是园林营造上的“移景”手法。

但在办学上，已有类似于“移景”的添彩及创设。中国人民大学律师学院的成立在全国具有创先意义，它是部属重点高校具有学历教育的第一家，“律师学院”在近十年内，已成为法学教育界的新事物。其对实践性及复合性的追求，是应和了现实需要，也是将实务及执业（职业）教育直接融入传统教学的一种尝试，也是法学教育深细化的必然。中国人民大学律师学院成功的经验，已引发全国“律师学院”现象，法学界及律师行业产生了积极响应，现全国具有教学培训资质的“律师学院”有 30 多家，仅高校成立的就有 20 余家。在此基础上，中国人民大学律师学院首创提出了“律师教育”的理念，并自 2015 年始发布了《中国律师职业教育发展研究报告》蓝皮书。同时发起创设了由 20 余家高校、律协创办的各律师学院组成的中国律师教育联盟，每年轮值召开年会一次……

总是与“苏州”有缘，比在苏州街上更不同凡响的是中国人民大学在苏州就有校区！这则是胜于移景的造景了[①]。

虽源于“移景”，但这神来之笔已巧为天工！

**在苏州街上……**　不知是哪位高人的刻意而为，还是无心之作，每次站在苏州街上端详人大西门，且还往里看时，都会觉得这布局似有深意：

人大西门虽无门楣无门槛，仅有几根祥云立柱，但这样设计的好处是无限高之忧、简约而无城府深幽之繁，因为我们是属于“中国人民”的，否则国庆盛典近四层楼高的“开天辟地”彩车也开不进来[②]。这才是真正的有容乃大，走出去的人才也必是顶天立地的。西门的立柱挺拔向上，更像是发出天问的“朝天举”！所以，称为“天高人大”！

在西门外，即能看到“明德法学楼”，高阶高台，三块生辉的金属牌耀眼夺目：“法学院”居中，“知识产权学院”“律师学院”一左一右。一入校门即可寻到法学院，易辨易识，这在全国不是唯一，也属少见。拾阶而上，恰似逢人抬举的“步步高”！谓之“不二法门”！如此，律师学院铭句“天高人大　不二法门”的含义更丰满了。

区区十年，也就是个刚起步，在此不敢妄言功业得失，虽托古于“苏州街”，也仅是寄情调侃，聊以自娱罢了。究竟苏州街有多古老？谁先谁后？在我看来已再无实际意义，但十年来与她的缘分及酝生出的特别感受则是更为重要的了。

姑苏城外一茅屋，万树梅花月满天。[③]

---

① 中国人民大学苏州校区设于江苏省苏州工业园区仁爱路 158 号，全称“中国人民大学国际学院（苏州研究院）”，律师学院在苏州校区曾设立三年的培训合作项目，经苏州校区核算后创收 1200 万余元。

② 建国 70 周年庆典“开天辟地”彩车，现已置于校内明德广场。

③ 唐寅《把酒对月歌》中诗句。

# 律院印象

## ——律师学院十年的几点体会

杨洪浦 *

2020 年，中国人民大学律师学院成立十周年，也是我在律师学院工作的第十个年头，时光荏苒，岁月如梭，这十年律师学院从无到有、从小到大、从寂寂无闻到业界人所共知，一路走来，有艰辛、有坎坷，有凝聚、有团结，有拼搏、有奋进，这个法治振兴的时代造就了律师学院。感恩律师学院的包容与关怀，抚佑我学习成长。这十年是我参加工作后的第一个十年，这十年我在律师学院经历了很多，也学到了很多，律师学院十年了，我想对您说点什么，总有千言万语，却一时不知从何说起，这里就谈谈我的几点体会吧。

### 一、教师，院之根本

"所谓大学者，非谓有大楼之谓也，有大师之谓也"，好老师是一所大学的立校之本，对

---

* 中国人民大学律师学院院长助理，2019 级法律硕士（律师方向）班主任，执业律师。

于律师学院来说更是如此。优秀的法律实务老师既要有丰富的法律实务经验，还要有必备的教学方法，能用学生易于接受的方式，将知识有效地传达出去，更重要的是要有一颗教书育人的心，愿意为教学投入自己的时间和精力，愿意将自己的所学所知传授下去。自律师学院成立之初，就通过举办各类法律实务课程和相关各类活动，遴选优秀的法律实务老师，律师学院就如同一个大平台，法律实务界各方高手纷纷登场，你方唱罢我登台。律院人听其课、观其行、品其人，大浪淘沙沉者为金，经过多年的坚持和积累，从300余名专家、学者、律师中精选出了几十名全国知名律师、专家，入选律师学院的实务师资库。这些老师不仅业务技艺精湛、实务经验丰富，而且有着深厚的学院情节，对学生倾囊相授，细致用心。很多老师还利用自己的社会资源，为学生提供各种社会实践和锻炼的机会。有的老师带着自己指导的学生，参加前沿学术会议和高端沙龙，为学生提供与法律大咖们面对面交流的机会。学生的稚嫩和腼腆，老师看在眼里记在心中，为了帮助学生打破“社交墙”，老师给学生布置了一项特殊作业，要求学生在参加活动时，凭借自己的沟通技巧去进行陌生拜访，找大咖们加微信，如何与陌生人接触，如何与大咖们交流，需要学生们在实践中锻炼摸索。

此外，在今年这场突如其来的新冠肺炎疫情中，律师学院的实务导师也带领着学生走上了抗疫的第一线，为国内知名的公益基金会提供免费法律服务，疫情暴发之初，在我国特别是武汉地区医疗物资匮乏的紧要关头，协助其在国际范围内紧急采购抗疫医疗物资，第一时间援助武汉。几十个国家的大宗国际贸易合同，涉及不同法域、不同交易习惯，处理起来既要快速高效，更要严谨合法合规，实务导师带着学生们，连夜奋战，远程办公，实时交流，虽然时间紧、任务重，但最终出色地完成了采购任务，获得了很好的社会效果。参与的学生们也深感实务工作锻炼人，收获多、提升快。

## 二、学生，院之核心

学生是律师学院的重中之重，学生工作一直以来都是学院的核心要务。律师方向设立之初，学院就为学生配备了双导师，即校内导师和校外实务导师，其中实务导师是经过律师学院精心选拔的法律实务界资深专家，有大型律师事务所的主任、高级合伙人，来自公检法机关的实务专家，导师们的业务范围既包括传统的民商法、刑法、行政法，还有体育法、娱乐法、财富传承等前沿新兴业务领域。学院鼓励学生间的师资资源共享，为此在每年的新生见面会上，律师学院的领导都会向新生们说明，律师学院所有实务导师都是全体学生的导师，有问题可以随时交流讨论。学生可以根据自己的喜好和发展方向，在导师间进行横向交流，即学生不仅可以接受自己的实务导师的指导，还可以通过学院联系协调，参与到其他实务导师的项目中去。此外，不仅学生培养工作施行双导师制，在学生管理和教学辅助上也采用了“双层保障”，即律师学院为每个班级配备了一个班主任和一个辅导员，全方位关注学生的学习和生活。近期律师学院在班主任和辅导员的选择上还引入了“毕业校友返岗”的模式，即班主任和辅导员中一位是律师学院的在职老师，另一位则是律师学院往届的毕业生，他们一般是学院培养的前几届学生，毕业进入法律实务领域工作已有几年的时间，有的同学已小有成就，能够独立领导业务小团队；有的同学虽还处于事业爬坡期，但是对于青年律师的成长和发展也是颇有心得和感触。请他们回校参与研究生的工作，有利于贴近学生们的实际需要，他们过往的成长经历和所思所悟也能带给在校生们更多思考和启发。

律师学院还有一个传统就是每年中秋节给学生发月饼。为了使学生体验到不一样的味道，有些时候月饼还是学院专门在深圳订购并空运回京的。每年的中秋节都在新生入学前后，也是离家在外求学的学子们最想家的时候，律师学院的月饼就想让学生们有一种家的感觉。一份月饼，一份关心。自律师方向设立至今，“律院月饼”这项传统也已坚持了十年。

学生的就业问题是高等院校人才培养的“最后一公里”，法科毕业生因为就业方向的限制，就业率在全国各个专业中总是排名倒数。记得十年前，律师学院刚成立时，法学院就做过统计，学生就业的第一志愿几乎都是考公务员，进入法院、检察院等司法机关，但是这些机关单位每年都受编制、指标等客观因素限制，能提供的就业岗位非常有限，不能满足法科毕业生庞大队伍的就业需求。即使在这样的大背景下，学生们还是对考公务员趋之若鹜，毕业后选择去做律师的则是微乎其微。律师方向的前几届毕业生也有如此考虑，学生选择律师作为就业方向的比例虽比其他方向略高一些，但是在从全班来看，律师择业人数也未达半数。究其原因，当时学生们普遍认为，公务员是“铁饭碗”，工作稳定，且能够解决北京户口，然而做律师比较辛苦，更关键的是做律师如果没人带，很难真正入门。律师的执业门槛确实很高，除了需要通过国家统一法律职业资格考试取得从业资格，更重要的是需要一位愿意倾囊相授的好师父。法科生刚刚毕业虽有法学理论基础，但实践经验缺乏，律师执业技能更无从谈起，执业的前几年迫切需要有人指点和引领。但是，律师事务所总希望招来的人马上就能上手，业务多的时候，更是无暇去培训新人。此外，律师是一个人员流动非常频繁的行业，律师转所的情况十分普遍，因此每个律师事务所都不希望自己花时间、花精力培养出来的青年律师，成熟后没多久就转投他处或是自立门户。正是由于这些原因导致法科生毕业做律师的头几年非常难熬。

如何破解法科毕业生的就业难题，帮助学院在校生及毕业生加快执业成长步伐、优化成长路径，律师学院刘瑞起院长率先提出了“促进法科生快速独立执业，就是法科生的创新创业”。为此，中国人民大学律师学院针对法科生的创新创业进行了一系列创新实践。2019 年 3 月，中国人民大学律师学院联合中国人民大学创业学院及人大文化科技企业孵化器共同成立了中国人民大学双创法律服务工作站（法硕创新创业实践基地）。工作站旨在大力促进创新创业服务能力升级，通过整合学校学科优势资源建立专业权威的“双创”法律服务公共平台，立足人大，面向中关村和海淀，辐射北京和全国，真正实现产学研的有机结合，在帮助创业企业提供一站式法律服务的同时也服务于学校人才培养，力求将创新创业融入创新型人才培养中。此外，为了更好地指导学生的创新创业，律师学院还专门设立了律师事务所作为学生实操训练的校外第二课堂。该律师事务所将参照医学院设立附属医院的模式，通过实践导师配备、业务研发、律师业务实操训练等方式，使学生在校期间就树立正确的执业理念，在真实执业环境中，通过真实案例去锻炼学生们的律师思维，提升律师执业技能和实操技巧。律师事务所在服务在校生之外，还向毕业 2—3 年的法科生开放，辅助青年律师迅速适应律师执业环境，缩短其独立执业的时间。

随着司法体制改革的不断推进，律师执业环境逐年向好，近几年法科生择业方向也在悄然发生着变化。公务员已不再是学生们毕业的首选方向，选择律师职业的学生人数不断增加。甚至有些已经进入公务员序列工作的学生也纷纷表示，在积累和锻炼几年后，也会选择离开体制，转投律师行业。律师的春天正在到来，律师学院已做好准备。

## 三、办公室，院之记忆

明德法学楼618室是律师学院办公室，是律师学院的诞生地，也是我在律师学院工作生涯开始的地方。2010年8月6日是一个炎热的夏日，刚刚下了火车的我，就来到618室报到，那时的618室狭小、局促，但又熙熙攘攘、生机勃勃，那时的律师学院仅此一间办公室，几张办公桌，一个长条沙发。沙发虽不大，用处却很多，院领导听汇报、签署文件、接待学员咨询、与学生谈心，甚至开班前堆资料全都靠它，可谓一专多能。

为了最大限度地利用本不富裕的空间，只能在办公家具上想办法，大班台换小书桌，靠墙的角落加支撑板改成工作台，一个小条案排排坐也能挤得下两位苗条的同事，最多时小小的618室能挤下8个人。后来为了兼顾办公的舒适性和工作的高效性，刘瑞起院长引入了简约实用的布局理念，618室的家具全面升级换新，独具匠心的椭圆形会议桌，既节省空间，又能容纳多人召开小型办公会议。加装透明隔板的工作卡位，保持员工之间必要交流的同时，又兼顾个人空间的私密性。灵活舒适的办公转椅，坚固而舒适，护腰护颈，久坐不累。现在的618室配色清新淡雅，节奏简洁明快，据说后来法学院其他各办公室的升级改造，家具换新的设计灵感都来自618室。

618室的另一项不可或缺的元素就是墙上满满的照片，从研修班的合影，到各类论坛活动的合影，从各级研究生的毕业合影，到律师学院教职工的全家福，用照片去记录生活是律院人的传统，它真实鲜活，而又厚重深沉。每一张照片都记录着一些人，讲述着一些事，承载着一段回忆。如，当我看到 2019 届律师方向研究生毕业合影时，耳边回响起“律院是我家，常回 618”的声音，这是学生的心声，也是对律师学院最高的评价。“家”，学生们的心灵家园，这正是律师学院孜孜以求的奋斗目标。

## 四、个人提升，院之感恩

在律师学院的工作本身对于员工的个人能力就是很好的提升和锻炼。律师学院这个平台上活跃的律师、法官、学者都是各自领域的精英翘楚，与他们的沟通交流不仅可以接触到业界前沿的学术观点和知识，更重要的是可以锻炼自己的沟通技巧，修炼心性，学习为人处世之道。可以说在律师学院的工作是在学做事，更是在学做人。

为了建设自有师资队伍，律师学院在聘请校外实务导师和法学院校内导师的基础上，鼓励员工们根据自己的知识结构和学科背景结合律师工作的实际，创设实务课程。刘瑞起院长亲自指导，了解员工的知识储备和工作特长，分析研判学生的学习需求，设计课程体系。最初的课程试讲是小型沙龙和讨论会的形式。我有幸作为首批试讲教师参与其中。2013 年 10 月 18 日，是一个周五的下午，也是周末前最后一次教学活动，明德法学楼五层一个小会议室里，本该思考周末去哪玩的学生，却热情洋溢地将这个原本不大的空间挤得满满当当。我的首次法律检索小沙龙也在此开始。我明白学生的热情不是针对将要开始的法律检索课程，因为我对自己到底能讲成什么样也没底，而是由于学院刘瑞起院长随堂旁听，院领导亲自监课，学生们既紧张又好奇。说是监课旁听，刘院长的到来实际上是为我坐镇鼓劲，课程期间刘院长不仅带头提问，调解课堂气氛，还参与学生讨论，启发学生思路。最终这场小沙龙不仅顺利完成，而且学生们反响热烈，授课效果远超我的预期。时至今日，我为学生开设法律检索专题的课程、沙龙或讨论会已近八年，授课内容日渐丰富，一些个人的经验分享逐渐见诸笔端，《律师法律检索指南》也将作为律师学院律师实务操典的一册出版，但是八年前的第一课依然是我终生难忘的人生记忆。

此外，学院的其他同仁也在院领导鼓励和鞭策下，陆续开发了“法律谈判”“律师职场技巧”“青年律师成长”等实务课程，课程开发的过程对个人能力的提升帮助很大，律院同仁们不仅积累了经验，更增加了自信，提升了能力。

一个好的单位除了能解决员工的温饱问题，更重要的是能给员工提升空间和发展机会。这方面律师学院确有独到之处。不论是法科背景的员工，还是非法科背景的员工，只要有心从事法律行业，律师学院的领导总是以开放的胸怀为员工们创造去拼搏的机会，去挑战法律职业资格考试。学院领导特别是刘瑞起院长不仅为员工们鼓劲打气，还亲自与员工谈心指点备考策略，考前特批假期让员工安心复习，这一切不像是单位提供给员工的福利，更像是长辈对后辈的关怀。多年以后，纵然时过境迁，曾经在律师学院受益的员工也一定会保有对学院和领导的感激。

律师学院十年了。这个十年看您茁壮成长，下一个十年看您茂密成林，桃李芬芳。律师学院，我感恩与您一路同行，更感谢您抚佑我学习成长，愿您越来越好，发展壮大。

# 一路走来：人大律师学院陪伴我成长

周　洁*

日月盈昃，辰宿列张，寒来暑往，秋收冬藏。

从人大律师学院成立伊始，栉风沐雨，十年光阴飞逝。很荣幸并感恩在建院七年多时间里，能作为其中一分子，在尊敬的各位领导、老师、同事、朋友的指导下学习，一路同行，在不断创新发展中思考、成长和探索前进的路径与方向。

不近秋冬，但在我的记忆中收藏的尽是丰硕美好。

## 砥砺探索：明确使命与责任，创新实践，共同成长

基于学校对于创建律师学院的初心与支持①，2010 年，律师学院面向法学院硕士研究生和

---

* 金杜学院培训高级经理，2010—2017 年任中国人民大学律师学院院长助理，2013 级、2016 级法律硕士（律师方向）班主任。

① 2010 年 4 月 24 日，中国人民大学下发《关于成立律师学院的决定》。决定指出，“为进一步探索新的办学理念和机制，创新人才培养和服务社会的模式，加强法学教育与法律实务的紧密结合，培养高端律师人才，进一步提升我校法学学科的竞争力”，决定成立中国人民大学律师学院。决定要求：“律师学院应依托法学院，致力于建设高端和国际化的律师培训平台，进一步提升人大法学院的整体形象，打造中国人民大学新的发展品牌和亮点。”根据该决定，律师学院于当年 4 月 26 日正式成立。

高年级本科生开设了律师基础实务课程，邀请行业大咖授课，受到学生的欢迎和好评。2011年，法学院在法律硕士中增设了律师专业方向，律师学院于当年招收了20名学生，为其开设了12门律师专业课程。从此，律师学院每年招收律师方向学生，将学历教育、学科建设同律师行业发展相结合，探索依托高校教育资源，正式走向尝试国内律师专业学科的教学课程体系，开创中国律师专业化教育体系培训模式的道路。

律师方向硕士生如何培养与教育，是我在律师学院学习、工作与成长过程中非常重要的经历与阶段之一。在这个艰难探索的旅途上，法学院、律师学院各位领导、老师、实务导师、每一届律师方向的学生与我们共同跨越星辰大海，是推动此项事业前行的参与者、践行者与开拓者。

## 学历教育有益尝试：发现使命与喜乐

17世纪捷克教育家夸美纽斯（1592—1670年）是教育历史上里程碑式的人物，他曾说过“教师是太阳底下最伟大的职业”。因为母亲是教师的缘故，我从小就特别喜欢教师这个职业。在我心中，所幸遇到的每一个人，无论任何职业，其实都是我的老师。感恩每一位老师带领我们遨游知识的海洋，言传身教乃至举手投足，是内心的宁静和阳光的和暖。

我相信，心存美好，必有所愿。记得第一次路过中国人民大学，便被大气的明德法学楼所吸引，尤其是了解到此楼名字来自儒家经典《大学》开篇之句“大学之道，在明明德，在亲民，在止于至善”，更是为之闪念“若有一天，我在这里工作就好了”。没有想到，在人大律师学院面试中获得了这个机会，我至今仍然记得三位面试官面试我时的场景。

徐建院长开门见山，“关于律师在职教育，假定开设一个知识产权高级研修班，你觉得我们现有策划方案有问题吗？”想想大胆直言就好，我便将自认为的所有问题以及优势，大方自信地陈述。韩玉胜副院长则是很认真地介绍现场考官及人大律师学院情况，继而问道，由于在高校，教师的工资并不高，是否可以接受。我表示可以接受，自己最为看重的是学习和成长经历。刘瑞起院长询问我学习和工作经历，感觉当时气氛稍轻松片刻……尤其我问简历与获奖证书，您需要留存吗？韩院长说，获奖证书可以都拿回家。穿着绿色条格学院范儿的刘院长则微笑着说，“简历留着吧，没事。”整体觉得这次面试，很有力量感，我内心充满着对人大律师学院的好奇心。

面试结束，我瞬间对三位领导做事亲力亲为、不拘一格的风貌心生好感，崇敬之心油然而生。但回家给母亲讲预估没戏了，因为我回答徐建院长问题时，说了一大堆负面问题，似有不妥。结果惊喜来了，第二天一大早接到徐建院长的电话，告知：“我是徐建律师，你被录用了。”因为这句话，从此开启我人生喜乐成长的美好之旅，以及从事我最为喜爱的这份职业的奋斗和使命之旅。

思绪继续回到2010年。学院虽成立了，可是接踵而至的困难与挑战也来了。学院成立之初，没有任何可供借鉴的模式与标准，人大律师学院虽依托法学院宝贵的师资资源，但没有固定的师资，没有系列教程，没有人认识我们，怎么办？在人大及法学院领导的大力支持下，律师学院各位领导带领所有教职员工先干起来，边干边摸索。

学院除了对在职律师教育进行探索外，对学历教育也开始多种有益的尝试。摆在学院领导面前的问题是：律师行业乃至国家需要什么样的律师人才？如何全面、全程培养律师方向研究生？如何进行律师方向学科建设和硕士生的学历教育？报名律师方向的学生如何在面试中选择，其选拔标准是什么？导师选择的标准是什么？依托高校资源，给教授与实务导师相结合的双导师机制如何深入？每个年级配备一名班主任和辅导员，职责与目标是什么？如何进行律师方向学生体系化的课程安排（培养目标、教学大纲、教案、考试形式与标准、课程效果评估、论文如何进行答辩等）。这些一揽子课程设计与专项培养都是全新的课题。

律师学院各位领导都是人大法学院78级校友，大多成为执业律师，具有丰富的实践经验，工作方法与方式不拘泥于传统的多数人认同的“培训”理念与模式。学院所有领导都亲自参与律师方向课程内容的设计与指导，每一个课程门类的产生，都会仔细斟酌探讨，尤其是刘瑞起院长，在关于硕士生教育的思考与引领上，对学院学历教育后续纵深发展影响很大。而我也因为学院各位领导对这份事业强烈的责任感、使命感、奉献精神深怀致敬与感动，内心充满自豪感与强烈的担当意识，期待为国家、民族乃至律师行业的发展，从人才培养的角度，奉献绵薄力量。

正是这份初心与使命感，根据各位领导指导意见与相关安排，申报律师方向课程时，我们草拟需经领导们讨论确定的课程教学大纲，即使到凌晨3点也充满了喜乐与干劲；组织律师方向学生面试时，永远记得学院领导对学生深切的期盼与期许；刘瑞起院长一再强调老师的品格对学生的影响与关键作用，硕士生培养实行教授和实务导师相结合的“双导师制”，校外导师从创业之初300余名优秀执业律师中精心挑选，并从学术水平、专业素养、职业精神、责任心、业内口碑、指导条件等方面严格考核选定。所有校外导师为学生提供实践基地和实习指导的同时，重视学生法律职业精神、律师思维和健全品格的培养。根据律师方向学生培养的特点，主张在双向选择基础上确定终生的“师徒情谊”。

经过三年的教学实践，在各位实务导师的精心支持下，律师学院相对形成了较成熟的律师专业课程体系。在此基础上，学院组织编写了14本律师专业基础实务教材。第一部分为律师执业基础；第二部分为律师基础实务；第三部分为一些最常见的律师业务实务。这些课程，强调法学教育与法律实务的紧密结合，注重律师实操技能的训练。学生通过该系列课程的学习训练，可以具备一个合格执业律师所要求的基本素质和业务能力。上述课程创设作为一项开拓性的工作，虽有很多还需完善之处，但从某种意义上，可以说是我国第一套全面系统的律师专业课程体系，构成我国律师专业学科的基本课程框架，为律师方向专业学科的创建奠定了初步的实践教学基础。

### 硕士生培养创新实践：躬身入局，深度成长

为了更好地探索新的办学理念，创新法律人才培养新模式，在总结优化前三年律师方向法律人才培养的基础上，2013年起，律师学院大胆吸收借鉴国内外先进的办学理念，首次提出律师教育的概念，强调以“学生为中心”，倾力培养学院教职员工，改革教学方法，对法律硕士（律师方向）研究生的培养方式进行了一系列改革创新。

从课程效果来看，学院继续强调小班教学，一个班20—30人。基于律师教育强调实用性且跨学科的认识，经过三年的摸索实践，从学生和实务导师的反映和律师方向人才成长规律来看，2010年至2012年强调细分专业门类为主的课程设计需要改变[①]。对学生要从实务律师应具备的核心基础能力提升角度进行培养，课程内容与组织在教学方式上也要具备新的特色。

2013年至2015年在院领导广泛调研与学习的基础上，由院领导带头，全院老师大体量、多层次地直接参与课程讲授，并形成新的硕士研究生培养方案[②]。在课程方案上，我们邀请具有实务经验的导师共同设计专业课程，使课程体例、内容与形式更具倾向性，专业涵盖刑事、民事、商事等基础领域，并开创了律师艺术、律师思维、律师工作方法等特色课程；以培训助力学历教育，以实践优化理论学习，教学相长。

培养方案更新调整后，学院形成了实务教学的新理念，鼓励学生自主学习，进行发散性思考，采用师生互动讨论、角色扮演、情景再现、问题探讨、启发辩论、模拟法庭等多种教学方式，由传统的被动接受式学习转变为主动参与式学习，使学生的思辨、表达、写作等基本能力得到很大提高。在考试方式上，选用模拟法庭、模拟商务谈判、起草法律文书、听证会等开放式考核模式，将平时成绩与期末考试成绩按一定比例综合评定学生成绩。同时，提

---

① 中国人民大学法学院2010—2012年法律硕士研究生（律师方向）培养方案强调，学生攻读硕士学位研究生期间，需要获得学位课程总学分不少于79学分。必修课不少于39学分；选修课不少于20学分（其中方向必修课12学分）；社会实践12学分；学位论文8学分。在课程设置、学分要求和开课时间上进行了总体设计。其中方向必修课（12学分）包括律师执业基础、刑事与行政诉讼律师实务、民商事诉讼律师实务、非诉讼律师实务基础、公司法律师实务、房地产法律师实务；方向选修课（不少于8学分）包括合同法律实务、侵权法律师实务、劳动与社会保障法律师实务、婚姻家庭与继承法律师实务、知识产权法律师实务、企业法律风险管理律师实务。

② 中国人民大学法学院2013—2015年法律硕士研究生（律师方向）培养方案在承继以往方案的基础上，创新性提出方向必修课和方向选修课均为8学分。其中，方向必修课包括律师职业伦理与执业规范、律师思维与表达、刑事诉讼律师实务、民商事诉讼与仲裁律师实务；方向选修课包括律师执业规划及律所管理、律师礼仪与沟通技巧、律师工作艺术、律师文书写作技巧及法律检索、律师商事谈判及法律文件起草，并基本奠定了律师方向培养方案的模式与培养方法。

供课外多种学习机会，开阔学生视野，提升其律师实务实践能力。比如，学院开设网络检索、专业取证、职场沟通技巧、合同写作大赛等开放课程；举办“话题讨论”课；邀请知名律师开办系列“律师之路—名师讲堂”讲座；学院开办的律师专题高级研修班也对在校学生免费开放，鼓励学生参与各种学术活动；与律师事务所、法院、检察院等机构广泛合作，提供丰富多彩、灵活实用的各种实习机会。如果说教学计划中的面授是“第一课堂”，那么其余这些学习、实习、课外活动是“第二课堂”，按刘院长的话讲，“实务人才的培养，第二课堂的内涵价值不低于第一课堂”。

通过搭建多样性、前沿性、创新性的知识分享平台，学生们普遍反映增强了综合素养，开阔了视野，为毕业后迅速从事律师职业及其他法务工作打下了坚实的基础。在律师学院培养毕业的学生，进入律师事务所、法院、检察院、公司工作后，其律师实践操作能力与综合素养能力也得到应聘单位的一致好评。

学院不仅注重学生的培养，也非常重视学院教职员工的职业发展规划与培养，注重自身教育资源的积累，将我们教职员工的职业发展与学生的教育相互联结，共同成长。院领导非常鼓励学院所有教职员工参加国家司法考试，对教职员工成为律师与课程专业教师创设各种便利机会，现已培养和发展了五名教师成为律师。在教职员工与学生培养模式上，力求促进教学与实务的进一步融合，尊重每一个法律人才成长规律，助力法律实务人才在实践中快速成长。

结合我们每一位教职员工的特长与特点，在大量研究学生实际需求与困惑基础上，律师学院鼓励教职员工根据自身的学科背景、知识结构、职场体悟，与律师工作的实际密切结合，开创性地设计学院实务类课程体系，给每一个教职员工提供各种可行的授课、培训与发展的机会。最初实务课程采用沙龙会、分享会等方式进行，很荣幸自己被选为试讲教师。[①] 这段学

① 刘瑞起院长安排学院杨洪浦老师讲授“法律检索”、黄河老师讲授“法律谈判”、高巍巍老师和我讲授“律师工作艺术——职场沟通技巧”等。并由参与律师学院教学教务的韩晓强、宋建设两位执业律师校友讲授执业体会，辅导在校生的学习、实习工作。

习体验至今铭记于心。

2013 年，接到给 2013 级和 2014 级律师方向学生讲授“职场沟通技巧”课程这一教学任务时，我内心非常忐忑。但院领导们认为：律师学院老师的优势是了解自己的学生，熟悉课程及体系，掌握教学的重点方向，特别是律师方向课程中律师工作场景的实际介绍与技能传授需要边实践边学习，这是很好的实务课程。律师很重要的一个技能是倾听与沟通。如何倾听？如何沟通？用目前大量的身边小故事与大家讲解，具体分析每个场景下的合适建议，这样的教学才是鲜活的。没有对与错，也没有一劳永逸的答案，让学生在倾听、沟通具体事例体验中探索某一场景的合适方式。律师的沟通很多时候并不是大家看到辩论赛式的咄咄逼人，而是要学会通过柔和、苏格拉底式的辩论法就问题进行沟通。讨论的目的不是驳倒对方或喜欢争论。要擅于明智地倾听，谦卑地倾听所有不同的观点，用间接说服手段，在争论中表现对对方的尊重，展现自己的谦逊、得体……在认真设计与准备下，我完成了授课任务。授课期间，院领导及同事们全程听课，激发学生多元化、多角度的思考、讨论，并根据授课内容提问、总结，给予学生不断探究多种可行路径思路与工作方法的启发，我自身也是受益匪浅。课程结束后，看到同事们相互勉励的眼神，看到学生们满怀期待、爽朗的笑脸与似有启发的目光，我内心充满了喜悦与成就感，很开心小时候做老师的夙愿梦想成真。学院充分尊重每一个教职员工，发现每一位同事的无限潜能，不拘泥于传统教学管理模式，大胆培养与起用教职员工，在高校平台开创实务教师启用先河，给了我们每一个人多元成长与学习的舞台，这也是我印象最深刻的一点。

另外，学院为了让每位学生有温暖的学院大家庭体验感，每个年级各配备一名班主任和辅导员，邀请行业资深律师、法官或学院教师担任辅导员，专门开设讨论会，对律师方向学生学习中遇到的问题给予及时的指导；关爱学生，通过对学生多方面实际情况的了解，学院协助实务导师不断优化课程内容；在实务导师的安排下，带领同学们参观律师协会，组织各位同学参与话题探讨，增长见识，打开思路，探寻解决问题的多种可能性。很荣幸我也成为 2013 级、2016 级律师方向班主任，在收到每一位同学用最真诚质朴的语言手写的元旦庆贺小纸单时，在看到每届律师方向学生开心的授课体验与充满收获的眼神时，在翻看与回忆律师学院每一届学生的照片、毕业合影以及律师学院教职员工全家福时，内心满满的感动与感恩，这份喜乐感与对律师教育职业的热爱一直伴随我，深爱所有的学生，热爱人大律师学院。

## 心怀感恩：提升眼界与见识，磨砺心性，为您而绽

### 构建认知与格局：刚柔相济，适者生存

在真实的世界里，生存重要，成长更重要。做事，不是埋头就做，而是先要把握事情的全局、了解组成事情的各个环节。需要学会用平常心处世；用进取心做事。回想七年里，与学院各位领导、老师、同事的每一次前行都是在不断学习、摸索和试错中，一步一个脚印走过来的。除了完成律师方向学生学历教育的培养外，也会按照学院既定运营安排，从事以律师各专业门类分工为基础的高级研修班工作，为创业创收和培养学生所需资金做准备。据悉，目前学院研修班培训全国律师共计 2 万余人次。每一个研修班的开办、组织与后续活动的各项实施，从某种程度上，都蕴含着学院各位院长、老师、同事的心灵凝聚，探索奋进。

回想学院创建之初，除了电话等常规方式邀请讲师外，我们与学院领导逐一拜访业界名师；努力学习国内外先进教育理念与模式，摆脱思维与认知的局限，探索律师教育可行的理念与模式；专业课程及师资好不容易确定了，每一次课程组织都会面临新的问题；课程招生、宣传推广工作难上加难；对于远道而来参加研修班学习的律师，管理也是一门深刻的学问……为了激发每一位教职员工的创收素养与开拓市场的能力，律师学院有意地注意提升所有教职员工市场开发与课程专项策划能力，指导合作谈判技巧与沟通策略、节奏技巧，培养我们的大局与战略意识，没有机会也要创造机会，希望我们投身市场中，时刻有危机意识，适者生存，练就在丛林中生存的本领……我们一心一意投身于教学教务每一项工作，聚精会神，脚踏实地，但这个过程是艰苦的，虽然学院领导将其一生经验与所学，在实践中言传身教，但我仍时常感觉到瓶颈、疲惫和迷茫。好在曾经那些棘手的问题，那些改了又改的实施方案，那些

难以两全的抉择，最终都在中国人民大学及法学院的指导下，各兄弟部门和合作单位的帮助下，团队成员之间的扶持间，得到了圆满的解决。

学院工作很多时候是做人的工作，沟通的方式方法尤为重要，如何鼓舞士气、凝心聚力，都是深层次的艺术。因为工作便利，让我有机会与不同的人“打交道”，言谈举止与整体风貌非常重要，而我也从学院各位领导与各方面的人“打交道”的场景中，学会了系统、全局处理工作的方法；学会了用成长的心态认知自我与他人、社会的关系，理解、尊重与共情，从他人的角度看待问题；永远保持好奇心与激情，保持善意，探知未知世界；不畏艰辛与困难，勇往直前，在创新实践中与学院、老师、同事、学生共生连接，共同创造价值。同时也在与同事彼此协同，积极组织学习与体验的每一次课程或活动中，不断明白“人生使命的召唤并不是让你找到一个完全成形的东西”，“它更多的是动态的，无论我们做什么工作，我们都需要不断地审视自己，思考如何与其他人联结，如何与更广阔的世界联结，如何展示你内心深处的价值观”。

每一位老师的言谈举止以及讲授的内容，在组织老师、学员授课与沟通过程中，在与学院同事的相互协作中，也不断历练着我的心智、耐心、眼界与见识。还记得刑事辩护法律业务高级研修班，因为堵车迟到，张思之先生在大门口穿戴整齐等我，后被先生严肃批评了一顿。先生虽理解我们事出有因，但这对本身最不喜欢迟到的我触动很大，后续张思之先生用书信认真反馈教务安排时，也让我再次对张思之先生的谦逊品格与注重细节的工作习惯感动。在此向张思之先生致敬，您的言谈举止与品格至今对我影响颇深，做任何事情，宁可早到做好所有准备，也不允许自己迟到，这是对工作和对自己最基本的要求。

除了课程培训外，学院还会举办各种大型活动，为组织与鼓舞律师界发出声音，引领法律实践教育。为共同探寻中国律师百年的足迹，回顾百年律师的辉煌与荣耀，不幸与痛苦，展望美好的未来，学院领导决定组织“中国律师百年”论坛。当时一个重要且紧急的任务是邀请董必武主席的儿子董良羽老先生。由于董老常年居住武汉，且行程也很紧张，学院领导期待能邀请到董良羽先生到论坛现场。若确实不能邀请到现场，我们会录制好与董良羽先生的专访视频，以便论坛现场当天播放，但录制显然不是最佳选择。拜访前一天晚上，我们紧急了解了董良羽先生的个人情况，并做好了所有准备。由于常年生活在武汉，美好的缘分似乎又因为学院让彼此相遇，在学院领导张林老师的带领下，虽约的是上午 10 点见面（当时上午 9 点董先生原与一名记者约谈），但我们早上 7 点就到达了指定地点。正想着如何与董老先生沟通邀请参加盛会，此刻有一位老先生用完早餐迎面走来，因昨晚在网上看过照片，我们果断打招呼与董良羽先生商量意见。也许是我们的真挚与老乡的缘分，董老马上改变既定行程，接受了邀请。论坛当天，董老讲授了很多董必武主席为中国法治事业付出的不为人知的故事，且在律师朋友对刑事辩护领域有过多担忧时，董老的鼓励，给了律师同仁很大的力量。论坛现场听到董老对学院的肯定，参会律师、老师、朋友说此次盛会是从未遇到的最为感动、真诚与热泪盈眶的会议时，我也落泪了，为我们能够奉献微不足道的力量感到高兴。

当然，在组织课程、各类型活动过程中，我们也会遇到师资、学员、学生以及朋友们很多的不理解，在学院领导的带领、引荐与指导下，我们用真诚、耐心、实际行动去一一化解。随着时间推移，不仅增长了自身的视野与见识，也增加了彼此的了解与信任，好多都成为好朋友。在此向包容我的老师、学员、学生和朋友们致敬，感谢各位的指正与支持，使我不惧任何挑战，内心充满力量，敢于迎难而上。

### 认知与视野升级：协助成立与参与中国法学会律师法学研究会工作

中国法学会律师法学研究会是中国法学会所属的第 57 个研究会。经过两年多的筹备，于 2014 年 12 月 21 日在中国人民大学成立，致力于对律师法学和律师制度方面重大理论和实践问题的研究，同时也为律师队伍的培养、律师实务与高校教学的紧密联系提供平台。中国法学会律师法学研究会秘书处设立在人大律师学院，而我能参与研究会的工作，是学习与挑战之路的另一个开始；能有幸认识与接触各个行业的“大咖”，赋能成长，是我原有认知与视野的又一次全新升级。借此机会，向指导我参与此项工作的学院院长、中国法学会律师法学研究会副会长刘瑞起先生，原北京市司法局副局长、中国法学会律师法学研究会常务副会长李公田同志致敬，二位领导是带领我学习、参与此项工作的“引路人”。

在人大律师学院工作期间，在研究会各位领导、同仁的帮助与指导下，完成了相关的年会、研讨、律师法学研究课题、年会论文评选等组织与协调工作。团队的力量是巨大的，每一项任务的完成，离不开学院、研究会各位领导与同事的全心投入，彼此协同与辛苦付出，离不开每届律师方向学生的认真努力与全力支持。感恩各位领导给予的信任与力量，期待能不断创新，追求卓越，始终践行培养律师方向学生乃至行业法律人才的愿景。

依我这七年成长的感悟：

大学不仅有操场，她也是助我成长的职场。

学校不仅有教室课堂，她也是迎送机遇的厅堂。

任职有时限，求知无短长！

今天是人大律师学院的生日，通过以上微不足道的小故事与感受表达对学院的敬意、感恩与祝福。也许我们走过万水千山，就是要与您相遇，为您美好而绽放。现因工作所需到金杜学院，但我仍然从事着我喜爱的律师教育工作。感恩所有的成长陪伴，这是我人生中非常有意义的学习经历与最为宝贵的财富。期待我们携手，共同为国家、律师行业的法律人才发展贡献力量，千磨万击还坚劲，共创美好未来！

下一个十年，再回首，畅叙！

# 我与律师学院

黄　河*

我从中央财经大学到中国人民大学律师学院已近十年了。从科研机构到院校，从投资、数据到教育，友人亦笑我跨度颇大，一些 HR 和猎头曾问我的锚地到底在哪？对此我也曾惴惴。所谓工作和锚地，在我的观念中，无论在哪里工作和做事，无非就是专注与挑战，似乎没有区别。我也多次对学生们讲我对工作和岗位的粗浅认识："找到一个好的岗位不如找到一个好的领导。"直到九年前回到母校做律师教育……

十年树木，律师学院培养的法律硕士（律师方向）研究生有 238 人，已毕业执业或从事法律实务工作的有 177 人，在读 61 人，已培训全国律师 23000 余人次。律师学院已出版的教材包括"基础律师实务"和"高端业务实录"系列 27 册，陆续出版"律师操典"系列教材 10 余册，亦有单独出版的实务研究《医患纠纷法律问题研究》等。

光阴，恍如手中烟斗惝恍袅袅的"法官"①，颇有虚度。然观望办公室墙上挂满的各学年法律硕士（律师方向）研究生毕业照和律师学院各大活动的留影等，无论如何，身于其中过

---

* 中国人民大学律师学院院长助理，2011 级、2016 级法律硕士（律师方向）班主任。

① 丹麦斯堪的纳维安烟草公司生产的著名的 Virginia（弗吉尼亚）和 Perique（百里科）调配，品名为 Oilik Golden Sliced，我国烟斗爱好者称其为"法官"或"红法官"。

半，稍有慰藉。由于我在律师学院担任院长助理，所以方便了解律师学院部分重大事项的讨论和决策，其后有幸参与协助运营及执行落地，自身见识、能力终有些许成长，使我终身受益。学院成立十周年之际，自当回顾诸事历练。律师学院创建初期的成绩大家已耳熟能详，于此不再赘述，亦有因工作分工未能参与者，难免有疏漏和片面之述。

## 回顾之一：律师学院之“创”

**2015 年 7 月：发布《中国律师职业教育发展研究报告（2015）》蓝皮书**。这是律师学院设计、组织、实施的，以律师教育为主题的连续性研究项目，是我国首个运用社会调查、实证分析、比较研究等多种方法，从机构、个人、区域等多个层次全面反映我国律师教育状况与发展趋势的学术性调查研究项目，在国内外研究领域具有填补空白的意义。多年来，每当我遇到律师教育的问题与困惑，当在午夜时分翻阅蓝皮书，细思有获。我窃以为，从事律师教育者，或可以按此蓝皮书作为指导的提纲。

**2016 年 5 月：举办“首届中蒙环境资源法制建设论坛”**。这是中蒙两国建交以来，我国和蒙古国之间第一次开展环境资源法制建设的高层次学术交流活动。来自全国人大环境与资源保护委员会、中华人民共和国环境保护部政策法规司、国务院发展研究中心资源与环境政策研究所；中国人民大学、武汉大学、内蒙古大学、首都经济贸易大学，以及蒙古国立大学法学院、蒙古国立农业大学等单位的 30 余位领导、专家学者，就“环境保护法律法规”“社会转型与环境保护”“草原保护”“荒漠化治理”“城市环境治理”等方面做了深入交流。国务院发展研究中心资源与环境政策研究所常纪文副所长评价“这是中蒙两国建交以来，两国首次开展高层次的环境资源法制建设学术交流活动，具有里程碑式的重要意义”。此举，开创了两国环境法制交流的先河，亦是其后律师学院和蒙古国院校广泛交流的起点。多年来，律师学院与蒙方高校、机构等交流往来，每年均有四五次之多。其间，我在与蒙方各院校、律师实务界的交流中发现，在蒙古国，特别是教育界与中坚层精英对我国人文、社会、法治、经济等领域的建设与发展等颇为陌生，也有诸多疑问与迷惑，由此也引发了律师学院对国际化的思考与尝试，于两年后终有所创……

**2016 年 7 月：成立“中国人民大学律师学院商事犯罪研究中心”。**商事犯罪定义于刑事犯罪的分支，亦有跨界、综合研究之意。此项研究得益于律师学院的实务导师韩冰律师的支持，如我所知，商事犯罪研究中心仅在 2019 年就举办了五次活动，日益繁盛。律师学院始终与业态保持紧密的联系，在律师业务迅猛发展的当下，律师学院与实务界有志之士共同开展研究，不失为研学相长的务实路径，我认为这种模式该推而广之，吾谁与归呢？

**2016 年 11 月：创立“中国律师教育联盟”。**律师学院举办了 2014 年全国首届“中国律师教育论坛”和 2015 年的第二届论坛。在律师学院副院长韩玉胜教授及人大法学院院长韩大元教授的倡议下，复旦大学高级律师学院、华东政法大学律师学院、华南师范大学律师学院、广西师范大学律师学院、广州大学律师学院、北京律师学院、上海市律师协会律师学院、重庆市律师协会律师学院等 14 家律师学院一致响应，“中国律师教育联盟”于 2016 年“第三届中国律师教育论坛”期间正式成立。“联盟成员在律师教育、科研领域相互扶持、优势互补、资源共享，促进联盟成员间的共同进步，促进中国律师教育事业和律师职业的发展与进步”。至 2019 年“第六届中国律师教育论坛”，增加了中南财经政法大学律师学院、深圳律师协会律师学院和河南财经政法大学律师学院三位新成员，联盟成员已达到 32 家，皆为全国高等院校、律师协会的律师学院。历次轮值主席[①]单位的年会犹如华山论剑，如：孙笑侠教授、陈乃蔚教授、龚柏华教授、陈宗波教授、李伟教授、王永杰教授、孙渝院长、邵挺杰院长等论，皆有金泉莲花之妙，令我读到了律师教育“天花板”之上的“天外飞仙”。回想历届中国律师教育联盟年会，全国各高校律师学院、各律师协会诸贤，均称人大律师学院为“律师教育理念的创造者”，律师教育的“老大哥”“领航者”“旗帜”等语，深感如履薄冰。

---

① 中国律师教育联盟采取轮值主席制，每年由成员单位自荐轮流担任轮值主席，举办当年度的中国律师教育论坛和联盟年会。

**2017 年 12 月：创立“中国人民大学律师学院艺术与法律研究中心”**。此举始于刘瑞起院长对法硕课程“律师艺术”的思考研究。这不同于社会上诸多以“某某艺术”为名的课程或出版物，此类挂以“艺术”之名头，实卖个体技术为体，与艺术、美学远不相及，盖冠“艺术”名皮而沐，以期攀显而已。律师学院法律硕士课程“律师艺术”是基于丰富的执业感悟，并与艺术美学业界专家，如人大艺术学院原院长丁方教授、齐悦副院长，人大东方文艺复兴研究院余润德教授以及中央美院艺术管理与教育学院赵力副院长、杨杰书记等，经多年广泛、深入、务实的商酌与研究，将艺术、美学理论与律师实务相结合的跨界教学尝试。为法律硕士授课之时，多有律师学院培养的，已毕业多年的执业律师回校听课，感慨道：“做了五年的律师，才体会到刘院长的课真是个宝库，现在的学弟学妹们有福气了！”随着与艺术界、理论界诸多专家学者的交流，也基于艺术品市场与其商业模式的迅猛发展呼唤相应的法制建设和律师实务支持等机遇，在中国美协、中央美院、质检总局等机构与专家学者的支持和呼吁下，中国人民大学律师学院艺术与法律中心应运而生，成为全国第一个艺术与法律的研究机构，并与中央美术学院艺术管理与教育学院达成战略合作，于其后共同承办了国内首次艺术法国际论坛，常年开展学术交流与教育培训等。正如人大法学院副院长时延安教授所感“这是闻所未闻的，仔细想来大有可为”。

**2018 年 1 月：创立“中蒙 / 蒙中法律研究中心”**。在当前国内高校“国际化”主要面向欧美及至日韩院校的潮流风靡一时，律师学院的国际化思考，是立足于弥补中蒙间较为陌生的发展态势，以诚恳务实的态度，与蒙方一流的机构建立优势互补的交流合作机制。律师学院与蒙古国立大学法学院的交流已有多次，成为常态，蒙方亦认为“一带一路”建设带来了中、蒙两国发展的良好契机，及与律师学院已多次达成共识的基础上，在两校设立研究机制是十分必要和迫切的。双方在学生交换、学术交流活动、不同学科的合作研究、教师间的互访交流，以及法律文本、重大法学研究成果等翻译、法律诊所、法律检索和法律服务等方面展开广泛、深入的合作，特别是研究中心侧重律师实务，为两国企业、机构提供法律服务，而这一服务又是建立在中蒙顶尖法学院校、政府有关机构、法律服务机构和专家基础之上，是蒙方非常重视的机制。

**2019 年 3 月：创设“中国人民大学律师学院双创法律服务工作站”。**律师学院对法科生创新创业的认识，是“执业即创业”，行动则是为律师学院的在校生和毕业生创造一个具有师生熟络、名师传承、悉心指导、磨炼技能、研练相长的真实执业环境的超级诊所（类似于医学院校的附属医院），助力学生磨炼技能、感受业态、快速成长乃至顺利执业。既是打造校内础教育和校外实践教育的通道，也是补足律师职业教育的尝试之一，这是律师学院双创服务站的创设初心，亦是体现律师学院对在校生和毕业生，当作自己儿女般的培养和关爱，甚至是一种“溺爱”！这是律师学院独有的价值观。

**2019 年 10 月：成立“中国人民大学律师学院公职律师与公司律师研究中心”。**“两公中心”成立创造了我国的四个第一：《中国公司律师发展白皮书（2019）》是我国发布的第一个以公司律师为主体的报告文书；是我国第一家公职律师研究中心；第一家公司律师研究中心；第一家以两公律师实务界（含政府职能部门、国企、外企、民营企业）为主，结合高校教学研究资源的平台两公中心是中国顶尖法学高校成立的第一个两公律师组织。“两公中心”使得业界与学界可充分发挥主观能动性，更好地应对新时期两公律师发展面临的挑战，是各方交流和学习的资源共享平台，推动两公律师职业群体的成长成熟。法学院高圣平副院长说：“律师学院一直与律师职业发展方向保持高度一致，公职律师与公司律师研究中心的成立是中国人民大学律师学院践行社会责任的另一个方向。”

**2019 年 11 月：承办“2019 艺术法国际论坛”。**这是由中央美术学院主办，艺术管理与教育学院同中国人民大学律师学院联合承办的国内首次艺术法国际论坛，是全国第一次艺术与法律深度融合的盛会及里程碑。来自德国、美国及国内各院校、机构的艺术法学研究领域的权威专家 50 余人，以及艺术市场与法律实务领域的专业人士，包括：中央美术学院范迪安[①]教授、全国政协文化文史和学习委员会副主任阎晓宏、人大知识产权学院院长刘春田教

① 范迪安教授现任中央美术学院院长、教授、博士生导师，兼任中国美术家协会主席。

授、中央美术学院艺术管理与教育学院院长余丁教授、中央美术学院艺术管理与教育学院书记杨杰、中央美术学院周林教授等国内30余位专家学者，以及美国艺术法专家、美国法学院协会艺术法分会创始人和前任主席伦纳德·D.杜博夫先生、德国北威州科学与艺术研究院彼得·迈克尔·吕恩教授等，围绕“艺术法与文化治理”这一主题，汇集艺术法领域的最新观点与研究成果，就国际艺术法研究与学科建设、艺术法律实务和艺术法人才培养等方面，进行了深入的交流与探讨。人大律师学院院领导、律师学院艺术与法律研究中心执行主任余润德教授、律师学院实务导师等20余名参加论坛，分别做了主旨演讲和报告。“2019艺术法国际论坛”是国内首个艺术法国际论坛，汇集了国内外重要学者专家的学术观点与研究成果，为艺术法的学科建设与实践探索共聚智慧。通过国内外艺术法学者之间学术交流，中国艺术法教学与科研得以更深入的发展，而研究学者与实务工作者之间的经验分享，也更好地加强了艺术法研究与法律实务的结合，推动艺术法在中国的完善，提高艺术法的作用与价值，为中国的文化产业发展创新和艺术市场繁荣做出贡献。

## 回顾之二：律师学院之“新”

律师学院孕育自78级校友的赤诚盛举，根植于人大、人大法学院的底蕴与巨擘之下，已渐锻铸律师学院的传承与血统，学院诸君与学生受益匪浅、廉顽立懦。特别是自2013年以来，培训、研究、交流等已成为常态化工作，学院唯独对学生、青年教师的专注与培养，诸如对在校教师、“80后”等鞭策锤炼，给予各种机会历练，对在校生则倾资源助成长等，诸多变化令人不吐不快。

**对律师培训：**说起律师培训，律师学院的刑辩班在全国刑辩律师心中是一面旗帜。刑辩班是十年前由律师学院徐建院长发起，钱列阳律师等倾注心血之作，每年一期，时至今日已站在了全国刑事辩护培训的巅峰，十年十期刑辩班属实不易！十期刑事辩护研修班共培训了1500多名学员，不少学员从人大律师学院刑事辩护研修班开始走上了专业的刑辩律师之路，并取得了优秀的成绩。学员们之间的向心力、凝聚力也逐步增强。未来，律师学院将在总结十期研修班经验的基础上将刑辩班继续办好，薪火相传、更上一层楼。

律师学院的律师培训，我因分工原因参与得较少。即便如此，自 2013 年以来，我发现律师学院的律师培训变化颇大，比如：开班数量成倍增长，几乎每两周就有新班开课，而目测每班人数也从原来的三五十人变为百人甚至更多，在办公室经常听到教务老师接电话说“对不起啊，逸夫报告厅和国学馆满了，没座位了，您下次报名要早点啊，这次我们会尽快给您退培训费，抱歉啊……”这是什么情况？和熟络的老学员聊天才知道：最初几年律师学院是“知名律师培训青年律师”，讲的课是“业务广覆盖”。按学员们的话来讲，“现在变成是‘三最’了，课程的干货特别多，最契合行业新发展和律师实务的新变化，师资力量也比原来高了一大截，每次都有法学院最权威的大腕授课，还常有最高法和最高检的法官和检察官来讲课，对我们来说太有用了，课上学的东西我们回去可以直接用，连我们那里的法官在开庭后都和我们探讨一些问题，觉得我们有水平！现在，上课的时间也安排得特别贴心，原来是一次课一个礼拜，时间实在不好安排啊，怕耽误事儿，现在的课安排得好！是周末，我们能来人大律师学院学习的机会就多了，学院课外安排得也很好……”偶尔在校内与三三两两的行色匆匆、西服革履不像学生的法律界人士擦肩而过，看到他们向我招呼“黄老师，中午课休一起吃饭，上午的课老师们讲得真好，中午吃饭时有机会一起请他再给我们说说……”我一愣，“客气客气、好的好的，您是哪位？”……看来，以后要多关注学院的律师培训班了。

自 2013 年起，律师学院的培训在短期班的基础上尝试打开中长期班以及合作开班模式。如与人大苏州校区两年多的培训合作，苏州校区经核算后仅此一项即创收 1237 万余元。如在校本部与中国国际经济贸易仲裁委员会合作开设了“国际商事仲裁法律实务高级研修班”，以及由律师学院艺术与法律研究中心开设的“艺术品投资收藏与法律风险高级研修班”等，学院在课程设计、严选师资等方面，在全国树立了开班方向的权威性、实务性，得到学员的一致好评。由此，律师学院得以在“中长期高端班”开疆辟土、有所斩获，特别是在掌握全局、把握风险、课程质量控制方面，既锻炼了队伍，又积累了经验。如条件允许，律师学院将会有更多、更权威、更受欢迎的中长期班开设。

**对在校教师：**律师学院，是以培养优秀律师为己任。既名“律师学院”就应该懂律师、做律师，且还须是做执业律师，方可保持与业界的互动与联系，更利于教学和研究。近几年，律师学院开启了“自身律师培养”及“执业关系的转换”模式。比如，各位律师学院的青年教师在司法考试之年，学院给予考试复习的时间长达两个多月，这在当今社会，无论是机构、企业还是单位，都是不可想象的福利。目前，学院已有 5 名教师被发展为执业律师，其中包括几位院领导，他们已经是在北京的执业律师了！

**对在校生：**律师学院独立设立了有关律师技能的各类型比赛，如辩论、模拟法庭、法律文书写作等，引导和鼓励学生锻炼技能；学院的各收费类高端培训，对在校生和毕业生全部免费开放；对出国交流的学生给予全资支持；对方向为留学继续攻读博士的毕业生全资支持；鼓励学生参与学院的各类学术交流与活动，开阔其视野与眼界；制定法院、律所等合作交流机制，给予学生超乎寻常的实践与历练机遇。学生们，无论是在校的还是毕业的，都说“律师学院是个大家庭，我们要永远在一起”！

“无论走多远，心中永眷恋。”

“如果总想家，常回 618……”

**对毕业生：**学院在校友总会的基础上，设立了“研友会”，由各届毕业生担任理事组织毕业生活动。别具心思的是，“研友会”是由在校生担任秘书长、干事等，与毕业生共同操办“研友会”诸事，比如，在学院的支持下每年的“返校日”等各类活动。这就使得毕业生的状态，以及各自执业与事业发展的起步、瓶颈、挫折、转型、成长与提升等，始终在律师学院的视野和关怀之下。在当下，哪有对学生管了校内又顾了毕业的？扶上马送一程也算走得远了些吧。其实，此举既是着意加深毕业生、在校生在行业业态、执业生态等的互动与关联，形成诸生、师生等良性互动，意在血脉相连、师门兴旺，更是律师学院对自身教育质量审视、评价和改进机制之一，这才是符合律师职业教育的规律的。

## 回顾三：律师学院之“基”

律师学院不仅有校友和外部社会资源的有力支持，更重要的是要有自有的教育资源。律师学院的几位权威，是律师学院的“基石”。

如：韩玉胜老师，如雄狮般的“刑法脸”，被尊称为律师学院的“压舱石”。韩老师是律师学院刑法学术及实务成就最高者，历届法律硕士（律师方向）研究生的论文答辩，无一例外，皆是由韩老师“坐堂主持”，想必诸生面泰山而不变色者鲜矣……

某日，韩老师对我行文指出“启示与启事混淆之误，岂有此理！”，令我如芒在背足有月余，如此金刚大德着实不容糊弄。

如：黄海星老师，常以媒体及各类校外社会资源助力学院。特别是乐于、勤于向学生分享各类工作与实践心得，对学生的指导、帮助不遗余力，大爱如山！每次见黄老师，除院长办公会之外，都是他为学院诸事和为培养学生劳苦奔波，细观之，他是甘之如饴的！每当律师学院有重大事项及活动，必有黄老师坐镇点拨，细致周全，黄老师一来，我们就安心了。

如：徐孟洲老师，他是律师学院的总监。每次到校必来律师学院办公室查询有关工作及律师学院状态。在我们眼中，徐老师是经济法的泰斗，不是“刑法脸”，而是那种长者之风的典范，且是让人如沐春风的，令吾等无法不敞开心扉，即便工作有各种疑惑和困难，在徐老师的点拨下必得其解。难能可贵的是，为了更好地培养在校生和毕业生的综合能力，徐老师亲身参与律师学院的律师实务实践平台，与其他老师一道，共同创立了学生实践锻炼的辅导机构。

如：潘文军老师，于法律实践教学方面，是律师学院当之无愧的模范和金字招牌。记得2013年，潘老师曾指导我到武汉大学法学院参加法律诊所和互动教学的课程，由此使我初窥其门径。想来，潘老师当是我的指路人之一。潘老师的课和设计的各类法律实践指导与活动深受学生喜爱，诸多已毕业的学生常返校参与，沉浸忘返、乐在其中，每见诸生拥趸潘老师左右，当真令人羡慕。沅茝醴兰、无声润物。

如：刘瑞起老师，虽是我的上级领导，但长期以来，假烟茶之媒，常与他在漫谈聊讨中有电光石火的思想碰撞，我得以体悟跨界思维、逆向思维、艺术思维、价值观念等类，常有拨云见日、灵感泉涌之获，及至诸多意念举措得以诱发和实现，终得确证。如此说，我们虽是上下级关系，十年往处，亦是吾师吾友，受教无穷，其乐也无穷。

祥天瑞景，自有云中白鹤。

十年，律师学如葱茏玉树，有人大、人大法学院、78级校友和社会友好的德泽祚胤，有学院对律师教育的探索与追求，本固而枝荣叶茂，“十年树木，百年树人”！

余身其中，幸甚至哉！再有HR和猎头询我：“锚地何处？”其必曰“天高人大，不二法门”！

# 以梦为马，不负韶华

## ——我的学院故事

高巍巍 *

和所有故事的开端一样：在很久以前，我第一次走进中国人民大学的西门，就像赴一场盼望已久的约，满眼好奇，心里唱着歌，脸上藏着笑，一路兴奋地从明德法学楼前那步步登高的台阶走上去，看见楼前的律师学院匾牌时心里莫名地有一种相见恨晚又恰逢其时的感觉。从此，开始了我的学院生活，那一天是 2011 年 9 月 4 日。

回忆只是一瞬，回望却已是七年，在明德法学楼 618 办公室里度过的七年岁月，记录了我最美好的一段时光，这里存放着太多太多的回忆。那时的我们都意气风发，对未来充满期待，大家一起哭过、笑过、吵过、闹过，也一起成长着，共同经历人生中的重要时刻，在这里收获了事业、爱情、亲情，借学院十年之际，和大家一起回味那些年，我们在学院的时光故事。

* 北京天驰君泰律师事务所律师，2011—2019 年任中国人民大学律师学院教学教务主管，2012 级法律硕士（律师方向）辅导员。

## 琼楼玉宇，高处不胜寒

学院十年，发展大成，很多人以为背靠名校，资源天成，成功是必然，却不知这必然背后是几位德高望重的院领导尽心竭力地从无到有，事必躬亲地从小到大艰难开启而来的。那时我们既不能辜负人大的盛名，又要开创各种学院先河，我理解的先河就是小心翼翼、如履薄冰般地摸着石头过河，失败、困难自不必说，也曾遇到过倒悬之危，即便是我们这些亲历者对学院领导们承载的压力也只能窥见一斑，所以外界只见学院的琼楼玉宇，难解其中艰难也可以理解了。

每个学院人都知道，律师学院的首要纲领就是一切工作的开展乃至言行，都必须严格遵守人民大学的各项校规校纪，财务制度、培训办的规定、法学院的要求等都不能有半分逾越。因此，我们不能委托社会机构进行宣传，不能借助各种平台进行推广，在组织活动、对外联络上都格外谨慎。初到学院时，我主要负责培训课程的招生工作，因学院创立不久，人们知人大，知人大法学院，不知人大律师学院，沟通中十有八九会误解我们是“冒牌的”、是“挂羊头，卖狗肉的”，拒绝、责难是每日必经的事，对我来说这些不算什么，最难受的是看到同事们辛苦策划的课程就是不能被更多的人了解，那段日子真可谓是度日如年。全院七八个人就在这种没有外援，没有固定师资，经费自筹的情况下，垦地开荒，有条件要上，没有条件创造条件也要上。没有师资，我们就上门拜访业内名家，诚邀他们来院授课；没有经费，院领导们通过自己的人脉邀请行业内的旧友新朋免费来院授课，甚至自担差旅费；没有学员，我们就陌生电话拜访，从联系各地律协、司法局，再到各地知名律所、企业、律师，不放过任何一个机会，向他们推介律师学院，推荐我们的培训课程。最初的两三年时间，我们就这样逢山开路，遇水搭桥，一个班一个班地积累，一年一年地努力，靠着学员们的口碑相传，逐渐解决了我们的课程招生问题。随着来参加学习的各地律师，合作过的各地律协越来越多，人大律师学院的研修班为更多的行业内人士所知，班级越开越多，课程层出精品，甚至一些每年沿袭举办的课程要限制人数，名额难求。现如今，参加过学院研修课程的律师同仁已超过 2 万名；来学院授课的师资也涵盖律师、学者、法官及各界专家超百位；合作过的省级律师协会 10 余家，地市级律师协会、司法局也频频合作，人大律师学院已经成为他们各类培训任务的后盾、智囊；几年来陆续与全国各地几十家大型律所达成合作协议，为他们提供常年培训课程；成立了多个律师学院的学术研究中心；与行业内学术团体、高校、协会等共同主办、协办高端学术会议、专题论坛等活动；为其后成立的多家高校律师学院提供宝贵经验，紧密交流；律师方向的法硕同学们更是人才济济，很多同学毕业后已在自己的岗位上有所建树，纷纷回院支持、积极参加学院的各项工作；而很多研修班的早期学员也已成为当地律师行业的翘楚名家，我虽然已无法了解学校现时的更多成就，但仅是我曾经历过的这些翻天覆地的变化，就已有满满的成就感。直到现在，仍常常在工作中遇到并不相熟却称呼我为高老师的同仁，我知道那一定是因为曾来学院参加过学习有过一面之缘，或因为曾参与过学院的项目有过合作，每每此时我都会为律师学院感到骄傲，为自己曾在这里工作过的成绩感到自豪。

## 瑞雪惊千里，同云暗九霄

学院十年，桃李丰茂。学院培养了律师方向的几百名学生、培训了 2 万多名来自全国各地的律师、栽培了十年间在律师学院工作过的同事们，若如此论，岂止桃李丰茂。

2015 年，那时的学院发展平稳，各项工作已步入正轨，我们这些一路追随学院成长的同事也都步入而立之年，由于律师学院的特殊性，我们不属于学校的正式编制，亦无法获得同样的员工福利、薪资待遇，可大家都开始面临着成家立业、子女入学等诸多现实问题，我们对自己的未来也没有明确的规划。这时刘瑞起院长建议大家在人民大学、律师学院这样的平台上应该把握学习的机会，更多地尝试；慢慢地，建议变成了鼓励，鼓励大家要敢想敢拼，学习是一辈子的事，你行，你一定行；再慢慢地，鼓励变成了激励，刘院长允诺大家只要是愿意学习，学院会创造一切条件全力支持，就从参加司法考试开始。在这样的状态下，大家在一种自然而然的氛围里纷纷拿起了书本，学习、报考、备考，一气呵成。各位院领导和同事们为我们提供了各种后援，允许我们只要完成自己的工作就可以看书学习，临近考试前给我们拼凑各种假期，给我们争取集中复习的时间，即便是在学院工作最忙碌的9月，院领导和同事们也都为我们承担了各种工作，让我们安心考试。或许大家最初都是抱着试试看的想法，但在这样的期许和支持下，变成了不考不行，不过不休。还记得我得知考试通过后欣喜若狂地通知亲朋好友，却唯独在向刘瑞起院长还有学院同事们报喜讯的时候情不自禁地哭了，那刻的心情是从未有过的百感交集，有庆幸，没有辜负他们的期望；有感恩，他们对我的信任和支持；有高兴，自己在这个阶段又拼搏了一回，喜泪交加，也是人生中的第一回。

如果问我最感恩、最怀念学院的是什么？我现在才体会到除了学院的知遇之恩，最让我怀念的是院领导对我们那种润物细无声的栽培，给予无限的鼓励和信任，让我收获了满满的自信和勇气，对我而言，这七年的时光已成为我生命里的皑皑瑞雪，惊艳了岁月，黯淡了浮华。

## 北上太行山，艰哉何巍巍

学院十年，我却重新开始了自己的苦寒行。或许会觉得很矛盾，对学院充满了深情厚谊，又为什么会离开。可人生中有的聚散离合就像是果实成熟了会落地一样的自然而然，于是在各位院领导的鼓励和支持下，我光荣毕业了。

2019年年底我成为律所里的大龄新人，不再有大树为你挡风遮雨，不再有人包容你的缺点、品读你的优点，苦了难了自己扛，对了错了自己担，这一次转身，似乎没有想象中的华丽，倒像是撞到了南墙，难题应接不暇，多到不知道要先解决哪一个，挫折接踵而至，摔了一个跟头还没站起来就又趴下了。困难像山一样巍巍耸立，无法翻越，这让我一度深深地陷入自我怀疑自我否定，每当这种迷茫的时候，总会找机会、故意创造机会向学院领导们诉苦，而每次在我絮絮叨叨的抱怨过后，总是能听到这样的话：坚持，再坚持一下，放心去闯，学院永远在你背后，你永远都是律师学院的人。不管你们信不信，我信了，我相信我不是一个人在战斗，我的背后还有信任我的人，支持我的人，那就再坚持一下，再一下，就坚持到了现在，现在的我已经适应了新的环境，也摸索到了学习的方法，不再四处找人诉苦，懂得了唯有埋头苦干才是唯一的路径。虽然还没有成绩可以向学院汇报，但我可以无愧地说，我从未停止努力，我从没有放弃，我一直在竭尽所能地向前奔跑，我会像您当年创业时一样，风雨兼程，坚定地走下去，我更加不会辜负您的期望，不会忘记自己是学院人，过去、始终、永远。

年华流转，光阴似箭，转眼间学院已创立十年，纵有千言万语也说不尽对您的祝福和想念，怀着感恩、追忆之情，在这里共忆学院时光里的故事，诚挚祝愿我们的学院积厚蕴，展宏图，再谱华章！

# 探索与成长

## ——律师学院带班有感

韩晓强 *

从 2010 年到 2020 年，中国人民大学律师学院成立已经十年了，十年的时间，十年的耕耘，十年的积累，十年的奉献。回顾过去十年跟律师学院的交集，感触颇深。从一名在校生到学院的老师，律师学院见证了我的探索与成长，我也非常有幸参与到了律师学院的探索和发展之中。

与律师学院的初识，是在 2010 年 5 月，当时我还是一名在校的硕士研究生。创立初始的律师学院招聘学生助理，也许是为学院崭新的面貌所吸引，也许是自己职业规划中有做一名律师的理想的驱动，我经过面试成为律师学院的学生助理。创立初期的律师学院，只是开展了面向社会的律师业务培训，还没有开展在校生的学历教育。作为学生助理，第一次接触到培训工作，我也从零开始协助办公室老师们举办业务培训。但是因为自己马上面临毕业，在律师学院工作了两个月之后就投入了毕业实习、论文和就业的事务中。

其后，律师学院开始培养法律硕士（律师方向）研究生。2012 年 4 月，自己有幸参加了

---

* 中国人民大学律师学院教学教务主管，2014 级、2017 级法律硕士（律师方向）班主任，执业律师。

律师学院 2011 级律师方向师生座谈会。座谈会上聆听了李晓斌老师、黄海星老师、杨崇学律师等大咖对于律师行业和律师执业的看法，获益匪浅。因为跟师弟师妹们处在同样的时代背景、同样的大环境和同样的就业压力下，作为刚刚毕业的师兄，结合自己的亲身经历与师弟师妹们分享了在校学习期间的学习、实习和就业的选择。

至 2014 年年初，我已在国有企业任职了三年的法务主管，自己对于法律职业也有了更深刻的体会，对自己也有了更清醒的认识，开始思考职业上的转型和长远规划。承蒙学院领导的关心和照顾，我从国企辞职回到学院工作，开始担任律师方向法律硕士班的班主任，同时也成为一名执业律师。六年时间，先后有幸担任过 2014 级和 2017 级律师方向法律硕士班班主任。

担任律师方向法律硕士班班主任，带给我非常多的感想，提笔落字时却又不知如何去描述。在这里，笔随心动，简单地回顾一下自己带班的感想。

第一个感想，就是班主任需要具有极强的责任心和负责任的态度。律师方向绝大多数的法律硕士通常都是从校门到校门，本科毕业之后直接进入研究生阶段继续学习，大多数人没有工作经验。而且，很多法律硕士同学本科学习的也不是法律专业，对于法律专业相对陌生。同学们对于硕士期间的学习、法律职业的选择等问题普遍非常迷茫。尽管在信息时代，信息的获取并非难事，但是人与人之间的交流依然无可替代。同学们对于老师们给的建议都会非常重视。甚至有的时候，老师们不经意说出的话可能会影响到同学们学习和就业上重要的选择。所以，作为班主任，时时刻刻总是感觉重任在肩。特别是作为律师方向法律硕士的班主任，既要从学院实务教学改革的愿景和目标出发，又要考虑同学们的实际需求；既要考虑同学们现有的法学基础，又要综合思量同学们三年的学习规划；既要考虑当前的就业压力，又要寻找学习与实习就业的平衡；既要清楚就业市场特别是法律服务市场对于应届毕业生的期望和要求，又要考虑同学们的就业意愿和现实条件；既要考虑同学们当前就业的意向又要考虑长远的职业规划。囿于自己有限的所见所闻和认知，对于同学们的问题，往往不可草率地回答，总是要经过反复思量和斟酌才能给出建议性的回应。

我的理解是：在研究生阶段的班主任首先需要淡化自己的存在，不过多地干预和参与到同学们的生活和学习中，但是在淡化存在的同时又要在背后给同学们方方面面的足够的支撑。本科阶段同学们刚刚结束了高压的高中学习，开始独立自主地面对方方面面的事情，世界观、人生观、价值观开始初步成型。通常在本科学习阶段，辅导员、团委、学生工作部门等对于学生们的帮助还是非常大的，为同学们解决了绝大多数问题。近年来很多同学更是在大一时就树立了考研的目标，因此在本科阶段并没有面对多种选择多种可能难以抉择的情况。同学们经过本科四年的打磨和考研的洗礼，有的同学还经过了第一次考研失败的打击，到了研究生阶段，则更多地开始关注就业问题，开始考虑人生和职业的规划等。在这种时候，我想作为研究生的班主任，应该注重引导同学们自己去琢磨，自己去思索，自己去选择，培养和强化同学们独立自主的能力和勇于选择、勇于承担的能力。

在自主学习和能力锻炼方面，律师方向的同学们表现得非常不错。可能是因为同学们选择律师方向、选择律师作为职业目标时已经做好了迎接将来挑战的准备，也可能是因为律师方向课程设置和课外活动注重从能力方面而非单纯地从法律知识方面进行培养。我感觉律师方向同学在学习和实习、就业中普遍地更有目标感和方向感。尽管同学们也存在各种困惑，但能够做到独立自主地进行选择，能够尊重自己内心真实的想法，更为重要的是，能够为自己的选择负责。

第二个感想，因材施教说起来容易做起来难，但是一定要做到。律师方向法律硕士来自不同的本科学校，有着不同的本科专业背景，同学们的成长经历、理想目标、抗压能力、家庭情况等各不相同，想法和关注点大不相同，面临的问题也各不相同。有的同学不适应本科阶段和研究生阶段的落差，有的同学对于就业忧心忡忡，有的同学对于研究生阶段的自主学习没有准备，有的同学则是度过了“高三式”的本科四年，完成考上研究生目标后茫然无措没有目标感等，各种各样的问题都会遇到。对于班主任来说，更多地需要从同学们的角度出发，帮同学们分析问题，为同学们提供一些信息供同学们参考。从学习角度，要结合同学的法学基础和学习偏好，从律师学院实务化教学的要求出发，从学习方法上给同学们一些帮助。

法律硕士（律师方向）同学的班级结构有所不同，例如，2014 级法律硕士分为非法学本科法律硕士和法学本科法律硕士两个班，2017 级分为律师方向全日制法律硕士、律师方向全日制法律硕士（法学）、律师方向非全日制法律硕士、律师方向非全日制法律硕士（法学）四个班。不同班级的学制、课程等都有所不同。作为班主任，需要格外注重同学们分班的实际困难，根据同学们的不同情况来进行指导。比如，非全日制同学中有的已经全职工作，有的则完全在校学习，班主任应根据不同的情况和需要，给予同学们在学习、实习等方面相应可行的建议。

第三个感想，要紧密结合法律实务。班主任给同学们的帮助主要集中在两点，一是在校期间的学习，二是就业选择和实习。而这两点，都离不开与法律实务的紧密结合，只有从法律实务中来，才能提供给同学们第一手的信息和指导，才能更好地理解同学们的优势和短板，才能更明白同学们学习和实习、就业中可能面临的问题，更好地给同学们提供建议和帮助。

通过这几年的带班，我尤其感受到，自己经历过的职业选择和转型，不脱离法律实务并且不停地在实务中的反思，曾经的学习经历和工作经历以及从中找出的经验教训对于同学们能够有所帮助。紧密结合实务能够更为直观地为同学们提供他们急需的一手信息。自己学习工作的这几年，跟同学们可以说是处在同样的时代背景之下，有着相似的就业大环境和就业压力，面临着相似的问题和选择。自己在国有企业担任法务主管的经历、在律师事务所作为执业律师的经历，都为自己在与毕业生交流时提供了第一手的信息。对于同学们关心的就业选择、职业发展等问题，都可以最直观地给出现阶段的情况和分析。而自己在过去几年做过的选择、走过的弯路、得到的经验教训，都可以提供给同学们做参考，避免同学们犯同样的错误，走同样的弯路。

在这几年带班的经历中，我发现同学们经常遇到的，最常见和问得最多的问题是有普遍性和典型性的，集中在几个方面。比如：法律硕士如何在硕士学习期间加强法律基础和培养法律思维？实习单位如何选择，去法院好还是去律所好？毕业之后做律师好还是去企业做法务，或者考公务员好？做律师做非诉律师还是诉讼律师？当然还包括同学们在上面问题中延伸出来的许多问题。

其实对于这些问题，没有确切的答案，也不存在唯一的答案。对于法律硕士加强法律基础学习和培养法律思维的问题，我认为主要还是体现在转变传统学习方法上，要从被动式学习转变为主动式、以问题为导向的学习等。法律行业是个终身学习、快速学习的行业，掌握了主动式学习的方法，能够更好地让同学们适应法律行业，更好地培养法律思维。在这方面，律师学院在课程设置上进行了充分的考虑，方向课提倡改变传统“满堂灌”的教学方法，提倡小班授课和互动式教学，引导、鼓励同学深度参与到课程中，培养同学们主动思考、主动学习的能力。此外，同学们也可以通过阅读法学经典著作并开展讨论，组成案例小组对经典案例进行分析和讨论，从中加深法学基础和培养法律思维。总结起来，就是多想、多读、多写，强化思辨和思维拓展。

而在实习方面，更需要同学结合自身的就业方向和实际情况作出选择。在此之外，刘瑞起院长对于同学们实习的观点我非常认同。他建议同学们至少要有一次法院的实习经历，从法院内部直观地感受案件的审判和处理。这是因为在毕业后，如果同学们进入其他单位工作，可能不会再有在法院内部近距离接触案件审判处理的机会。三年学习时间里，在研二开研三的暑假，6月课程结束后，可以去自己将来最想从事的工作单位中进行至少三个月的全职实习。比如，同学希望将来从事非诉讼律师的工作，则可以选择非诉讼律师团队，进行三个月以上的全职实习；希望将来进入法院或者检察院工作，则可以去法院或者检察院进行全职实习。一方面，可以直观地感受一下这样的工作是不是适合自己，自己是不是真的喜欢、能不能坚持这样的工作。另一方面，对于很多律师事务所等单位来说，三个月以上的全职实习也足以使其对毕业生作出全面的评价，决定是否给毕业生 Offer。即使同学们在实习后发现自己并不喜欢或者完全不适合这样的工作，还可以有充足的时间重新选择。

对于是不是要做律师，做律师和法务、公务员哪个好，非诉律师和诉讼律师哪个好的问题，没有统一的答案。也经常听到同学们问，律师方向是不是毕业后必须做律师？这个问题我想借用刘瑞起院长当初教导我的话来回答，做律师是一个长期的、需要持之以恒的选择，并不是说必须一开始就要做律师。经过几年的工作之后，对社会、对职业、对法律、对自己有了更深刻的认识，再作出决定也不迟。所以律师方向对同学们的培养是实务化培养，在有所侧重的基础上强化和重视能力培养而不是单纯的知识培养。律师学院从来不会要求同学们必须一毕业就做律师，反而会鼓励同学们在不同的岗位历练，最终作出最适合自己的选择。这个问题其实也回答了同学们关于就业上的大多数问题。职业的选择，需要结合同学自身的情况来作出，不存在标准的答案，也不存在唯一的答案。我一直认为，第一份工作尽管重要，但并不会直接决定一生。对即将毕业的研究生而言，在掌握的信息有限的情况下，结合自身的理想和实际，作出自己认为最优的选择就可以。毕竟职业生涯是一场马拉松，很多人甚至坚持不下来。对于选择法律行业的同学来说，这更是一场注定艰苦的马拉松，终点比起点更重要。要达到终点，需要同学们自强不息，持之以恒，在顺境时头脑清醒，在逆境时坚韧不拔。

第四个感想，也是最强烈的一个感受，就是律师学院对同学们的教导和帮助并不是仅仅体现在同学们在校期间，更体现在毕业之后对同学们一以贯之的帮助，扶上马，更要送一程。这也要求班主任的工作不能仅仅停留在学生在校期间，更要体现在同学们毕业后，能够继续为他们提供帮助。从研究生班级毕业之后与学院的凝聚力和向心力来看，班主任和班长是起到重要作用的两个角色，是毕业生和学院之间天然的纽带，也是保持毕业班与学院之间凝聚力和向心力的助推器。经过在学院三年研究生学习，每个班与学院之间有着不可分割的内在联系，于同学们毕业之后，律师学院又给毕业生们提供了方方面面的帮助，创建了很多助力毕业生快速成长的举措。而这就需要班主任及时了解毕业生工作后的情况和需求。思考过去6年带班的情况，这方面还需要自己进一步的加强，更充分地了解毕业生的近况，更好地承担起毕业生和学院之间的纽带责任，更好地服务于毕业生。

律师学院经过十年的探索求真，经过十年的砥砺耕耘，在法律硕士（律师方向）研究生培养上硕果累累，取得了巨大的成功。十年来律师学院已经桃李满天下，毕业生也处处生根发芽，祖国处处有亲人。总结过去的带班经历，自己在学院中成长了很多，从学院领导、老师们身上学到了很多，也从同学们身上学到了很多，自己的成长与学院息息相关。未来，自己将再接再厉，继续为学院的发展贡献自己的力量。

# 律师学院，我的最美芳华

刘梦梦* 王 耀**

韶光流转，盛事如约，钟灵毓秀，桃李十年。

回眸之间，律师学院已经历经十载春秋，如今已枝繁叶茂，硕果累累。我们是律师学院年龄最小的员工，照理说，不似在建院初期便伴随律师学院一路走来的老员工那样有丰富的回忆内容与资历，但有幸能得此次机会来表达自己对学院的感想与情感。

## 一、初识律师学院

忆起当初与律师学院的相识，是在对律师学院不甚了解的情况下发生的，对于从学校毕业后究竟找什么样的工作，心中其实不是很清晰，当遇到原就读的学校安排的面试后，怀着比较模糊的认识参加了面试，面试官是刘瑞起院长和黄河老师，给我们印象最深的是，面试中所提的问题与想象的不同，都是开放性的，没有标准答案，

---

* 中国人民大学律师学院教学教务主管，2018 级、2019 级法律硕士（律师方向）辅导员。

** 中国人民大学律师学院行政主管，2020 级法律硕士（律师方向）辅导员。

更多是听我们自己的见解和主张，到后来才知道，原来这是律师学院的一贯作风。我们被录取以后，母校的老师才向我们介绍了中国人民大学律师学院的基本情况，由此沉浸在面试通过喜悦中的我们，又增添了几分兴奋，但随即心情又紧张了起来，对能否胜任未来的工作充满了担忧……

## 二、律师学院大家庭

虽然在了解律师学院后内心充满期待，但我们对身份的转变一时还未能适应，20 多年来在学校我们的身份都是学生，现在突然以“老师”的身份进入学校，心中既激动又紧张。真正融入进来才知道，律师学院不仅是培养人才的地方，对学院的老师，也是全力帮助其成长和发展，并提供学习机会与锻炼的场合。诸如培训工作，每期培训班的学员 100 多人，学院经常会交付给我们来对接，因为学员是来自各个地方各个领域，需要随时处理各种突发情况；律师学院的行政工作也具有它的独特性，这些工作都锻炼了我们处理各种关系与问题的能力。现如今我们已任职 2018 级、2019 级法律硕士（律师方向）的辅导员，院里挑选与学生年龄相近的辅导员，这不仅能对学生的学业需求有更深入的了解，还能对学生心理、生活方面无障碍、无代沟地了解并解决实际性问题，包括学生的实习与执业。

在我们逐渐成长的过程中，离不开院领导与同事的鼓励与帮助，特别是高巍巍老师与陈云老师，高巍巍老师主要负责培训项目，陈云老师主管财务与行政，我们分别辅助配合她们，这是进院时院长给我们布置的大致分工，但实际上当有学生和研修班的工作时，大家都不分你我，共同去做，我们因以往没有工作经验，做起事来经常会顾此失彼，细节处欠周全，在待人接物方面欠老练，这些问题，律师学院的领导与同事都热心地对我们进行了提点与相关指导。出乎意料的是，我们不仅在工作上受到各位同事的照顾，在生活上也同样如此，诸如我们的居住环境与出行，有时培训班开班较早或结课时间较晚，学院都给予妥帖的安排，院里虽得知我们已安置好了新住处，但依旧不放心地指派同事到我们居住处查看周围环境是否安全，内心不禁倍感温暖，能够拥有一个充满友爱气息的工作环境无疑是值得庆幸的，最为重要的是，在律师学院我们也看到了一幅如日方升的宏图景象。

初来学院便觉得刘瑞起院长有点特别，竟然身着皮衣，平日不仅骑着哈雷摩托车，居然连牧马人吉普车都是鲜艳的大红色！竟然还有这样酷、这样富有朝气的院长。后来发现这是一位不仅私下风貌独具一格，在课堂上更是标新立异地将艺术与法律融于一起，言古今中外、思维跨界，糅合自身经验与教学内容于一体，用风趣的语言将知识传授给大家的教师。

还有虽然外表显得不苟言笑，初见时我们都以为非常严厉，但实际上亦庄亦谐、和蔼可亲、风趣幽默、德高望重的韩玉胜老师。韩老师对教学非常严谨，有深厚的法学修养，可对我们而言，他更像个大家长，对我们多方照顾，还常带些甜品蜜饯给我们。

淡雅若兰、明眸善睐，大学女教授的形象在我们心中就当是如此，亲力亲为引领学生进行实践教学，虽非常忙碌，但每次见到都会亲切地关心问候大家，让人如沐春风的潘文军老师。

干练利落，做事雷厉风行，事事为人先，有思想便立即行动，没有架子平易近人，追求完美的黄海星老师。

除几位院领导以外，我们见到更多的还有著名学者徐孟洲老师，虽日常不在律师学院，但时常来律师学院关心我们的工作，了解律师学院近期的情况，既是律师学院的长者也是学院的学者。

与想象中行峻言厉的老师形象不同，律师学院的老师都有自己独特的风格，虽然各不相同，但都如冬日夏云，让人倍感亲切。

## 三、未来的憧憬

如果不写这篇文章，还觉得来到律师学院是昨天的事，这些年来，律师学院的发展大家有目共睹，我们也终身受益。

律师学院的发展过程也是我们的成长过程，根据不同时期律师学院的发展需求，我们也要不断地完善自己、团结奋进，站在这样一个让人敬仰、予人荣耀的巨人的肩膀上，更应该开阔视野，以崭新的姿态迎接新的形式与挑战。她开启了我们步入社会的第一课与第一段旅程，似匠人一般，我们仿若一块未经打磨的石头，在我们的芳华时期接受着她的悉心雕刻，这并不是简单地用物质和时间所能换来的，我们是幸运的……

十这个数字是个位数的终结，怀揣这从零开始的初心，就像《最初的梦想》所唱的，“最初的梦想紧握在手上，最想要去的地方怎么能在半路就返航，最初的梦想绝对会到达”。十也是二位数的开始，在始终绵延初心的情况下，站在新的、更高的起点继续成长，像《奔跑》里的“随风飞翔有梦作翅膀，敢爱敢做勇敢闯一闯，哪怕遇见再大的风险再大的浪”。希望下次凝神回望，能迎来一个更为强劲的一流院系，照亮你我前方想要去体验的征途！

# 律师学院的“创”字号

徐亦安*

韶光流转，中国人民大学律师学院迎来了十周年院庆。十年书香翰墨，十年风雨沧桑，十年薪火相承——律师学院从无声中发芽，在磨砺中成长，到如今已是巍然挺立。过去的十年里，律师学院的每位领导、老师和学生，筚路蓝缕、披荆斩棘、一路前行，在律师教育领域里不断创新，为法律界输送了一批批优秀的专业法律人才。十年的栉风沐雨，可谓是齐心同开拓，耕耘共收获，这也是律师学院承前启后、继往开来的里程碑。

早在来到律师学院工作以前，我已经从许多法律人处听闻律师学院的“大名”，它是全国第一家部属重点高校组建的律师学院，以开拓创新闻名于外。早在2010年成立伊始，律师学院就从学科建设的高度，前瞻性地开始培养全国首届律师方向全日制法律硕士，突破以往传统的教学方式——通过“双导师制”等一系列系统性的教学培养模式让复杂的法学理论与法律实践实现有机结合，形成了鲜明的教学风格和教学特色，文化育人，培养出众多应用型、复合型的卓越法律人才，建院十年来，律师学院已成为全国律师教育领域的领航者与旗帜。

* 中国人民大学双创法律服务工作站负责人，中国人民大学律师学院2019级法律硕士（律师方向）辅导员。

我来到律师学院工作后，主要负责“中国人民大学双创法律工作站（法硕创新创业实践基地）”的工作，律师学院鼓励在校生和毕业生参与站内工作，为学校孵化的创业公司提供法律服务，通过实践应用，工作站让学生接触到更多与社会接轨的公司行为，拓宽眼界、精进自身法学素养的同时提高自身的综合能力、专业素养及综合素质，形成法学教育与法律实务教学的良性互动。

因为过去的学习及工作经验，我对“双创”“法律风险”等概念并不陌生，还有一些自己的理解。我本科在美国就读，毕业后又在中国香港地区攻读了金融硕士学位，来到律师学院之前，在一家高校背景的上市公司从事政府引导基金的管理及创投工作，参与投资过许多创业项目，在这期间也接触了不少在校生和应届毕业生主导的创业项目，因此对大学生创业有一些自己的感悟。大学生进行创业不仅受到自身能力、性格、创业激情、行动力、过往经历等内在因素的制约，也受到社会和文化环境、宏观经济发展状况、行业及组织特征等外在环境的影响。我国大学生创业的浪潮近几年才刚刚起步，国家政策鼓励支持也尚未成熟，即创业文化正处于起步阶段。

在美国学习期间，我接触过一些本科生创业辅导，我发现，相比国内近些年来才逐渐兴起的大学生创业浪潮，美国大学创业氛围从 20 世纪 90 年代起就非常浓重——早在 1983 年，美国得克萨斯州大学奥斯汀分校就举办了世界上第一届大学生创业计划竞赛，紧随其后的包括麻省理工学院、斯坦福大学在内的诸多世界一流大学，每年都举办这类的竞赛，并很快传遍全国。这些创业活动在大学创业教育实践中影响深远，美国大学生的创业热潮也由此掀起。当然，美国大学生创业的成熟不限于此，还有其他多方面的因素：

一是师资力量。美国商学院中许多老师在任教前有丰富、成功的工作经验，我的本科老师就有数位曾在全球 500 强企业或是知名投行中担任高管。出于自身丰富的阅历，他们会在教学工作中潜移默化地向学生传授企业经营的成功要诀，绝非纸上谈兵。

二是学校管理层的重视和推动。美国的商学院尤为注重学生创业能力及领导能力的培养，不仅设置创业中心、创业课程、创业比赛，还长期保持学校与企业、风投、基金会等机构的各种合作，不定期邀请成功的企业家以讲座、短期讲学的方式分享创业经验。

三是系统化的创业教育课程。美国大学创业教育经过几十年的发展，已具有系统化的创业教育体系，包括配套的成熟的创业学教材。例如，赫里斯等所著的《创业学》教材总共有四大部分，17 章，含 24 个案例，系统地介绍了什么是创业。

四是国家层面对创新创业公司的政策扶持和成熟的保护创新的法律制度。比如，美国的知识产权保护体系，从 1789 年《宪法》第一章第八条第八款明确起，先后制定、修改、完善《专利法》(1790 年)、《商标法》(1946 年)、《版权法》、《反不正当竞争法》、《互联网法》和《软件专利》等一系列相关法律法规。知识产权法律制度的稳定、连续、权威，促进了新技术推广、推动了科技成果的转化。而针对创业公司，美国制定了《小企业投资法》(1958 年)、《小企业二级市场改善法》(1984 年)、《税制改革法案》(1986 年) 等法律法规，在税收、融资等多个层面给予创新创业公司优惠待遇，降低了创业的起步门槛。

相比之下，国内大学生创业生态与发达国家相比较，还处在萌芽阶段。“大众创业、万众创新”的概念自 2014 年首次提出，相关政策也是在这之后陆续出台。虽然国家从战略到政府执行层面都对大学生创业给予了支持和鼓励，也出台了一系列政策改善创业环境，为初创企业保驾护航，但仍有许多方面有待完善，尤其是创业教育，不可能一蹴而就。律师学院的“双创法律工作站”就是一个非常好的创业教育机制，通过与学校孵化的创业公司频繁交流，同学们既让自身的专业知识有用武之地，也学到了创业相关的业务知识，更在踏入社会前无形地拓宽了自己以学校为基点的人际关系。

此外，我国针对双创的第三方服务也才刚刚起步。在和创业公司接触的过程中，我发现很多创业公司缺乏法律风险防范意识，鲜少寻求专业人士的帮助，往往等出现纠纷后才诉诸法律渠道、寻求解决办法，这会给公司发展埋下巨大隐患。以我过去工作的亲身经历为例，某基金公司旗下的一家牌照公司为了套取短期利益，无视合同约定及法务提醒，提前套现了一小部分股权，却导致对赌协议中的重要回购条款丧失了成立条件，最终给基金公司造成了巨大的经济损失。

其实，无论是什么类型、何种体量的公司，稍有不慎都有可能因为法律意识的淡薄而承受巨大的损失。而相比成熟期公司拥有企业法务并有能力聘请专业的第三方律师团队而言，初创企业往往无法负担额外的法务费用，因此，律师学院“双创法律工作站”提供的法律服务，对于学校孵化的尚在起步阶段的创业公司可谓是雪中送炭，同时在工作站实习的学生们也可以在实践中对毕业后可能从事的职业有更多认识。

随着工作的逐渐深入，我对律师学院的开拓和创新精神感悟越深。律师学院对“法科生创业”这一概念提出了全新的理解，并将双创法律工作站作为践行“律师教育”这一律师学院提出的教育理念的尝试，为法科生的创新创业探索了一条独有的成长途径，这是全国高等院校法律人才创业的“首创”之举，为法治社会法律人才培养开创了新模式。

从历史数据统计来看，法科毕业生历来是在全国各专业毕业生中最缺乏“创业血统”的。我国高等院校有法学院600余家，法科毕业生的就业方向主要是法院、检察院、律师等，而创业鲜有先例。根据2016年12月28日中国人民大学发布的《2016中国大学生创业报告》，在全国1763所高校434827名学生中（其中5.5%“211平台高校”，2.2%“985工程高校”，1.2%“985平台高校”），法学专业在共计11个专业大类中各项创业系数如下：有创业意向，法学专业倒数第一，为–0.08；机会型创业，法学专业倒数第一，为–2.16；自有资金创业，法学专业倒数第二，为–0.79；在专业领域创业，法学为倒数第一，为–4.44。

一般传统观点中，“创业”是指几个人或团队组建新公司以获取商业利润为目的进行的经营活动，创业还往往伴随着新产品或新技术的发明。但对于“法科生创业”这一概念，律师学院有不一样的理解与诠释：与其他学科毕业生创业项目的抓研发、生产、市场、销售、服务、管理等模式不同，法科生创业具有特殊性，“创业即是执业”，实现独立执业则是创业目标。

法科生独立执业要求法科毕业生具备律师基本素质、基础技能和执业技能，这些能力在传统的法学院法学教育中是无法学习也无法训练到的。要掌握初步的律师执业基础技能，通常需要法科生进入律师事务所实习，在资深律师的精心指导下不断培养与训练才能有所掌握。但法科生进入律师事务所实习后，不见得将自己的职业方向定为执业律师，即便想成为执业律师也不一定留在指导律师的团队中执业，因此负责指导的资深律师通常不愿花费大量的时间和精力指导实习律师基本素质、基础技能和专业技能——这是法科生和青年律师在进入律师行业初期的常态，导致其执业能力无法快速稳健提升，不能有效地具备独立执业的能力。即便法科毕业生已具备了独立执业能力，但独立执业要分摊律师事务所的各项成本，负担沉重。这就是法科生和青年律师创业、执业的难点和痛点——缺乏培养他们执业技能和顺利执业的平台与生态。解决如上青年律师成长的问题是律师学院成立双创法律工作站初衷之一——快速稳健地推动法科毕业生的独立执业。

不仅如此，律师学院的双创法律工作站还是律师学院课堂教育的有效延伸。首先，双创平台类似于医科大学与其附属医院培养模式：学生在双创法律工作站的培养中，会得到如“临床实践”般的锻炼培养，而辅导者大多是律师学院的教师和实务导师，熟悉律师学院每位律师方向研究生的特点、专长和基本能力，可对其“量体裁衣”地“一对一”指导，助力其成长。

其次，学生可获得的资源远领先于社会律师事务所的平均水平。从律师学院得到资深律师的业务指导，也具有领先于社会律师事务所的平均水平的优势。律师学院对法律服务、法律实务的研究与实践领先于全国高校，各类高端、新型、新兴的法律服务的研究具有实务性、前瞻性、前沿性和专精性，律师学院的此类资源对在校生和毕业生全部开放。律师学院法律硕士研究生有优秀的学习与研究传统，无论在校生或毕业生，依托人大法学院、律师学院的学术资源优势，不间断地把握、研究法律服务市场的热点、焦点、难点问题，可以获得领先全国法律服务市场的业务能力，他们在良好的环境和平台中不断学习、进步、成长，是为客户提供优质法律服务和业务腾飞的基础。

同时，基于学校、法学院、律师学院积极给予创业团队学术、技术、管理和资源方面一定的指导与帮扶，在“科技园”“孵化器”等人大优质资源的支持下，得以助力学生具备稳健、快速地成长与发展的潜力。在此模式下，学生不仅能打下良好的法学理论基础，而且能培养扎实的法律实务实践技能和良好的律师执业社会适用性。与全国同类型法学院毕业生相比较，其具有突出的创业优势和执业律师技术优势。作为全国高等院校法律人才创业的“首创”之举，“双创法律工作站”律师培养模式开创了新途径。

风雨十年，悠悠情愫，我带着曾经的经验与感悟投入律师学院“双创法律工作站”的工作，希望它们能帮助更多的同学快速成长，成就一番成功的事业。律师学院位于人大明德法学楼内，所谓“大学之道，在明明德，在亲民，在止于至善”。学习以弘扬德行，学习以弃旧图新，学习以臻于至善，通过学习，通过明德，提高自己的同时也能改变世界，这是我认为的大学之道。双创法律工作站所在的兴发大厦中“兴发”二字则是“兴旺、发达”之意，法律工作站倚靠律师学院，在弘扬大学之道的同时让律师学院的教育理念得以延伸、繁荣兴旺。

千里之行始于足下，只有打好地基才能盖出摩天大楼。十年里，律师学院硕果累累，芬芳四溢，因此展望未来，我们信心十足。律师学院将培养更多优秀的法律实务人才，为我国的法治建设贡献一份力量。我也期望有同学通过在“双创法律工作站”的经历跳出法律从业范畴，跨领域发光发热，成为有法律基础的成功创业家。如今律师学院即将迎来第一个十周年华诞，我衷心祝愿律师学院在大家的努力下越办越好，我相信，律师学院的十年华诞一定是继往开来、开拓创新和再创辉煌的新起点。

# 我与律院的二三事

张博一 *

十载风雨探索路，十载辛勤耕耘图。到 2020 年，我们律院已经走过了十年的路程。十年间，我们人大律院在学院各位领导和老师的辛勤努力下，取得了很多成就，为我们国家培养了一批又一批的专业化法律人才。我很荣幸，能成为律院众多学生中的一员。

律院十岁生日之际，学生本应赶赴学校为我们的律院送上生日祝福。但因新冠肺炎疫情来势凶猛，时至今日，北京依旧没有完全解禁。故而不能在学校为律院庆生，甚为遗憾。在此借律院十周年征文活动，学生谨以此文，和各位老师、校友分享一下我与律院的几件小事。

## 一、初识律院

谈到如何与律院相识，真的是机缘巧合。2016 年，我从西北政法大学哲学专业考入中国

* 中国人民大学双创法律服务工作站执行主管，中国人民大学律师学院 2020 级法律硕士（律师方向）班主任，执业律师。

人民大学法学院。与身边其他同学一样，初至人大法学院，面对全新的环境，我们对一切新鲜的事物都是好奇的。不过，与其他同学相比，我又显得稍有不同，在其他同学都忙于学习新知识、认识新同学的时候，我却忙于打卡北京的各处景点与美食。就这样，浑浑噩噩地过了两个月，腰围没有变细，却突然等到了学院的分方向通知。

谈到方向选择，当时的我可以说是“卖虾的不拿秤——抓（虾）瞎”，觉得感兴趣的方向就那么几个，但和周围同学一交流，发现这几个方向又都是大家扎堆儿的地方，竞争难免会有些激烈。说来也巧，在其他同学的引荐下，我联系到了同为西北政法大学毕业的兰晓婷师姐，晓婷师姐不仅是律师方向 2015 级的前辈，亦是我本科母校的优秀代表。事不宜迟，临时与两位同学组队，约上素未谋面的晓婷师姐，赶赴集天餐厅，啃着猪蹄，向她请教方向选择的问题。

大牛校外导师、各类实务课程、丰富的校友资源……虽然晓婷师姐对律院各位老师、各种课程和各类资源的介绍非常全面，但对于我这样一个从哲学专业跨考法学专业的半路出家人，听完还是比较蒙。饭毕，我又通过晓婷师姐联系到了另一位本科校友、律院的韩晓强老师，晓强老师在得知我有意向报名律师方向之后，叫上我边吃边聊，详细介绍了律院的其他信息。当时的我，只觉得律师学院是个非常高大上的存在，似乎进了律院，毕业之后就能成功进入红圈所，成为金牌大律师，走向人生巅峰了。听完晓强老师和晓婷师姐的介绍，我不禁开始脑补自己成为律师后的形象了，回去后思考了一阵儿，心一横，管他竞争激烈不激烈呢，先报名吧！事后一想，其实我并没有抓住晓强老师和晓婷师姐介绍的重点，只是把自己想听的部分记住了。

记得律院的面试是在明法 708 举行的。一大早，费了一番功夫才穿上好不容易买到的大码西装的我，早早地等候在了 708 门口。由于来得过早，我遇到了来 708 开门的律院吴长鸣老师，对于我这一身“紧致”的西服以及系得稍显滑稽的领带，实在看不下去的吴老师帮我重新打好领带。过了一会儿，来面试的同学陆续赶到，同样装扮的王潇同学竟在点评我这个领带打得不错，我不禁觉得尴尬又好笑，这也使我焦虑的情绪得到了一丝缓解。

正与其他同学谈笑风生间，律院老师出来叫同学进去面试，没想到的是，第一个就是我，心中不禁紧张起来，默念了一遍事先准备好的说辞，局促地走进了708。等待总是漫长的，进去面试却是很快。教室里，面对刘院长以及各位老师，事先准备好的说辞一句都没用上，出来之后脑子仍是一片空白，也不知道面试的结果怎么样，只是觉得要从30多位同学当中脱颖而出确实不是容易的事情，心下已经开始盘算着方向调剂的选择了。不过，幸运之神还是眷顾我的，我与王潇等10位同学被选拔到了律师方向。现在想起来，越来越觉得自己与律院是有缘分的，缘分是个奇妙的东西，在机缘巧合之下，我半路出家考入人大法学院，又是因为缘分，我结识了律师学院的韩晓强老师和兰晓婷师姐。回想起来，我能够了解律师学院、进入律师学院，还是非常感谢两位前辈！

## 二、学生时代

方向选拔结果一公布，有幸进入律院的10位同学马上奔向人大西门外的品质伊犁店聚餐，大家一边尽情享用碳水化合物嘉年华，一边互相认识，顺便又推举了“吨位”最大的我担任班长。

刚进入律院之时，听其他同学讲，要做律师，一定要丰富自己的实习经历，尽量要有大律师事务所的实习经历，这样才能在毕业时进入红圈所。当时的我也不太懂这些，像一只无头苍蝇，不管非诉还是诉讼，一看到招聘信息就投简历。结果显而易见，没有实习经历又没有想到找律院各位老师推荐，投出去的简历自然石沉大海。现在想来，找实习就是一个过程，也是一种体验，着急也没用，一步一个脚印地慢慢来，总能找到合适的岗位。其实，作为律院的学生，与其他方向的同学相比，我们还是很幸运的。律院每年都会举办许多律师界的活动以及与律师实务有关的各类培训，只要我们想，就能够享受律院的各类资源，认识行业中的前辈大牛，找到各种实习岗位。不过，现在想起来，自己并没有好好把握住这些来之不易的资源。

在学院学习的这几年，我印象中最深的课程，莫过于刘瑞起院长的有关民商事诉讼仲裁实务的那节课。犹记得，在刚进入律院时，晓婷师姐就嘱咐我一定要好好听刘院长的课，听晓婷师姐讲，刘院长是那种一看就有大律师气质的人。由于自己对诉讼比较感兴趣，自然对刘院长的课非常关注。还记得刘院长在课前拿出了他做过的10个案子，让大家先了解案情。当时的我，觉得诉讼、仲裁无非就是解决法律纠纷，庭上以严密的法律逻辑和完整的案件事实说服对方当事人以及律师，最后拿到胜诉的结果。因此，当时我检索了与案情有关的所有法条备用。然而，课堂上，与其他老师不同，刘院长没有只从法律的角度来对这10个案子做评析，而是把法官、律师、当事人之间的关系融合在内，站在不同人的立场上，从多个角度来研究案件，并通过综合的手段解决人们之间的争议。课毕，我不停地在回味，原来诉讼还可以从这些角度考量。后来仔细想想，对于法庭上的各个角色而言，只要稍下功夫，在法律专业知识方面，大家应该都相差无几。毕竟，单纯靠法律手段并不能解决人们之间所有的争议，一位律师能否被称为顶级律师，法律水平的高低仅仅只是一方面，其真实水平更体现在其为委托人实现目的的综合能力上。

## 三、职业之选

在写这篇流水账之前，回想这三年多与律院的点滴，我心中仍在思考，律师是一个怎样的工作？为什么想做律师？说实话，到现在我也没有完全想明白。我对这个问题的思考一直是比较幼稚的，也是不断变化的。进入律院之前，在一些前辈的描述中，律师是一个光鲜亮丽又能赚钱的金领职业，当时我的想法很简单，对于我这样一个普通家庭、普通院校中成长出来的孩子，通过自己的努力，进个大所、好好赚钱，进而在北京立足，应该是一件很让人羡慕的事情。进入律院之后，自己对律师行业有了一定的了解，对法律事业产生了一定的憧憬之后，此时我想的又是，毕业之后如果能做一名律师，身穿律师袍，在法庭之上侃侃而谈，说服法官与对方律师，维护公平与正义，感觉会很有成就感。其实，对于当时处在学生时代的我们，对律师行业多多少少会有一定的幻想，然而现在想来，律师本质上就是一份工作。对于刚毕业的学生来说，律师是一份在能够糊口的同时还能不断学习、不断提升自我的工作。每个人的情况都各不相同，律师这个职业不一定是最适合自己的，而究竟适合哪种职业，还是需要自己在多在不同的岗位、不同的领域多多体会，进而找到答案。

如果坚定了做律师的想法，下一步就需要确定一个自己感兴趣的领域。在学生时代，我先后在法院、律所、公司等多个岗位进行实习，诉讼、非诉业务也都多多少少接触过。就我自己而言，仍然是对民商事诉讼业务最感兴趣，这也许与我在人大法律援助中心的经历有关。还记得第一次以法援志愿者的身份开庭，就因为一个法律概念没有表达清楚拖延了开庭节奏，而被法官一顿训斥，现在回想起来还不禁感到好笑。其实，有过开庭经验的人肯定知道，我国法庭一般采用纠问式的模式，开庭的节奏往往掌握在法官手中，这使得在庭上律师表现的空间十分有限。个人认为，我们在开庭中尽量不要将打辩论的一些方法套用到开庭之中，当然这并不是说辩论赛的技巧没有用处，而是在开庭的环境中，许多人很容易在不经意间把正常的辩论搞成诡辩，在庭上就个别问题上死磕、揪着不放，试图说服对方进而营造出自己获胜的感觉，这是非常不明智的，很容易因小失大，引起法官和对方的反感。

大所与小所如何进行选择这个问题，有时也可以看作是公司制律所与团队制律所的选择问题。就我个人的经历而言，对于诉讼业务来说，最好还是要跟着团队走，而不能光看律所的名气。当然，大所有大所的好处，大所在制度管理、薪资待遇、员工培训等方面有着相对松散的团队制律所难以企及的优势。然而，大所完善的制度在一定程度上又丧失了灵活性，其律师的成长速度可能又不如一些小所的团队。就我自己而言，在大所、小所都实习过，个人还是比较喜欢小所的氛围，这可能也与我遇到的律师都比较好接触有关。其实，虽然我一直想做一名诉讼律师，但我的第一份工作并没有在律师事务所，而是选择了一家公司担任专职法务。谈到当初为何放弃律师而选择法务，我想的是，趁自己现在还年轻，选择一个不同的领域，感受一下不同的工作氛围，进而增长一下自己的阅历。

总之，毕业季的时候，大家都会在找工作时陷入焦虑。我也曾在找工作这个问题上摇摆不定。找工作时，由于家庭的原因，父母给了我两个建议，一个是留在北京努力地奋斗，一个是前往天津安逸地生活。直到临近毕业，我还在北京与天津两座城市之间如何选择这个问题上摇摆不定。最终，在刘院长帮我分析了两座城市的利弊之后，我坚定了留在北京的信念。现在想来，在找工作问题上，要放松心态，一步步来，多想多看，再做出决定。

## 四、未来畅想

虽然我将律师这个职业作为以后长久的职业选择，但对于如何成为一名优秀的律师这个问题，我个人并无任何经验可谈，而且我最初也没有从事专职律师的工作，只能通过身边人以及自己学生时代实习的一些经历，稍微谈谈自己的一些不成熟的想法。我个人想将“有格局”“多学习”“好身体”来作为自己以后从事律师职业时几个努力的方向。

有格局。所谓格局，是指一个人的眼光、胸襟等心理要素。曾国藩曾经讲过：“谋大事者首重格局。”大格局要有大器量，不能争一时之愤。大格局要有大抱负，不能图一时之乐。大格局要有担当，不避担责之难。虽然，与历史中的先贤前辈所做的大事业相比，做律师这件事可能无法称得上是“大事”。但我个人认为，对于我们无数的个体而言，选择一份职业并为其付出努力确实是各自人生中的“大事”，在这个角度上看，其道理应该也是相通的。格局，需要在成长中不断培养，谈到自己，虽然知道这一些道理，但其实还差得很远，只求在以后的日子中以此为标准，严格要求自己。

多学习。律师所需要学习的东西很多，律师是一个活到老学到老的职业，一名优秀的律师所需要学习的知识，不仅包括法律专业知识本身，也包括其他行业的知识，现如今各个行业之间联系日趋紧密，多学习些其他行业的知识，对律师业务的开展甚有帮助。当然，一名优秀的律师，其不仅需要学知识，更要学做人。律师这个职业的性质，意味着其离不开与人打交道，要想会做人，必须学做人。做人是一门非常高深的学问，我对于如何做人这个问题知之甚少，甚至也在日常生活中不断犯错。对于做人这个问题，看来也是需要在以后的工作生活中慢慢体会了。

好身体。律师并不是一份轻松的工作，其不仅仅是一个需要不断地思考不断地学习的脑力劳动，而且还是个体力活儿。选择了律师，在一定程度上也意味着选择了通宵加班、连续出差的工作状态。对于我们这些没吃过苦的90后而言，能不能扛得住律师这种工作，还真的是个问题。而且，长期的高强度工作，也会使大家的身材不断走形，作为与人打交道的职业，委托人对律师的第一印象非常重要，因此，在工作之余，我们也需要保持自律，做好自己的身体管理。拿我个人来说，之前的我是一个0.1吨重的大胖子，衣服都买不到合适的，每次上课，律院各位老师都会提到让我减肥。去年，我用了7个月减掉了80斤，也算是成功恢复了健康的体重，现在正在努力地保持。其实，一个好的身体，一个好的形象，也会使自己不断散发出自信的感觉。当然，我们更要注意不要盲目自信，在自信的同时保持谦逊的态度，才是最明智的。

没想到零零碎碎已写了这么多，正如前文所言，写的东西其实谈不上是一篇文章，更像是一篇流水账。从小到大我的文字功底就非常一般，尤其是写文章，学生时代我的作文从没有得过高分。在律院征文通知发布之时，我本不太好意思参加。不过，因为新冠肺炎疫情不能去学校为律院庆生，故通过此篇小文与大家分享一下我与律院的几件小事，就当是与各位老师、校友闲聊了。

当然，我所写的这些，谈不上是经验，最多只是个人的一些感想，文中的观点仅为自己一些不成熟的想法，还希望学院各位老师、校友多多批评指教，以向大家不断学习。最后，在律院十周年之际，学生祝愿律院各位领导、老师一切顺遂，各位校友学业事业有成，祝我们亲爱的律院越来越好！

# 2

# CHAPTER

## 第二部分

## 宏　开

# 艺术法：新时代新课题新作为

余润德 *

文化是一个民族的根、一个民族的魂，其力量深深熔铸在民族的生命力、创造力和凝聚力之中，影响着民族的发展道路和前进方向。

21 世纪是我们国家踏上“文艺复兴”的新时代，中华文明再次展露了兴盛的端倪。“一带一路”战略构想，更进一步为我国对外开放和文化经济的繁荣发展提供了新契机、新视野，同时也形成了新的挑战。

改革开放 40 年后的今天，中国社会发展已进入信息、财富、文化、艺术与科技、5G 网络纵横交错的新时代。艺术基金、艺术保险、艺术银行、文交所、艺术电商、艺术指数等艺术金融和艺术商业模式不断涌现，正孕育着巨大的艺商财富发展新机遇。

随着中国艺术产业和艺术市场的迅猛发展，艺术品商业和金融化程度的加深，世界各地

---

* 中国人民大学律师学院艺术与法律研究中心执行主任，当代知名艺术家，兼任中国教育智库专家，国家文旅部中国社会艺术协会副主席，人民日报海外网文旅中心世界研学旅行联盟副主席，教育部学校规划建设发展中心中国教育智库艺术与商学研究院院长，中国传媒大学艺术研究院特聘教授、艺术传播学专家委员会会长，厦门大学艺术学院特聘教授，国家电网大学客座教授，国家一级艺术品鉴定师。

对中国艺术文化产生了前所未有的浓厚兴趣，国际艺术品交流日益兴盛，国内古玩城、艺术馆、画廊、艺术家、艺博会、金融投资机构和投资人快速增量。研究显示，在这近20年间，中国的艺术市场已经从当初的微弱起点，发展成今天能与英美等世界大国艺术市场相等量、相竞争的新局面。而伴随着市场繁荣的同时，中国艺术品市场也存在着诸多的问题，艺术品市场发展的相关理论、政策和法律研究与艺术品市场的快速发展进程不相匹配。在面对经济周期性、政策法规、艺术品交易、艺术品真伪、艺术品价值、艺术品价格风险等方面问题往往无能为力，束手无策、侥幸而为，尤其是法律制度的不完善或空白使艺术品市场的经营投资风险进一步凸显。由此，更加显现艺术与法律关系协同发展的重要性和必要性，也是中国艺术新经济发展时代必须面对和亟待解决的重大课题。

"艺术法"一词是从英语"Art Law"翻译而来的，它源于20世纪70年代欧美社会财富的积累和艺术市场的兴起。欧美一些国家的艺术家和法律工作者，在不断实践的基础上，总结、发表和出版了大量与艺术法律保护相关的学术论文及研究性著作，其中，美国著名艺术法专家伦纳德·D. 杜博夫教授的一部力作《艺术法概要》成为该领域的一个重要开创，也是至今在该领域最重要的指导性著作。作者以清晰、准确的语言，重点对艺术家的权利和义务、收藏者的权利和义务、艺术品的国际流转以及与博物馆管理有关的法律事务等方面作出了精辟的论述，对于我国艺术法的构建发展有着非常重要的借鉴作用和参考价值，也对当下法律工作者、艺术家、艺术商、艺术品收藏者以及博物馆管理人员等，具有很大的现实指导意义。

艺术法至今在国际上还没有一个确定的定义，业界一般认为它并非一部完整的法律，而是法学研究的一个分支，是与艺术品的创造、发掘、销售、拍卖、流转、展览和投资收藏相关。在我国实际运用中"艺术法"还基本限于"美术法"的范畴，主要是关于美术方面的法律研究。随着世界各国陆续开展艺术法教学和研究，通过大量的艺术市场实践，艺术法在大学的法学和艺术学教学体系内，以及法律实务界，已基本形成了一门相对独立的艺术法学科。但由于它涉及面十分庞大，包括艺术、知识、财务、产权、法律等，使其还无法成为一个独立的领域。

中国的艺术法研究起步较晚，是随着20世纪90年代艺术市场的建立与发展而产生的，对艺术法的认识和需求，也是建立在本土相关案件频繁发生基础之上，才逐渐引发重视的。目前，在艺术立法、信息时代的艺术版权立法、追续权立法研究、民间文学艺术作品版权立法、版权法与艺术创作研究、信息时代的艺术版权授权研究、实用艺术作品的版权保护研究、艺术表现自由研究、博物馆（美术馆）法、艺术保险立法等方面，中央美术学院周林教授已做了大量的研究与探索，并取得了一定的成果。同时，由武汉大学郭玉军教授主编，并组织国内各高校相关领域的专家学者，共同撰写出的国内首部《艺术法》教材，是一部对艺术法展开全面系统理论研究的教材，它从比较法的角度来审视中国的艺术法理论建设，将中国艺术品交易与艺术品市场的法律理论建设，置于整个国际社会背景下加以考察。对于艺术与艺术法，艺术家与艺术作品，艺术作品市场交易，艺术家的精神权利、经济权利及表达自由等概念、范围、内涵、外延及关系、权利义务及其限制；对于研究探讨与艺术作品相关的商标与版权、侵权、继承等一系列法律问题及相关部门法，从艺术法的宏观框架到微观概念，从艺术法的历史脉络到前沿发展，从艺术法的基础理论到立法与司法实践，从艺术法的国内层面到国际层面，都全方位地给予了详细的梳理、归纳、表述和呈现；对于我国现实艺术活动与艺术市场的规范开展，促进文化艺术活动，建设健康艺术市场秩序，确保艺术活动参与者的合法法律权益，起到了颇具建设性的参考意见和指导性作用。

从现有的研究成果来看，尽管我国已有了相应的文论和专著，但与国际相比较发展仍然十分缓慢。当前关于艺术市场相关法律法规严重不足，很多艺术品交易基本依赖于一般通行的法律法规，如《合同法》《物权法》等，完全无法支撑我国庞大的艺术品交易体系和市场细分需求。而目前的专有法律法规，如：《拍卖法》《著作权法》，以及文化部发布的《艺术品经营管理办法》，这些法律法规的很多内容已很难适用快速发展的艺术品交易市场，艺术品市场迫切需要基于市场现状和现有的《拍卖法》《著作权法》《文物保护法》《继承法》等法律法规，专门制定一整套与艺术品交易相关的法律法规。

凡此种种，可见一斑，明显与我国文化大繁荣发展时代整体不相适应，尤其是在我国艺术市场日趋兴盛，以及艺术品市场化、财产化进一步加深的大背景下，其迫切性尤为凸显。

概言之，艺术法已成为当下艺术品市场交易规范特定艺术作品与特定艺术创作主体及其权利义务相关的，具有普遍约束力的社会规范和行为规则，成为调整以艺术作品和艺术家为保护客体的特殊法律部门，是极具学术研究意义与现实探索价值的专门学科体系。

为此，中国人民大学律师学院充分意识到艺术法的发展及艺术法学科建设的现实性与重要性，它有助于对中华民族艺术文化所蕴含的历史价值和人文精神的保护与发扬，也是时代不断进步所产生的精神需求和物质需求的必然趋势，更是新时代人们追求美好生活的意义和价值体现。有鉴于此，学院依托中国人民大学强大的人文社科和法学优势，汇聚各方力量成立了“艺术与法律研究中心”。中心发展宗旨是创建“一个艺术与法治的新环境：以高视野、多角度全面深入研究和探索中国艺术文化的现状与发展，客观、公正、全面地运用法律精神与实践，面对社会与市场，艺术与资本，使公正、保护、和谐得以永续”。中心目标是致力于前瞻性、探索性的发展观，就艺术与法律的科研创设、课题研究、人才培养、国际交流等方面形成长效发展机制，为中国艺术品市场的健康可持续发展起到保驾护航的作用，为我国艺术品相关的法律法规和制度的进一步完善开启新的篇章。

中心的成立得到了社会各界和专家学者的高度关注和大力支持，成立仪式当天，中央美术学院艺术管理与教育学院和中国人民大学律师学院即签署了战略合作协议，为“艺术与法律研究中心”的学术发展与人才培养及学科建设起到强有力的保障作用，意义深远。

中心在律师学院的推动和领导下，组建了由中国人民大学文艺复兴研究院丁方院长、中国人民大学律师学院刘瑞起院长担任主任，中国人民大学律师学院余润德老师担任执行主任，中国人民大学律师学院院长助理黄河担任秘书长，中国人民大学律师学院杨洁教授担任专家委员会总干事的核心领导团队，同时，聘请了中国美术家协会分党组书记、驻会副主席徐里为特聘教授及专家研究员。丁方教授、赵力教授、西沐教授、龚继隧教授、鲁力教授、刘双舟教授、余润德教授以及中国人民大学法学院刘春田教授、龙翼飞教授、韩玉胜教授、刘瑞起院长等为中心成立首批专家研究员，共同为中国艺术与法律的发展，携手贡献心智，创建新的未来。

中心成立伊始，就将开拓进取、责任使命作为精神主旨。注重国际化视野，高品质多元发展和务实探索精神，开创性地举办了“首届艺术品投资收藏与法律风险”高级研修班。旨在通过对艺术品的鉴赏和价值评估能力提升的同时，重点在艺术品法律风险的管理和控制方面给学员提供有效的课程体系，为艺术品经营管理机构和投资收藏者提供强有力的法律咨询和服务；为艺术品市场的健康可持续发展保驾护航；为我国艺术品相关的法律法规和制度的进一步完善培育专门人才。

2019 年 11 月 22 日，由中央美术学院主办，中央美院艺术管理与教育学院和中国人民大学律师学院联合承办的“2019 艺术法国际论坛”在中央美术学院报告厅隆重召开。本次论坛是艺术与法律研究中心成立后参与并积极推动的国内首个艺术法国际论坛，邀请了国内外艺术法学研究领域的专家学者、艺术市场与法律实务领域的专业人士，围绕“艺术法与文化治理”这一主题，通过主旨演讲和若干议题发言，共同交流探讨了艺术法领域的最新观点和研究成果。

中国人民大学律师学院院长、艺术与法律研究中心主任刘瑞起在致辞中谈到：作为艺术法孵化过程的重要见证者，本次论坛对于专业法律学者同样具有里程碑意义。此次论坛的举办对于未来艺术法的研究具有导向价值，通过论坛发现目前存在的问题，形成部分共识，同时确定具体方向，能够更好地站在国际视野下，探索具有中国特色的艺术法发展和教育人才培养模式。这也正是艺术与法律研究中心成立的意义和任务。

艺术法在中国正处于一个不断获得社会共识的阶段之中，中国艺术创造的生产力不断增强，中国艺术市场和艺术产业迅速发展，艺术经济已成为经济社会发展的一个重要指标。因此，艺术的法律援助不仅成为一个备受关注的崭新课题，也是艺术界期待建立新的艺术生态过程中需要解决的现实课题。中国正在全面加强法治建设，依法治国不仅成为全社会广泛的共识，也是共同努力的目标，重视文化立法对于完善法律体系，保障文化繁荣发展，提高文化治理能力，保障和实现公民的文化权益，维护国家的文化安全都具有重要的意义。这是中央美院院长、中国美协主席范迪安在本次论坛上的主旨发言，他从国家的层面，从社会需求与现实意义的角度强调完善中国艺术法的迫切性意义，也是新时代背景下，中国文化繁荣发展面临的新课题和新作为。

新理念催生新机遇，大格局引领大发展。艺术法律制度的完善和进步将是艺术界和法律界的共同课题，任重而道远。相信在两界专家学者的携手共同探索和努力下，艺术法的开拓完善指日可待。

# 我与人大律师学院共成长

袁华之*

中国人民大学律师学院成立于2010年4月，是我国第一所由部属重点高校组建的律师学院，是中国人民大学为落实国家法律人才发展战略、创立中国律师专业化教育体系而设立的一所二级学院。在中国人民大学法学院、律师学院各位师生的共同努力下，律师学院成立十周年就获得了许多辉煌的成绩。在此，请允许我代表中国人民大学律师学院法律硕士研究生实务导师，为律师学院成立十周年送上诚挚的祝福！

## 一、我伴人大律师学院成长

回想自己与人大律师学院的渊源，可以追溯到2002年。当时我在中国人民大学法学院攻读民商法学硕士，毕业半年后即被聘为中国人民大学法学院硕士生导师。那时候还不存在中国律师专业化教育体系的概念，律师人才培养教育处于空白期，我以律师身份担任中国人民

* 中国人民大学律师学院法律硕士研究生实务导师，北京大成律师事务所中国区不动产与能源专业委员会主任，中华全国律师协会建设工程与房地产专业委员会主任。

大学法学院硕士生导师也算是法学院在聘请硕士生导师方面开创先河的举措。在我担任前两届中国人民大学法学院校外导师时，还没有采取“校内校外双导师”配置，因此我负责指导的2006级、2007级法律硕士研究生，只有我一位导师参与其研究生期间的学习及毕业论文写作的辅导。在我当时指导的研究生进行毕业论文答辩时，法学院杨立新教授还就此专门向参与答辩评审的老师们介绍了情况，指出聘请律师作为法律硕士研究生导师是最近法学院的“试点”项目。我认为聘请律师担任校外导师的优势之一在于导师可以结合自己的律师实务经验，在对研究生进行学习指引及毕业论文写作指导过程中，潜移默化地引导学生对律师行业有更深一步的了解。其中有不少我指导的法律硕士研究生在校时就有志于从事律师行业，并进行了针对性的学习与训练，毕业后也如愿入行，现在也都取得了不错的成绩。

除了指导法律硕士研究生，我还开设过讲座及律师实务技能培训课，当时并没有体系化的律师专业技能培训课程，我也是“摸着石头过河”的状态，把自己在实务中总结的律师办案技巧结合学术理论作为律师实务技能课的特色进行讲授，对未来拟从事律师行业的同学进行了启蒙。拜读过亚当·斯密的《国富论》及高利·曼昆的《经济学原理》的人知道，“分工”与“专业化”是社会经济不断向前发展的重要因素，这个道理对律师行业发展而言也同样受用。随着中国经济飞速发展与市场不断变化，律师以往处理业务的方式已不再适应社会市场的发展速度与需要，专业化道路逐渐成为律师发展的大势所趋。作为从法学专业第一学府毕业想从事律师行业的人大学子，应该在校就接受专业化、体系化的律师实务技能课程的培训。基于此，我多次向时任中国人民大学法学院院长的韩大元教授建言，提出律师专业化教育的重要性以及多开办律师专业化实务技能培训课的必要性，这与韩大元教授及法学院拟设立二级学院律师学院的想法不谋而合，可以说我见证了人大律师学院从一个初步的创设构想到最终正式成立的过程。

2010年4月，中国人民大学律师学院正式成立。中国人民大学律师学院作为国内首个纳入正规高等教育体系的律师学院，秉承着中国人民大学“人民、人本、人文”的办学理念，肩负着引领中国律师行业正规化教育的使命，在培养律师及律师正规化教育之路上树立了标杆，我很荣幸成为中国人民大学律师学院首批实务导师。律师学院成立后，面临的首要任务就是课程模块设计。中国人民大学律师学院徐建院长通过邀请业界实务经验丰富的律师团队设计各科的课程模块，然后盲评出最优方案作为确定的课程模块安排。房地产与建设工程基础课程培训是律师学院首批研修班的开立课程，我有幸参与了相关基础课程设计，并向徐建院长提出在建设工程实务课中增加“建设工程索赔与反索赔”内容。事实证明，“建设工程索赔与反索赔”培训对于建设工程领域律师而言，是非常实用的内容。在给学员讲授“建设工程索赔与反索赔”课程时还发生了一个小插曲，让我印象非常深刻。每个模块培训课程一般只讲半天，除去休息时间大概 3 个小时，而建设工程索赔与反索赔的课程内容比较多，虽然我已经提炼精华进行讲解，但在与同学们的积极互动下，课程时间显得尤为短暂。尽管已经响起下课铃声且临近中午饭点，一位来自四川的同学当场起立表示要求拖堂，让我继续讲解。我被同学们求知若渴的精神感动，这也让我讲课的激情燃至顶点，已然忘却饥肠辘辘之感。徐建院长全程参与了旁听，感受到同学们对课程的热情，当场决定另行加课，这才让同学们安心去吃饭。

不知不觉，在人大律师学院担任校外导师已经十年，我很有幸见证了人大律师学院从“试点”到一步步落实成立；见证了人大律师学院从对中国律师专业化教育模式的摸索到如今成为律师专业化教育体系的标杆；见证了人大律师学院的毕业生们已然成为各领域的精英，感慨万分。

## 二、人大律师学院伴我成长

在我的律师职业生涯中，我一向要求自己以及身边的年轻律师树立“专业立命、终身学习”的观念，掌握“抬头看路，埋头拉车”的方法。这与我在中国人民大学法学院担任法律硕士研究生导师、人大律师学院实务导师的经历息息相关。

我并非法律专业出身，1992 年从天津大学材料系毕业后就进入大型国企中石化工作，在当时的经济环境下，能够进入中石化这样的优质平台工作，是大学生都梦寐以求的“金饭碗”。在中石化历练近十年，最终出于对未来生活挑战的渴望，我毅然决然辞去这份令人艳羡的工作，决定投入律师行业。如果说从中石化辞职是我职业生涯的转折点，那么在中国人民大学法学院读书毕业后担任中国人民大学法学院、律师学院法律硕士研究生实务导师，就是奠定自己在相关业务领域口碑的基石。每次为研究生同学讲课备课过程中，我需要及时总结自己已结案件的实务经验，并将简单的问题通过发散思维进行“复杂化”，更加深入研究问题，从而清单化、体系化自己的思维和知识架构。同时我还需要拓展知识体系内容，不光是法律专业知识，还包括建设工程、房地产、土地、税务等专业名词，这样才能使讲课的知识体系更加丰满。这看似是我身为老师在备课，实则也是一个自我学习的过程，学海无涯、艺无止境，我必须不断提升自己专业知识库的储备量，提高自己的法律素养，才能为学生们提供更为开阔的知识视野。因此从某种意义上说，我仍然是一名奔跑在探索知识道路上的学生。

我很感谢中国人民大学律师学院给我这个因备课而“被动”学习的机会，正是在中国人民大学律师学院的“教鞭”鞭笞下，我得以擅长对办案经验进行深入总结，才使得我能够带领自己的团队在办理案件时做到运筹帷幄、决胜千里。正是有赖于在中国人民大学律师学院担任导师期间不断积累授课经验，我能够将办案的实务经验形成体系化、清单化的知识体系，并最终以撰写《建设工程索赔与反索赔》一书的方式为想要从事或已经从事建设工程领域的同仁们，在面对建设工程索赔与反索赔纠纷时提供参考。正是在中国人民大学法学院的培养下，我成功跨理工专业转型为法律专业人士，时刻铭记人大法学院院训，自省并追求法律专业化、精英化，最终在所属专业取得优异的成绩。如被著名法律评级机构钱伯斯连续多年评为亚太地区“所属领域的领军人物”、建设工程领域顶级律师以及连续多年被国际法律评级机构 LEGALBAND 评为房地产与建设工程领域国内顶尖律师、被 The Benchmark Litigation 评为建设工程争议解决之星、多次被 Legal 500 亚太榜单评选为房地产与建筑工程领域推荐律师等。也正是基于中国人民大学律师学院提供的平台，我突破自己，凭借在建设工程与房地产领域取得的成绩被推选为中华全国律师协会建设工程与房地产专业委员会主任。我的每一步成长与现取得的成就都离不开中国人民大学法学院的栽培以及中国人民大学律师学院提供的机会与陪伴。

“天高人大，不二法门”，中国人民大学律师学院的院训时刻铭记于心，遂不忘时时自省，当以匠人精神继续前行，戒骄戒躁，精益求精。

# 学院往事——光荣与梦想

吴江水*

当黄河老师在微信上提醒我说人民大学律师学院建院十周年的征稿即将期满时，我才发现早把这事忘得一干二净。

身处新冠肺炎疫情下的美国，尽管确诊数和死亡数还在一如既往地攀升，但至暗时刻已过、现有的医疗资源也足以应付，人们已不再紧张，甚至感染信息已不再是例行新闻、所建的备用的临时医院也拆了，各州陆续重新开放、高速公路上车流如旧，一切尽在复苏中。而随着北美洲春天的姗姗来迟，气温终于升到了播种季节。去年栽的桃树已开完了花，扔在石缝里的多肉植物已长成一大丛，多年生的花草已钻出地面长得郁郁葱葱……

可惜我有点辜负了这大好春色，因为一直在埋头于《完美的防范》最后几节，以及《合同技能进阶》公开课的录播和直播。于是翻看当年的照片、课件和文档，那出入贤进楼和明德楼的时光就这么悄无声息地远去了，暗淡了当年的一抹浮荣，勾起了往日的许多回忆。

---

* 中国人民大学律师学院法律硕士研究生实务导师，中华全国律师协会企业法律顾问委员会副主任，中华全国律师协会教育委员会委员，中国法学会法律文书研究会理事，天册（上海）律师事务所合伙人，全国律师执业基础培训指定教材《律师执业基本技能》副主编。

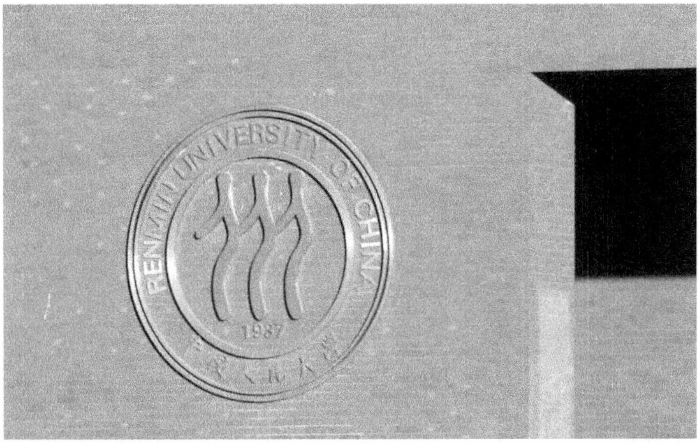
RENMIN UNIVERSITY OF CHINA
1937

## 一、五湖四海的熔炉

不知是哪位高人说过：人生的乐事，莫过于遇到些有趣的人、做些有趣的事。人大的律师学院也是如此，甚至整个北京都是如此。学生来自五湖四海，学员来自五湖四海，老师也来自五湖四海。天南海北融合，英雄不问出处。

初识中国人民大学律师学院，是徐院长邀请其他律师前去担任校外实务导师时。随后是受邀去人民大学讲课、参加论坛并有了更多的了解和交流，然后是帮助设计实务课程并被授予教学指导的头衔，再后则是2013年年底开始为律师学院研究生班教授合同技能。在此期间，曾在院方组织或参加的食品安全等讲坛上介绍研究成果，并与北京及全国各路高手交流，增长见与识。

今日的校园尽管早已不再那么“象牙塔”，但终归比外面的江湖宁静、淡泊。身在校园，会被年轻人那满满的青春气息所感染，恍如重回了大学时代。相比职业生涯中的例行工作，有更多的场景依旧记得。

贤进楼的整洁房间、教授餐厅的北方早餐，以及同徐院长一起在食府吃的大刀面、辽参，还有韩院长在吃饭时故作正经开的玩笑，至今历历在目。

那时，收工后常去黄老师那里欣赏“口粮”——地道的烟丝和玉米芯烟斗，有时还与刘院长一起吸雪茄，所以后来回赠黄老师一份真正的野战口粮。

每次讲完课都会慷学院之慨带硕士们一起吃饭，虽说按校里的规定必须注明有谁参加、点了什么才能报销。有次离席前问起那个莫名其妙的汤是什么，学生回答：为您特意点的家乡菜“西湖牛肉羹”。

## 二、分为四层的实务课程设计

为律师学院设计的实务课程体系有点特立独行。这在参与编辑中华全国律师协会的《律

师执业基础培训指定教材》时就有过想法，也曾在去北京的火车上看完了前司法部司法鉴定管理局局长霍宪丹老师编写的《当代法律人才培养模式研究》，深知国外律师训练之扎实、实用。加之教育部于 2011 年年底发布了《教育部、中央政法委员会关于实施卓越法律人才教育

培养计划的若干意见》(教高〔2011〕10号)，更觉得唯有课程体系的变革才能使“卓越法律人才计划”落到实处。

在提交设计之前，在由中国人民大学法学院、律师学院于2012年12月8日共同主办的“中国律师百年回顾与展望”高峰论坛上，曾发表论文《略论当前法律院校的教学改革方向》，讨论过律师教育的课程设计和训练方法。该文的最终完整版，后来以“BRIEF VIEW OF THE STANDARDIZED TRAINING OF LEGAL PRACTICE SKILLS”为题发表在2016年3月第11期 *Frontiers of Law In China* 上。

根据该研究结论，面向实务操作的课程需要大幅度增加实务内容的比重，而实务技能更需要反复训练而不是单向讲授，以解决律师培训重专业知识、轻执业技能的局面。课程分为四个递进的层级：

基本素养——包括律师基础礼仪和从业素养等，弥补从大学到社会的过渡时期教育的缺失，夯实社会化生存的基础。

基础技能——包括法律思维、语言表述、文书写作、调查与法律调研等全面的基础工作技能，使新人入职时已具备熟练的基础工作能力。

业务技能——包括刑事、民事、行政三大诉讼及非诉讼业务的基础性工作思维、工作方法，使学员可以直接担当熟练的助理甚至可以直接上手主办业务。

专业技能——这个其实不用专门培训，现在的律师培训基本就是围绕各个专业领域中的技能，有了前面的基础这个层面只欠发挥。

这一方案的不同版本曾给过中华全国律师协会、北大英华供课程设计参考，后来也给过华东政法大学律师学院，但他们都没有足够的资源去实现。尤其是大学，既缺实务技能老师，又无足够课时。

尤其遗憾的是看到了法律汉语课程已在全国的法学院校绝迹。当年华政所开设的《现代汉语》其实是《法律汉语》，把汉语在法律领域的运用讲得门儿清。但当年的沈桂教授早已过世，那本油印的教材居然在华政大学的图书馆里也没有留底。20年前曾有感于《法律英语》

满大街、《法律汉语》没踪影，而今不仅未见改变，汉语表达的粗俗化和专业语言质量的下降已是常态。

## 三、先交作业的合同技能课

于2013年年底开始的合同实务技能课同样“标新立异”。由于目标是训练工作技能，且学生毕业后基本是从助理干起，因此更侧重于相关技能训练。为了保证学生有消化的时间，所以课程分为四周，每次乘高铁去搞“魔鬼训练”。

首先是先交作业后讲课。曾有学生问：课还没学，怎么做作业？回答是：从业之路许多连师父也教不了你或不想教你，必须练习自己去理解和解决。虽说并不强求，但仍有许多学生主动完成作业以便验证自己。

其次是讲解理论、点评作业后仍有课堂练习。这种练习限定时间完成并当场点评，然后在课后留有练习题，这些都可以分组或各自完成。最大的挑战是根本没有足够的时间去细看那么多的作业。

最后是强调细节和外在的重要性。并不是不强调内在质量，而是排版、表述等外在质量更容易产生负面影响，也更容易纠正。排版问题每次布置讲评作业都会强调，以至于学生排版整齐的文本在实习时得到客户好评。

最令人满意的是那年暑假前的合同技能竞赛。题目是，修改一页挤满了五号字、连边框都快用尽的合同。要求换成标准的页边距、标题另起一行且行前空半行，外加扩大对买方的保护范围。这是个连排版要求都无法直接完成的任务，必须大幅度删除、合并、浓缩才能做到。而这些，考验的是对交易的理解、对法律的把握，以及对语言文字的驾驭。

可喜的是他们做到了，字数从原文的1200压缩到了800，但安全系数有增无减。为师者的喜悦，正是教的东西有用、用上了、发扬光大了。

## 四、教育的阶梯通往哪里

从考试、竞赛结果和学生们当时的反映来看，实验算是成功，但老师、学生的时间成本不低，对于教学资源是个挑战。这又涉及律师执业技能教育之路通往何方的问题，是“道”、“术”还是“器”？

走进人大律师学院的那一年去过希腊，顺便研究了古希腊文明的辉煌并有十篇文章放在新浪博客。现代大学的鼻祖是古希腊的雅典学院和吕克昂学院，许多理念在欧美国家一脉相承，至今仍不乏现实意义。例如，古希腊人注重身心的和谐发展。我们提倡过的“德智体全面发展”，在古希腊则是“唯有强健的体魄，才有健全的心智”。学习，不应只是为了获取知识。

前面提到的基本素养和基础技能貌似会被某些律所认定为“没用”，但又有多少法科毕业生无须实习便可直接上手工作？美国八所常青藤大学中的七所建于美国独立之前，无可争议的“先有大学，后有美国”，但各家的课程清单里都有许多“没用”的课程供学生开阔视野、激发潜质。其中的哥伦比亚大学，更是以“liberal art”（文科通识教育）而闻名，而无论学生将来选什么专业。眼界，是批判性思维的重要基础。基本素养是踏入社会“做人”的基础，基础技能是走进律所做事的基础，业务技能则是跻身行业做律师的基础。

法律人的成长之路没有捷径，但律师教育和再教育可以通过课程设计和技能训练使人少走弯路。他们所需要的，是以实务市场需求为导向的执业技能训练。人民大学律师学院的法律硕士制度与美国法学院的 JD 最为接近，都是先读其他本科后再读法律并面向实务。所面临的，则是既要补法律知识、又要学工作技能的课时难题，而且远不止这些。

时过多年，当年的学生作业还在，但学生们已不知身在何处、工作如何。当年的课程设计和实务技能细目仍在沉睡中，也不知他们当年所学是否实用、够用。想法未能全面实施并不重要，一切存在都有其理由。有过堂吉诃德式的梦想并不计代价地去做过与生计无关之事，证明我曾年轻。而且我深信，一切思考和努力都不会白费，只是它的时候未到。

下个十年里，希望世界变得更好、律师学院变得更好。回顾过去的十年，几多梦想、一点浮荣。曾经有过的努力能给别人照亮脚下的路更好，至少标示着我曾来过、想过、写过。

# 幸得方塘半亩，愿伴新苗花开

张　峥*

几天前，我接到洪浦老师转达的瑞起院长之邀约，说是在人民大学律师学院创建十周年之际，希望和学院有关的老人新人们，可以把想对学院说的、聊的，写上那么一些，以做个纪念。

恍然，人大律师学院已经创立十年了，而我在律师学院做法律硕士研究生实务导师，如今也快第六个年头了。

那么，请允许我站在这个角色上介绍一下自己：

大家好，我是教师张峥，人民大学律师学院法律硕士研究生实务导师。

收到邀约之初，多少有些许犹豫。自学院 2010 年创立至今，育人不说无数却也是泱泱。真正该被记入和记住的，本应是那些朝起暮归的老师。与学院的合作，若说贡献与帮助，其实反而是我获益更多。提笔间，不觉有一丝被错爱之惶恐。

我与律师学院结缘，是在北京市第十届律师协会成立之初。那时子程会长积极推动了律

* 中国人民大学律师学院法律硕士研究生实务导师，北京大成律师事务所管委会副主任，中共北京市委法律专家库成员，北京市律师行业党委委员，第十届、第十一届北京市律师协会副会长，中华全国律师协会仲裁与律师调解专业委员会副主任，中国仲裁法学研究会副会长，受聘担任多家仲裁机构仲裁员或专家委员会成员。

师协会与四大高校的法学院共建工作，在这一背景下，人民大学法学院和律师学院的领导们，记得有大元院长、瑞起院长、玉胜院长和文军院长一起来到北京市律协，就法学实务教学、青年律师培养等议题进行交流。我参与了接待工作并结合过去在学校工作的经验，就律师学院的招生对象与培养方式等提出了一些具体建议，与负责律师学院日常工作的瑞起院长相谈甚欢、颇有共鸣。

2015 年 9 月，经时任北京市司法局副局长李公田同志介绍，我正式被聘为中国人民大学律师学院的实务导师。从那时起到现在，除去给本科生们的讲课，我一共指导了五位法律硕士学生。

坦白讲，受聘时我的第一感觉，是荣耀与感谢。

一方面，人大律师学院在创立之初，就有着起点高、影响大的特性，并且在很短的时间内获得了诸多斐然的成绩。作为一名执业律师，能被聘为人大律师学院的实务导师，这份荣耀感不只来自学院对我专业能力的认可，更代表着行业中对于律师—教师双重角色的肯定。此谓荣耀。

另一方面，在进入律师行业专职执业之前，我本就是一名高校的教师。1999 年 6 月离开学校后，曾经的三尺讲台令人魂牵梦萦，时刻给“张峥律师”以思念和挂牵。如今，我又有机会重返这个岗位，再次重温倾囊相授、执鞭相教的教师梦想。是谓感谢。

在我看来，我们这些已经“下海”做专职律师的人再以导师身份出现在学生面前，要带给这些年轻人的，更应是侧重实务性、实践性的东西。是我们在执业这些年的时间里对法律行业的领悟，是在工作中遇到的曾经的彷徨之后的坚守与最终坚定的法治信念的传递。我们应把自己的感悟毫无保留地传给这些年轻学子，让他们少走弯路。

而夯实理论基础、提升专业素养，更多的还是要依赖校内的导师与校园里的学习氛围。我们的任务，是让他们有能力迅速融入法律行业实务工作中去。

在我国，人民大学是绝对顶尖序列的高校，每年招生季，全国最优秀的学生们会拼尽全力冲进人大。而这些可能在北京没有个落脚点的年轻人，在这座城市可能也谈不上有什么熟人，作为校外实务导师，我们的另一个责任，便是担当给他们提供关爱的另一类家人角色。

交流沟通，除了专业上的座谈，师门的聚会，私下的聊天儿、电话、微信，每每在他们学业或生活有困难的时候，我们可以以自己的经验积极地为他们出谋划策、指点迷津。希望他们在紧张求学的日子里，多一份关爱支撑，多一份情感上的共融。

也许，师者，愿传道，愿授业，更意在解惑。

五年来，我在学院讲授过商事仲裁、青年律师成长与执业风险防范、律师事务所风险防控等课程，效果都还不错。我最喜欢讲的是围绕青年律师成长展开的话题，看着一张张年轻而渴求知识的脸庞，把自己的所思所悟毫无保留地传授给他们，我很享受这一过程。况且，“教学相长”，在与同学们的互动中，我的认知也会发生改变，得以升华。

我与人民大学律师学院合作得如此默契，细细想来，也许是因为我的另一半灵魂，始终是一名教师吧。

# 人大律师学院，走在商事犯罪研究的前沿

韩　冰*

## 一

说起人大律师学院，在业内用“如雷贯耳”来形容并不过分。先说她是中国第一个律师学院。虽然其后又有许许多多各式各样的律师学院出现，但她毕竟是第一个，已经设立十年了。而且从她成立之初，就确定了从人大法学院中优中选优招收硕士生的原则，就确定了律师学院毕业生首先选择做律师的原则，就确定了将实务领域资深律师聘为实务导师的原则。不得不说，这几项“基本原则”奠定了律师学院的立院宗旨和深厚底蕴。

十年的实践证明，律师学院确立的原则是正确的，使得她在众多法学院校中脱颖而出，傲视群雄！

我与律师学院既有渊源，又有机缘。说有渊源，必须透露一下，我与律师学院韩玉胜教

* 中国人民大学律师学院商事犯罪研究中心执行主任，中国人民大学律师学院法律硕士研究生实务导师，北京市汉卓律师事务所主任。

授有 40 年的“师生关系”。20 世纪 80 年代初，韩玉胜教授还是人大的本科生，到当时只有一墙之隔的海淀区检察院实习，我那时还是一个初出茅庐的助理检察员，没资格带实习学生；但在学校叫惯了老师的“韩玉胜同学”还是时不时叫我“老师”。那种感觉今天想来都很受用。这多少算是我跟律师学院的渊源。但我第一次到律师学院来讲课，对天发誓，真不是韩玉胜教授的邀请；而是当时一位任课的法律硕士研究生实务导师临时有事，向第一任院长徐建推荐了我。当然，之前徐院长并没听说过韩冰（主要因为当时的网络没有今天这般发达），想必徐院长一定是非常相信那位实务导师，所以未跟我谋面就同意了。这就不得不说，是我与律师学院的机缘了。

按逻辑来说，我的讲课应该得到了律师学院和学生的认可，很快我就从“救场”的讲师，一跃成为律师学院的实务导师（当然手续一定是履行了）。在之后的几年，得益于律师学院对我的信任，被聘为法律硕士（律师方向）研究生的实务导师，律师学院 2011 级的法律硕士宋建设、李代君成为我带的“第一组”亲学生；其后，程锦垚、祁娟、尹利云、李佳桧陆续成为我的学生。他们还设立了“韩门师徒”微信群（只是基本不跟我互动交流）。据说，在律师学院的实务导师当中，我算是跟学生交往比较多的（像李佳桧同学还作为我律师事务所的实习生，当然是支付劳动报酬的）。

与律师学院之间个人隐秘交往交代完毕。

## 二

律师学院设立商事犯罪研究机构，应该说功不可没；走在商事犯罪研究前沿，更是实至名归。

我从 1987 年在北京从事专职执业律师至今已经 30 多年了。从一般民事代理、刑事辩护开始，随着社会经济的发展，案件种类越来越多，对律师专业化能力的要求也越来越高；“万金油”律师在北上广深这些大城市已经不能适应市场的需求（市场需求比律师发展速度要快）。

这样在当时我执业的北京市第三（经济）律师事务所内独立设立了“金融投资法律事务部”，由我担任事务部主任；不谦虚地说，这是中国律师界第一个专业化事务部。事务部分为投融资事务和涉及金融犯罪事务。

到 1999 年，我发起设立北京市汉卓律师事务所。对事务所发展的定位，也始终以涉及“经济犯罪”辩护业务为主。经济犯罪的概念源于 1982 年全国人大颁布的“严厉打击经济领域重大犯罪的决定”，但经济犯罪的概念却是动态的。经济犯罪提出时，其内涵包括盗窃金融机构、国家公职人员的图利型犯罪等，延续到今天，则基本定位于刑法分则第三章“破坏社会主义市场经济秩序”的犯罪。但这个概念并不是一个严格的法律概念，其不乏意识形态特色。为了准确定位市场经济当中发生的犯罪，我尝试提出“商事犯罪”的概念，即在市场经济活动中商主体从事商事行为、违反商法或行政法情节严重，应受刑法处罚的犯罪。

现在，全国各地律协、律师事务所都纷纷设立了“商事犯罪”的专门机构。清华大学也设立了“商事犯罪研究中心”。

人大律师学院在此领域开创了先河。

## 三

和尚好念经，也要有好庙门。

2015 年 11 月，北京市律师协会率先在全国律师界设立了“商事犯罪预防与辩护专业委员会”，我当选为首届主任，应该说这是律师实务界对“商事犯罪”的认可。此前，律师协会专业委员会划分，仅是粗的分为刑辩，细的分为职务犯罪之类的。

实务界的认可是第一步。律师学院要我开设了“商事犯罪”讲座，较为系统地向学生讲解商事犯罪的概念、理论基础。2016 年 7 月 16 日，律师学院正式设立了“商事犯罪研究中心”，由韩玉胜教授担任主任，由我担任执行主任。我清楚地记得，律师学院举行了高规格的、隆重的成立仪式。仪式除了人大法学院的领导，还邀请了清华大学、北京大学等其他院校的学者，以及北京市律协会长高子程等，均是学界、理论界和实务界的重要嘉宾。大家对“商事犯罪”都给予不同程度的肯定。

2016 年 12 月 18 日，人民大学律师学院举办了“全国首届商事犯罪论坛”，邀请了最高人民检察院等相关领导，共 300 多人参加了该次论坛。截至 2019 年，已经在杭州、广州等地举办了 4 次全国性论坛，在律师学院助推下，“商事犯罪”得到广泛认可。

2019 年在刘瑞起院长亲自指挥、部署下（耳熟能详），律师学院、汉卓律所与北京市海淀律协合作，举办了 5 期全国性“商事犯罪实务研修班”，聘请了来自人民大学、北京大学、清华大学、政法大学等诸多高等学府的教授、政府领导等，围绕公司、金融、税务、知产等几大领域，对以律师为主的学员进行了多方位的培训。培训取得了巨大的反响和良好的效果。

律师学院成立十年了，俨然出落成一个英俊少年。

人大律师学院，当之无愧是优秀律师成长的摇篮，当之无愧走在“商事犯罪研究”的前沿。现在，“汉卓韩冰商事犯罪辩护团队”多名人民大学、律师学院的才子已经成为中坚力量。2019 年，律师学院在北京市汉卓律师事务所挂牌，汉卓所成为律师学院学生的实践基地。

不谦虚地说，我，为律师学院尽了绵薄之力；不客气地说，我，通过律师学院更上了一层楼。

在此之际，除了祝愿律师学院更好成长，别无他愿！

# 我与人大律师学院之缘

郑艳丽*

人民大学律师学院刘瑞起院长前些天打电话给我，说律师学院建院十周年了，作为优秀导师代表，你写个文章吧。

放下电话，我回想起 2013 年通过公开招聘，成为人大律师学院最年轻的法律硕士研究生实务导师的情景，七年来为之肩负的责任和付出，不禁浮现在眼前，历历在目。感慨时光荏苒，岁月匆匆，有幸与各位律界大咖和律师学院老师一起，参与到培养新一代律师的行程中，和莘莘学子一起努力，没有辜负“天高人大　不二法门”这句盛传的刘院长寄语中所蕴含的殷切希望。

此时此刻，我感到非常的欣慰和幸福，因为我与人大律师学院的这份缘分连接，也弥补了我的一个遗憾。在我小时候，心中的榜样就是我的父亲，我敬佩

---

* 中国人民大学律师学院法律硕士研究生实务导师，北京市君合律师事务所合伙人，中国国际经济贸易仲裁委员会（CIETAC）仲裁员，香港国际仲裁中心（HKIAC）仲裁员，国际律师协会（IBA）反腐败委员会官员。郑律师此前曾在北京市第一中级人民法院作为民商事法官工作 9 年，美国众达律师事务所工作 7 年，汉坤律师事务所和君合律师事务所工作 7 年，共有 23 年的争议解决经验。拥有中国政法大学法学学士学位，北京大学民商法硕士、博士学位，并作为中国青年优秀法官代表赴英国就读于英国伦敦大学，获伦敦大学国际比较法硕士学位，成绩优等（Distinction）。郑律师在君合律师事务所工作期间获 ALB 2017 年度中国 15 佳诉讼律师，The Legal 500 2019 亚太地区争议解决推荐律师。

父亲十分勤勉，虽然工作繁忙，仍然选择了继续深造学习。在那个年代，是十分不容易的。当时，经过几年的学习，父亲在1988年获得了人大法学学士学位。小小的我，仰望着父亲，希望有一天，自己也能上人民大学，走他一样的路。毫无悬念，我选择了法学专业，但是本科就读于政法，硕博读的北大，不知为什么，心底总有些许遗憾。没想到2003年律师学院一个招聘导师的机会让我实现了这一梦想。后来我才知道，我是当时学院最年轻的实务导师，当时学校其实是不确定我这样的律师是否能够担当重任的，还安排了学校面谈。得益于多年的诉讼律师对口才训练的基本功，以及法院工作、美国所和中国所工作多年的经历，我“面试”顺利通过，被破格录取了。我的父亲得知后，也感到十分开心，对我竖起大拇指，鼓励我当好这个老师，担当起这份责任。

## 当好名副其实的专业老师

我先后在法院工作9年，美国所工作7年，中国所工作7年，在法院期间获过两次三等功，律师工作期间也获得过ALB中国15佳诉讼律师，The Legal 500亚太地区争议解决推荐律师等称号，学生们羡慕我的经历，我却想怎么可以让他们多吸取我的经验和教训，少走些弯路，多些实战经验，为他们进入职场多些储备和信心。

七年间，我心系学生，认真备课，以23年的诉讼和仲裁经验为基础，为律师学院的学生做过大大小小数十场讲座，除了与实务有关的主题，比如涉外民商事仲裁和涉外民商事诉讼等，还有职业生涯选择等专项主题。每次讲座，看到台下扑面而来的一张张年轻热情的充满对未来期待的脸庞，同时，还有对未来不确定的懵懂，我都备受鼓舞，也深感责任重大。

最难忘的授课是给律师学院学生讲授的硕士必修课程“合同法实务”系列课程，一共8次课，一次3小时，要求10月到11月两个月集中授课完毕。按照学校班主任周老师的要求，只能讲案例，由于校内导师教学安排会讲到合同法的基础理论和法条，这些内容不能讲。集中备课的两个月，我把代理过的合同案件全部进行了整理和编辑，也找了大量最高人民法院和各地高院指导案件和典型案件，全程只讲授多年来我亲自承办的案件总结和收集的真实案例分析。为了扩大信息量，每次课程的 PPT 超过 50 页，为选择更具代表性的案例，增强学生学习的兴趣，使学生们能学有所获，我每天都是整理到半夜，严重地烧脑和掉头发。我十分欣慰地看到，每次上课学生们都在聚精会神地听，积极参与讨论，十分投入，听到案件判决结果又有恍然大悟的神情，一个个案件讨论跟实战一样激烈，这次课程受到了广大学生的推崇和喜爱。

说起来，还有一件乌龙的事情。这次授课后的一天，有次和律师学院的班主任聊天才知道，这样的课程一般都是分别请八位导师，一人一次课。我听完非常懊恼，后悔没有提前问清楚，早知道也不会愁、掉那么多头发。班主任老师听了悠悠地说，你这个好啊，没有重复和遗漏，很全面，看你答应了就没敢提示你。不过，我也十分感谢这次阴差阳错的机会，总结了经验，提升了自己。此后经常有同学跟我提起，曾经读研期间听过我讲的合同法案件，因此喜欢上了诉讼，喜欢上了当律师。没想到还能有这样的效果，再次感叹，一切付出都是值得的。

## 当好工作中的引路导师

每年学生们实习找工作之时，就是我们这些实务导师多方推荐各显神通的时候，根据学校要求，要确保学生们都有实习机会。

从 2003 年至今，我已经带了 9 名学生，本着尊重个人意愿和全力支持两个原则，因材施教。根据每个学生的学习能力、发展前景和性格特点，为他们分析利弊，创造实习机会，除了一名留在我们团队做了争议解决律师，大部分选择了做律师，并选择了适合自己的业务领域；少数几名学生选择去公司做法务，还有几名学生今天已经是法官了。留在我们团队的律师，已经成为那一届优秀毕业生的代表，经常被合伙人称赞非常出色。今年拿到正式执业证，已经可以独自出庭了，勤奋、踏实，法律功底扎实，加上聪明，成为人大律师学院后来求职毕业生的膜拜师兄。

## 当好身教利于言教的师长

每年，我会和带过的学生一起聚餐，聊工作、聊生活，鼓励他们学英语，钻业务，在专业领域有所建树。每次聚会完学生都说，“老师，特别喜欢您身上的正能量，我要回家好好学习去”。

我经常和同学们说，在北京主要从事涉外诉讼和仲裁的律师相对较少，因为需要同时具备良好的英语能力和分析案件的能力，两者缺一不可。从量变到质变，是每个人都熟知的道理，实务经验和外语能力的完美结合源自长年的积累和坚持。我经常和同学们分享自己的学习经历。比如，英语是一个量变到质变的过程，在法院工作期间，我每天就两件事情，上班工作，下班学习英语。在众达律所的前几年，我的英语还有些口音，到后来几年，客户都称赞我的英语非常纯正。这就是一个量变到质变的过程。再者，就是“抓主要矛盾”。一定要知道一个时间集中做好一件事，有的学生希望迅速掌握怎么审案子，这是非常常见的情况，可是实体和程序不一样，实体需要承办上百个案件的实践才能达到效果，而程序可能在一到两个案子中就可以全部掌握。我常常和学生说，要慢下来学习，不能急躁，不要想着一蹴而就、投机取巧。有的学生看到的是结果，却没有看到别人中间的艰苦过程，然后就想马上达到那样的结果，达不到又感到失落。其实就是最简单的道理，没有人能随随便便成功，太多人努力了没有成功，可是你不努力肯定不会成功。

## 结　语

律师学院十年了，我经历了其中的七年，回想进来，感慨万端。至今记得 2003 年第一次参加开学典礼时，刘瑞起院长对学生们讲的，我们是培养将来最优秀律师的学院，最优秀专业的校内导师，最有实战经验的实务导师，都配备好了，就看你们的了。是的，生命给予每个人的机遇并不一样，但学会坚持和努力，总不会是一件差事。很多人努力了大半辈子，也许才等来一个破茧成蝶的时刻。但要知道，之前长久的蛰伏、努力都只是为了有朝一日的厚积薄发。

十年过去了，一批又一批的优秀学生从律师学院毕业走向工作岗位，又将迎来一批又一批的学生。从学生们最初报考的疑惑，到今年和民商法专业同样激烈程度的竞争，律师学院经过了最初的摸索阶段，学院领导们的坚持，老师们的坚持，学生们的坚持，未来的十年，我们还会坚持下去。

期待下一次十年院庆。

# 我与律师学院

## ——谨贺人大律师学院建院十周年

权睿学[*]

在我的记忆中，我与人大律师学院初识于2012年前后。当时的律师学院正处于建院初期的课程设计和战略规划之中，院领导有意引入英国律师大学（时称英国律师学院）的教学课程，为此广泛征询专业界的意见并召开过多次研讨会，我也作为受邀者之一出席过研讨，由此结缘，进而有幸自2013年开始受聘担任中国人民大学律师学院法律硕士硕士生实务导师。

正是在此次引进境外律师实务课程的计划和探索过程中，律师学院的领导层展现出的眼界、思路和魄力给我留下了深刻的印象，并使我对于国内法律职业化教育的未来产生了热切的期待——这对于改变中国法律教育长期存在的教学理念僵化、教学手段落后、理论与实践脱节、课程设计缺乏实用性、学生无法适应社会需求等状况具有深远意义。作为旧有法律教育体制

---

* 中国人民大学律师学院法律硕士研究生实务导师，有中国和美国纽约州律师执业资格，曾获澳大利亚联邦政府法律精英奖学金，中国政法大学网络教育学院授课专家，清华大学法学院国际投资纠纷模拟仲裁赛专家评委，中国产业海外发展协会专家组成员等职，著有多篇学术论文。

的亲历者，我们这一代律师都有着深切感受。记得我20世纪90年代初上法学院时，当时教涉外经济合同法的系主任曾经不无惭愧地说起他的一次难堪的经历。80年代末，当地政府为了筹建全省第一家涉外五星级酒店，需要聘请法律顾问审查与外商签订的合资企业合同。由于当时根本没有精通涉外法律业务的律师，政府只能找到本地知名的法学院请求专家支持。涉外经济法教研室的主任受命承办，但却感到手足无措——虽然已经教了几年的涉外经济合同法，但他那时居然从未见过一份成熟、规范，符合国际标准的合资合同，更看不懂外方提供的英文合同。老师尚且如此，教出的学生又能怎样？我们在执业初期也都普遍经历过"所学不堪致用"的尴尬和无奈。这种状况积弊已久，广受诟病，但知易行难，真正有魄力、创见、胆识和行动力去改变它的，还是像人大律师学院的创建者群体这样改革开放后人大法律系培养出的第一批法律人。律师学院的建立正是他们亲力亲为地为母校和中国律师教育界做出的有益贡献。他们不仅率先对法学院在校生实行了"律师教育"的理念，开创了一条不同于传统法律教育的新路，也有望成为未来中国职业法律教育的范本。十年探索，十年风华，一路歌声，桃李渐成林。庆幸的是，我没有在这一历程中作壁上观，而是作为一个见证者，甚至是参与者，由此倍感欣慰。为此，我也始终将为律师学院建言献策视为职责所系。值此律师学院建院十周年之际，愿借这篇短文表达祝贺之情，也谈一些感想和建议。

我注意到，律师学院在办学理念和课程设计上广泛吸收和借鉴其他国家的成熟经验，这无疑是一条构建自身教育体系行之有效的思路。就律师职业教育而言，历史悠久的西方（主要是英美法系国家——当然，英联邦国家和美国的法律教育也有区别）具有明显的比较优势，值得我国法律院校学习。这一点我在国外学习和工作时深有体会。例如，美国的法学院在很多课程中都设置律师实战训练环节——针对与课程相关的知识要点，教授会设计出案例脚本，在学生中分配角色组对练习（比如，争诉双方各自的法律顾问或者政府执法部门的官员与被执法对象的代理律师等），有时还会邀请高年级学生和学院职员客串当事人。扮演不同角色的学生在拿到各自不同的"角色脚本"后要根据自己的立场并依据课程中学习到的法律知识确定代理策略，彼此斗智斗勇，俨然现实中的律师和法务人员。在学生现场练习时，老师或者不动声色地坐在一旁“观战”，或者放置一台摄像机在现场记录学生的表现，事后再与学生逐一面谈，点评得失。可想而知，学生们通过这种实战练习获得的对法律知识的理解和应用当然要远远好于仅从书本中获得的刻板印象，而如此操练和锻造出来的学生也会具有更强的适应能力和实际工作能力。后来，不论是到华尔街的顶级律师事务所见习，还是到多家历史醇厚的国际律师事务所工作，我都曾亲身见证过西方（尤其是普通法传统的国家）法律教育培养出来的毕业生初入职场即表现出的良好实务素养，这无疑得益于他们在法学院受到的历练。我为此常禁不住感慨，如果我们当初在国内上学时也能获得这样的训练，那么在后来的执业中必将少走很多弯路。如今，国内的法律硕士教育从培养理念、专业设置、入学标准、课程设计等都已经越来越明确地对标西方（尤其是美国）的 JD 教育，而律师学院更是以此作为培养学生的宗旨和目标，这不能不说是中国法律教育理念上的一个根本性变革，只是在具体方法上还有待于按照中国实际进一步摸索、完善。

这种实务导向的职业化法律教育模式的优势在国际横向对比中也有明显的体现。近年来，诸如 Jessup 国际法模拟法庭、Vis Moot 国际商事模拟仲裁庭、ICC 国际刑事法院模拟法庭、国际投资争端模拟法庭等众多国际、国内模拟法庭活动在国内蓬勃兴起，吸引了大量中国法律院系的学生积极参与。这既给国内学生提供了与外国学生同场竞技的机会，也给我们观察和比较世界各国（地）法律教育的差异提供了契机。就我本人连续多年在各种国际模拟法庭、模拟仲裁庭担任评委的观察所见，令我颇感意外的是，在亚太区的赛场上，每年获得比赛桂冠的往往不是中、日、韩等整体教育水平较高的国家，反而是印度、菲律宾等发展中国家的选手。就以每年 12 月在人民大学法学院举行的牛津大学普莱斯传媒法模拟法庭（PriceMedia Law Moot Court）亚太地区选拔赛为例，连续多年的冠军（尤其是当庭陈述和口头辩论环节）都是菲律宾的团队。究其根源，固然有语言方面的原因（比赛全部以英文为工作语言），但最关键的是这些国家的法律教育大都践行英式传统，非常重视讼辩律师的实务技能训练，在判例调查与研究（特别是国际法院的判例）、案情分析、逻辑思辨、控辩书状起草、法庭陈词和辩论等方面具有较为明显的优势。相对而言，这些方面恰是大陆法系国家，也包括我国法律教育中的薄弱环节。

言及此，我不得不指出，国际性的模拟法庭、模拟仲裁庭活动为中国的法学生提供了与全球法学生同步参与、同台竞技的机会，人大法学院的学生也已经成为在国内举办的此类活动中的佼佼者，取得了骄人的成绩，但（就我所见）参赛选手中却很少见到律师学院的学生，令人遗憾。在我与各国参赛选手的交流中发现，学生在校期间通过参加这种比赛获得强化训练，不仅有助于全面提升法律职业技能，还能够培养其对于国际热点法律问题、前沿法律难点的关注和思考，提升职业责任感和使命感。新加坡、马来西亚、菲律宾等国的很多法学院都非常重视这种活动，他们不仅连年派队参赛，而且都是由上一届的获奖选手担任下一届学生的教练，一代代传承，形成了很好的传统和良性循环，这一点很值得我们借鉴。有鉴于此，我呼吁律师学院充分发挥人大法学院师资力量雄厚、国际交往频繁、律师学院“双导师”指导体制和实务导师专业背景多元的优势，激发学生的参与热情，鼓励、引导和支持律师学院的在校生参与选拔和比赛，我们也愿为此提供专业支持。

当然，提升学生的法律职业技能必须以加强他们的理论素养和基础能力（比如，书面表达和口头表达能力、法律信息资料的收集整理和分析能力、逻辑思维能力、法律外语能力等）为前提。我在与律师学院的几届学生接触中都发现过一些不良倾向，比如有些学生乐于追求一些华而不实的东西，不注重理论积淀，法律基础不扎实又缺乏严谨认真的学习态度。这可以举两个具体事例来说明。这几年，我常受托审查律师学院学生的硕士毕业论文或者开题报告，其中虽然还不曾出现诸如“导师高尚、师娘优美”之类的媚文，但整体质量确实堪忧。个别学生在论文写作上明显存在敷衍塞责、应付差事的现象，不仅欠缺理论思考，也缺乏书面表达的基本技能，经常见到逻辑混乱，错字连篇的论文。这反映出一些学生在学习态度、理论素养、基础能力和职业意识方面的欠缺，这对于他们未来的律师职业是非常不利的。另一件事也给我留下了比较深的印象。前几年，我指导的一名律师学院的学生课余到一家知名律所实习，由于其本科是英语专业，因此被安排去做英语法律文件的翻译工作。面对艰涩的英文法律术语和复杂拗口的国际交易合同文本，他倍感慌乱和无措，在无可奈何之中深夜向我求助。他遇到的困境固然是由于以前接受的通用外语训练一时还不足以胜任具有极强专业性的法律翻译，尚须在实践中长期磨炼，但假如其在校学习期间早做积累和储备，有意识地多研读一些外语法律资料，也许就能够减轻或避免这种临阵慌乱。故此，我常提醒学生在校期间沉下心思钻研学业，打牢基础，平常注重基本功的训练并养成勤于思考的习惯，否则很难适应未来激烈的法律市场竞争。这种基础能力的提升既非一蹴而就，也绝非手里攥着一堆资格证书就能证明的。

最后，再结合我本人的专业领域谈谈学院培养涉外法律人才的问题。随着全球化的深入，特别是中国在世界上扮演的角色日重，中国的法律服务业参与国际合作与竞争已成大势所趋，中国的法律服务人才走出去也是势所必然。从国际法律人才培养的角度看，作为中国最好的法学院，人民大学法学院也应该勇于承担起这一使命。为此，律师学院在教学设计上不妨考虑在现有的实务性课程中增设一些更偏重涉外和国际元素的课程，如国际资本市场实务、国际并购、“双反”业务、涉外争议解决、法律翻译等，并在教学辅导资料中增加国际法律文献的比重，必要时还可延揽英美法律界人士对在校学生进行全英语授课和实务指导。此外，增加与国外院校的校际交流，以及在法学院和律师学院内部开展更多英语模拟法庭活动也都是可行的途径。

总之，律师学院十年来取得的成就有目共睹，已经形成自己独特的优势和特点，已经成为中国律师教育中一块亮眼的品牌。作为参与者，我们有理由感到骄傲。同时，面对新时代国际、国内法律环境的变化和对于新一代法律职业群体的更高要求，我们也期待律师学院进行更多的探索和创造，为中国律师职业教育发挥更大的引领作用。为此，在砥砺前行的人大律师学院十年芳华之际，谨借此文馨香以祝之、愿之，真诚祝愿律师学院永远年轻，再创辉煌，我愿与你们同行。

# 乘风破浪会有时　直挂云帆济沧海

## ——贺中国人民大学律师学院十周年

茹　怡*

因为长兄的缘故，有幸接触到相声行当。令我印象最深刻的，就是徒弟登台前，必须到师父跟前听候师父教诲，师父会把怎么“使活”掰开了揉碎了叮嘱，说哪句词时眼神往哪看，哪个地方要留气口，哪个地方要加上手势等。一样的“活”，一模一样的词，师父使出来满堂彩，徒弟使出来观众不发笑的，也是常有事。经过几次磨炼，慢慢积累了自己登台的经验，渐渐也能获得观众的笑声了，这个“活”才算是会使了。所以贯口背得滚瓜烂熟只是基础，在台上能赢得观众的笑声和掌声才能算是过关。而从练好扎实的基本功到能够登台表演之间，最重要的一环，正是师父手把手地传、帮、带。师父倾囊相授的，是几代人传承的艺术精神和自己积累了一辈子的经验

* 中国人民大学律师学院法律硕士研究生实务导师，法学博士，历任国防大学政治学院副教授，西安仲裁委仲裁员，北京中银（西安）律师事务所合伙人，中央电视台社会与法频道《法律讲堂》主讲人，《律师来了》栏目主场律师，陕西电视台《帮忙有一套》栏目特邀嘉宾，内蒙古自治区呼和浩特市特聘法律专家，曾获中央电视台社会与法频道《法律讲堂》“最佳撰稿奖”，全国律师电视辩论大赛“最佳辩手奖”，出版著作《中国军婚法律制度研究》，发表学术论文数十篇。

教训，琢磨的窍道，这些是无论如何无法从书本中得来的。

其实在中华法系时期，我国在法律人才培养方面也有类似相声行当的学徒式教育，如清代州县的幕友培养。学生在20岁左右已具备基本的知识，找到幕师之后入幕学习，一面研读律例和有关幕务的书籍，一面学习办事也就是实习教育。

首先是研读律例和有关幕务的书籍，陈天锡举出《大清律例》、《刑案汇览》、《洗冤录》、《大清会典》及事例、《六部则例》、《六部处分则例》、《佐治药言》、《福惠全书》八种并曾说明如何读律以及为什么要读其他诸书的理由。缪全吉在其《清代幕府人事制度》一书中列举了学幕应读之书30种。

详细而言，《大清会典》及事例，虽然量大难读，幕徒仍应努力为之，所以陈天锡说“能泛览固为有益，否则亦应择要参看”。对于律例，据陈天锡说，第一，要“熟读目录”，但是清律分类并非完全合理，即使记得全部目录，仍不容易检索，所以汪辉祖说要将整部法典“全部贯熟”才行。第二，汪、陈二氏都强调要细读“名例律”一章。读了“名例律”之后，便读其他各律。因为刑、户二律须用较多所以应该先读，然后才及吏、礼、兵、工诸律。在读刑律之时需要研究条文之中“以、准、皆、各、其、及、即、若”八字，以及“但、同、俱、依、并、从”六个“律眼”和“从重论、累减、递减、听减、得减、罪同、同罪”七个名词，因为它们各有特定的意义，关系着罪刑轻重出入，十分重要。研读律例除了要对个别条文深入了解之外，据汪辉祖说还要“神明律意”，并且将许多条文的“同异之处融会贯通”。陈天锡申述其意提出两种方法：一是比较研究；二是深入探讨立法的基本原则。据他说，每条律例各有精蕴，解悟不易，一定要就其同异之处加以比较研究，才能融会贯通；而有关罪名之条，更是各有深奥的基本原则，一定要明其旨归，然后援引方能适当。例如通奸之罪，服制越亲则越重；盗窃之罪服制越亲则越轻。若不明此意，各依凡人处断，便失出失入了。这种原则很多，必须幕师详为幕徒讲解才行。

另外与地方政府刑钱事务有关的书籍，陈天锡提到《洗冤录》，说是幕友必读之书，“若非悉心考究，将至茫无倚傍，手足无措”。

其次是实习教育，先由幕师在署内案卷中调出已经办理完毕而比较特殊的命盗、奸拐、户婚、田土等案若干，交给幕徒披阅。据陈天锡说披阅数案，办案手续大约即可明了，然后就学习拟批讼案呈司、试核房科拟稿、起草通常文件、拟办上行文件、拟办命盗案件勘词。此一阶段约需三年，其间过程繁复，皆须幕师从旁指点其后即可应聘或转至上司衙门随其幕友再作进修。

新中国法律专门人才培养早已经建立起完善的教育体系，法学院是综合类院校必须设立的学院，还有许多法律专业的单列院校。法学教育主要是一种职业训练，其目的就是培养合格的律师和法官。因此在法学院学习期间，学生必须学会像律师和法官那样思考问题，认真研究案例。在大学接受专业的法学教育，掌握进入法律从业者所需的知识和能力，为进入法律职业创造了基本条件。法学院教给学生的是：最基本的法律知识、基础法学理论和法律技巧、法律职业特有的思维方式和分析、判断、解决问题的能力，教会学生能够像律师那样去思考问题和驾驭、运用法律资源的能力。通过这一阶段的学习，学生具备了作为一名法律从业者的学术要求。虽然各法学院的课程设置和考试与评分办法差异甚大，但学术规范是法学院学生的最基本要求。法学论文的撰写从题目到注释，从标点符号到字体都有严格的规范。

同时也不可否认的是，长期以来，课堂讲授一直是我国法学教育中的主要教学方法。案例教学被置于一种无足轻重的地位。教师依据教材和教学大纲编写讲义和授课。教师讲授的内容被认为是权威的和天经地义的，学生只能被动地接受和记忆。如果对老师的观点提出挑战，往往被认为是对老师的不敬，并难以在考试中取得好的成绩。课堂讲授的好处是，学生通过课堂学习，可以全面、系统地掌握该课程的基本概念、原则和知识。不足之处是，学生只是被动地接受前人的经验和知识，而缺乏独立的思考。可以说，中国的法学教育是忽视案例教学的。有学者直言：中国大学的法学教育被当作真理来传授，而不是激发怀疑和批判精神的一种方法。教授的任务是灌输，而不是鼓励学生怀疑现成的理论、探究理论的背景。

这样培养出来的学生，甫一毕业，立刻被社会认知为法律专业人才，但实际上，学生几乎没有应对实际案件的经验，往往难以达到用人单位的预期，学生自我也生出深深的挫败感。

有些学生非常优秀，踏出校门，进入社会，立刻如鱼得水，很快闯出一番天地，成就一番事业。但大部分学生离开学校这种被动学习的氛围，离开追着要作业要成绩的老师，通常会碰很多次壁，栽几次跟头，经历漫长的时间，才能逐渐认识社会，适应社会。其中不乏一些学习用功、成绩优秀的孩子，有些甚至是在校园已经通过了法律职业资格考试以及各种资格考试的“考证达人”。听到孩子诉说职场的委屈，每每令我心疼；有的孩子未能有足够的风险意识，陷入困局；还有个别孩子为金钱诱惑误入歧途，令人痛心。我不禁常想，我们对律师的教育，恰恰缺少了一个师父带徒弟的过程，如果有师父精确指导和“传、帮、带”的一环，也许学生们可以少走很多弯路，可以尽早地进入良性循环。

交流中得知，和我有一样想法的同行还有很多，大家都愿意为年轻的律师们做一些事情，很多人也都凭一己之力尽力在帮助年轻人，可是不成体系，无法发挥最大效能。直到遇到了尊敬的刘瑞起院长，有幸加入了中国人民大学律师学院，可算是找到了组织。

中国人民大学为落实国家法律人才发展战略，创立中国律师专业化教育体系，于 2010 年 4 月，成立了中国人民大学律师学院，是中国第一所由部属重点高校组建的律师学院。

转眼已十年。十年来，人大律师学院汲取及其他发达国家律师学院的先进经验，结合中国法律人才培养的实际情况，打通从学校到社会的路径，帮助学生完成从学生到律师的转变，精确实现了法律职业精神和法律职业技能的“传、帮、带”，向社会输送了一批又一批优秀的青年律师，推动了中国法治进步。

人大律师学院注重开设法律技术训练课程。如口头论说技术、询问技术、调解与协商的技巧、辩护的技术，这些技术的传授都是以小组为单位，达到师生之间的即时的和大量的相互交流。

郎得尔曾指出：“如果你阅读了大量的案例，特别是判决正确的判例，真理就出现在你的面前。”人大律师学院注重案例式教学，学生通过案例教学发展了解决法律问题的分析能力。如果学生掌握了如何进行法律分析，那么即使不能记忆全部法律条文，也一样能够运用法律推理能力理解他所不熟悉的法律。这将使律师能够迎接不断面临着的新的挑战。

人大律师学院的课堂非常活跃，教师教学方式灵活多样，注意调动学生参与教学互动。教师们通常或刻意以发问和启发学生思考，共同寻找问题答案来实现与学生间的互动。

我想，人大律师学院之所以能够成功，大约得益于其先进的教学理念和一以贯之的法律精神。

首先，人大律师学院注重启发式教学。和传统的“满堂灌”“注入式”教学法相比，人大律师学院的法律教育更注重把知识传播和能力培养有机地结合起来，注重培养学生的分析能力与批判精神。在授课过程中，时刻结合案例供学生思考，启发学生始终保持积极的思维状态，使学生开动脑筋，认真思考，获得答案。阿尔伯塔大学前校长马克斯曾讲过：“作为学习法律的学生，你们必须准备好研究一些法律中所包含的深刻思想，在法律文件中确实存在着大量的深刻思想。你必须做好准备，用批判的眼光去审视当今法律的目的和范围，并且判定该目的和适用范围是否仍然和我们现今的社会道德相一致。的确，作为学习法律的学生，你必须做好准备，对老师们所说的话提出质疑，对他们所说的话永远力求甚解，还要努力证实。如果你只是满足于反刍老师所教，那么，你肯定只会变成个法律操作者，而不会成为法学家。”这是对人大律师学院启发式教学最好的注解。

其次，人大律师学院注重参与式教学。律师是实践性、应用性都非常强的专业，要求理论与实践的结合、统一。在人大律师学院，学生置身于具体的实践活动中，因而学生的参与意识强，主动性和积极性都得到了极大的发挥。这种方法不仅向学生阐明了法学的基本理论和基本原理，而且提高了学生在实践中运用所学知识解决具体实际问题的能力。与传统的学生被动接受教师的“填鸭式”灌输相比较，学生的参与意识大大增强，教学效果十分理想。

最后，人大律师学院注重民主式教学。教师的主导地位和学生的主体地位，二者在教学活动过程中地位是平等的，教师可以就案例阐明自己的观点，学生也可以就案例发表自己的意见。“记忆只是一种简单枯燥的机械劳动，而只有思考才能发挥人的潜能，从而推进学术的进步和发展。”在讨论课这种模式的案例教学中，学生和学生之间、学生和老师之间均可自由讨论、辩论，双方都可以充分陈述自己的观点和理由。这样，各种观点、理由及其论据得到充分表述，使大家对相应问题认识越来越清晰、理解越来越深刻，从而加强对法律规范和法律条文的理解和对案件的把控能力。

十年坚守，人大律师学院培养了大批法律人才，在立法和司法方面都取得相当的成绩，对推动中国法治进步做出了巨大的贡献。十年弹指一瞬间，下一个十年，下一个百年，人大律师学院作为中国法律专门人才培养的摇篮，一定会继续践行使命，做好中国律师培养的开拓者和守望者。

乘风破浪会有时，直挂云帆济沧海。

# 发挥律师学院科研实践平台作用<br>推动艺术品法学研究和人才培养

云大慧 *

值此中国人民大学律师学院建院十周年之际，作为人民大学法学院毕业的一名学生、执业律师、律师学院的法律硕士研究生实务导师，谨以此文送上我最衷心的祝贺和诚挚的祝福！

## 一、与律师学院结缘于艺术法

2017 年夏天一个下着瓢泼大雨的下午，我赶去人民大学明德法学楼参加律师学院组织的关于艺术品金融化时代的投资收藏风险论坛。论坛上听到了刘瑞起院长、龙翼飞教授、余润德教授、西沐教授的精彩发言，对我有很大启发。这一次的经历就像那天不期而遇的大雨，浇开了我埋藏在

---

* 中国人民大学律师学院法律硕士研究生实务导师，浩天信和律师事务所合伙人、财富规划团队负责人，首都师范大学校外实务导师，中国商业法学会、中国法制文化研究会理事，中国艺术经济研究院研究员，北京文化娱乐法学会艺术品投资与收藏研究会主任。CPB 认证私人银行家讲师，荣获《商法》家族财富管理卓越大奖和 100 位中国业务优秀律师奖，汤森路透 ALB 客户首选律师奖，出版《艺术品投资法律风险防范》《财富管理与传承》《家族财富管理与传承法律实务》等书。

内心深处已经萌芽的关于艺术法探究梦想的种子，也是我与律师学院最美丽的结缘。

2018 年律师学院举办了首届艺术品投资收藏与法律风险高级研修班，这是我看到的艺术品与法律结合最早最专业最高端的课程。这次课程体系的设置架构和内容，让我对艺术品投资法律问题的思考更加完整。

就在这一年的秋季，我收到了律师学院的邀请，荣幸地成为律师学院的实务导师，开启了我律师执业生涯外的教学工作，也圆了我儿时的志愿，成为一名光荣的人民教师，尽管只是兼职。

2019 年律师学院与中央美术学院举办了艺术法国际论坛。我有幸代表律师学院在大会上做了“艺术品传承中的法律问题探讨”主题发言。有机会代表律师学院，不仅是一份荣誉，更是一份深深的归属感，在我和律师学院之间形成了紧密的学术交流与情感纽带。

## 二、对艺术品与财富管理案例研究的尝试与探索分享

我是 1997 年开始从事律师工作的，主要业务聚焦在金融、投融资、公司法律实务及商事争议解决领域。随着近几年财富管理与传承及艺术财富管理市场需求的不断升温，从 2014 年开始我专注于财富管理与传承及艺术财富管理领域。在浩天信和律师事务所的大力支持下，我牵头建立了浩律财富规划团队。浩律财富自成立以来，十分重视该领域的积累和研究，作为一线实务团队，把案例研究作为研究的主要部分，几年来在该领域做了一些有益的尝试和探索。

### （一）浩律财富实践和研究体系建立的背景

我国改革开放 40 多年来，经济突飞猛进，社会财富、个人和家庭财富急剧增长，财富的种类也丰富多元，分布的地域空间也越来越广阔。财富的增长带来了财富管理的客观需求，财富的保值增值、财富的传承、家族的兴旺发达、家族企业的百年永续也成为越来越多人思

考和关注的问题。

浩律财富在服务客户实践中，在与同行、其他机构交流过程中，发现存在许多误解和认识上的模糊，而作为专业机构，我们不仅需要为客户提供更好的服务，同时也需要为行业的发展和自身的提升做一些总结性、探索性的工作。团队成员中有经验丰富的各领域的资深律师，也有专家顾问，有良好教育背景、海外留学归来的青年才俊，有已经搭建完成的全球合作伙伴支持，团队成员具备一定教学科研条件，便将家族财富管理与传承的实践案例研究作为团队业务发展的一项内容。

### （二）浩律财富实践和研究的基本理念和方法

浩律财富实践和研究主要解决的问题是对现有的案例总结梳理，从个性案例中梳理出一些典型性问题的解决方案；通过域外相关案例的收集、整理、对比研究，提炼其中可以学习借鉴的部分；对目前国内尚未有先例的典型个案，尝试设计研究突破性方案；对尚不完善的领域通过案例研究推动相关专业研究和立法调研，进一步促进和推动实务的纵深和广阔发展，同时也为该领域的教学科研方面提供案例研究的素材。

#### 1. 归纳总结研究

归纳总结是浩律财富案例研究的基础性工作。我们将实践中遇到、听到、看到的案例收集整理。每一个案例有着各自不同的特点和个性，但每个个性背后都有法律上的共性。我们在采用法律的逻辑和方便读者全面了解的思维模式做出梳理方面做了一些探索。例如，2018年团队就艺术品的法律属性和交易过程中的法律风险做出总结和研究，出版了《艺术品投资法律风险防范》，包含了艺术品概念范畴及从法律规制和风险揭示角度对艺术品投资各个环节做出解释、梳理，涵盖了艺术品的法律属性，涉及了物权、知识产权、继承、信托、基金、担保、保险、评估、拍卖、国际私法、合同法、税法和行政管理等诸多方面的法律制度和司法实践。2019年团队把家族财富管理与传承的法律问题做出归纳总结和研究，出版了《家族财富管理与传承法律实务》，从家族财富管理、家族财富传承、家族企业管理、家族治理四个方面，就家族财富管理中现金资产管理、不动产投资管理、对外股权投资管理、家族企业知识产权规划管理、海外投资管理和税务筹划，就家族财富传承篇中对三大传承工具家族信托法律制度、大额保单投资和遗嘱在家族财富传承运用，就家族企业股权规划、家族企业治理、家族企业的传承、家族企业财富刑事法律风险防范，就家族治理从家族治理结构、家族宪章、婚姻缔结、子嗣培养、长者养老方面分别进行了论述。这两本书已经被部分高等院校作为教学研究的教材使用。另外，在日常工作中，就个别领域问题做出单项整理研究，或以文章的方式，或以教学的方式做了尝试。

2. 借鉴比较研究

浩律财富充分利用团队成员海外教育、工作背景和语言优势，对全球华人主要生活工作的国家和地区涉及资产配置、投资、教育、移民、置业等的相关法律制度和实例做了基础性的研究，与中国法律和实践做出比较，明晰其差异。比如，详细研究了美国信托的多个案例，写出有关美国信托的系列文章，梳理出两者之间法律制度差异、基本概念差异、操作方法差异；比较美国、我国香港地区、我国内地保险的差异，梳理出美国人寿保险在财富传承中的作用；详细了解澳洲相关法律制度，做出 2020 年澳大利亚投资移民变政可能性专业分析和澳洲投资移民政策的解读；就 2019 年下半年客户关注的焦点，我们研究并整理推出系列新加坡上市和资产配置文章；团队与战略合作伙伴探讨研究，梳理和借鉴了 PTC（私人信托公司）在家族财富管理中的安排及开曼经济实质法案的相关问题；收集整理美国和欧洲一些国家关于艺术品信托的案例，为国内艺术品信托实例突破做研究性准备。

3. 案例突破尝试

在中国的财富管理与传承中，信托这项重要的工具是非常局限的。无论是观念还是实践，信托多为信托公司推出的信托投资计划产品，是一种持牌机构的理财产品。2018 年 9 月 12 日银保监会信托部下发《关于加强规范资产管理业务过渡期内信托监管工作的通知》（以下简称 37 号文）首次界定了家族信托的概念，但在实务中依然因相关配套法律制度的不完善很难真正推动。在现有的法律环境下，浩律财富基于以上研究，开始尝试在实践中对部分条件成熟的项目做突破性推动。例如，2019 年浩律财富团队推动一项将不动产装入公司资产，公司股权为信托财产的家族信托；设计完成一项用艺术品做信托财产，信托受益用于子女教育和公益慈善的艺术品信托和慈善信托双架构模式。

4. 参与相关法律制度的推动

作为家族财富管理重要工具之一的家族信托，在中国起步较晚。虽然2001年10月1日《信托法》就实施了，但实践中真正形成的信托法律关系还凤毛麟角。回归信托本源成为行业的呼声。由于现行法律法规欠完备，制约和影响了中国信托业的发展，也限制了家族财富管理与传承，限制了文化产业的永续经营、艺术品的传承。家族信托对信托法等金融法律制度和艺术文化法律制度所带来的一系列挑战，正在呼唤和推动相关法律制度的进一步健全和完善。浩律财富积极参与中国银行业协会和信托业协会关于信托立法研究课题的研究，负责艺术品信托课题和参与股权信托课题；参与中央财经大学关于艺术法国家社科课题的研究，负责非物质文化遗产开发利用法律制度比较研究。

### （三）浩律财富实践和研究的运营体系

目前浩律财富实践和研究的运营体系分为横纵两个方向。横向上，借助我们全球战略合作伙伴的案例支持，对不同专业机构、团队在工作实践中的实务信息、业务进展进行分析归纳、追踪研究、梳理总结；纵向上，对收集整理的典型案例，依据家族财富管理与传承的内在逻辑结构和分类，从专业上进行分析与研究。团队组成架构清晰、职责明确、相互配合，研究结果定期通过固定和不固定载体发布。

1. 横向体系

浩律财富在浩天信和律师事务所及全国 20 余家分支机构范围内建立了财富规划与税务筹划专业委员会，以及该领域的常态化研究机制；同时与中国境内战略专家、私人银行、第三方理财机构、信托公司、保险公司、家族办公室、移民留学机构、公证机关等建立了战略合作，在美国、加拿大等北美国家，英国、法国、西班牙、希腊等欧洲国家，澳大利亚、新西兰等澳洲国家，新加坡、马来西亚、阿联酋等亚洲国家以及我国香港、澳门、台湾等地区完成了金融机构、保险机构、律师、会计师、家族办公室、投资银行、第三方服务机构的战略合作布局，实现了信息互通、共享，项目和研究领域的互相协助，以及定期和不定期互访交流和研讨机制。

2. 纵向体系

浩律财富团队和专业委员会就财富规划涉及的专业分为投资金融、公司股权与公司治理、信托与保险、文化产业与知识产权、家事与遗嘱、税务筹划、海外资产配置、信托与移民、公益与慈善九大板块。各板块由专业人员组成团队，由专人牵头负责。各板块形成专业分工明确的研究方向，包括日常常态化沟通、交流和每月定期集中交流的方式。对于交叉专业的，由总负责人协调安排。浩律财富所在的浩天信和律师事务所及 20 余家分支机构作为全国大型综合商事律师事务所，在各专业领域给予强有力的后盾支持。

3. 团队组成架构和研究成果承载

浩律财富团队由全国各地办公室及常驻美国、澳大利亚、我国香港的 40 余位律师、外部顾问、教学科研兼职人员组成；财富规划与税务筹划专业委员会由浩天信和各地办公室专注或关注财富规划和税务筹划的各领域专业律师组成；浩律财富团队和财富规划与税务筹划专业委员会都是浩天信和律师事务所内部专业团队和研究机构。团队成员有经验丰富的资深律师和调查研究能力强的年轻律师、教学科研人员。在团队负责人牵头领导下，各小组分工协作，统筹运行。

浩律财富案例实践研究的初步成果通过公众号“浩律财富”日常发布；其中部分由其他媒体和刊物发布；有些专业课题以研讨、教学的方式交流分享；条件成熟的，以专项研究报告的方式发布，以及分类成书出版发行。

经过团队成员的共同努力，浩律财富的“家族财富管理”业务领域多次荣膺 2019 年《商法》卓越律所大奖以及 ALB 2020 年度财富管理律师事务所大奖提名，我本人也荣获 2019 年 ALB 年度客户首选律师、入选《商法》2019 年度中国市场“The A-List 法律精英”榜单。经过几年的探索和实践，浩律财富团队在家族财务管理领域取得了一定成绩，积累了一些有益的经验。

## 三、对律师学院开展艺术法相关课程的建议

### （一）将艺术品市场、财富管理的专业法律人才培养作为律师学院创新学科，给予高度重视

随着近40年中国经济的高速发展和财富不断增长积累，在人们的财富形态中艺术品越来越被关注，越来越多人在资产配置中加入了艺术品。一些知名艺术家也随着年龄的增长和艺术造诣的提升，创作的艺术品的价值也不断攀升，艺术品资产也成为艺术家家庭资产中最主要的构成。随着艺术创作的繁荣，带动了艺术品市场的活跃，艺术品交易也越来越活跃。《2019艺术市场报告》显示，2018年全球拍卖成交金额共524.1亿元人民币，中国占比29%，在全球三大市场中位居第二。同时，伴随着创作和交易的活跃，艺术品权属和艺术品交易纠纷也呈上升趋势。因艺术品特有的价值属性，艺术品金融一直被不懈探索和实践。

市场是法律服务的风向标。随着艺术市场的活跃，催生着艺术品相关的法律服务。而专业的艺术品法律服务人才却十分稀少。包括艺术交易、艺术经纪、艺术金融等各个专业机构。作为法律服务的主力军律师行业，也鲜有艺术品相关的法律服务。这无不和艺术法专业法律服务人才的稀缺有着一定的关系。所以，培养一定的艺术法专业方向的法律人才可以满足市场的需要。

### （二）增设艺术法学、财富管理专业学科

基于上述情况，一些包括中央美术学院和全国各地艺术院校、高等院校及社会办学机构都有强烈开展艺术法学科教学的需求，缺少的是专门的教学科研资源。而目前各法学院校法学学科与艺术学科不交融，这是上述矛盾得以解决的基础问题。

艺术法是按照行业领域划分的应用学科分类，从法学专业看，涉及物权法、知识产权法、合同法、金融法、行政法等多个基础法学学科。目前在各专门法律院校和综合院校的法学专业，几乎还没有相应的学科设置。在法学教学研究中，也鲜有专业人员进行专门研究。而人民大学法学院和律师学院是为数不多的具有教学经验和专业教学研究师资的院校。如果律师学院开设艺术法学科，不但可以培养相关稀缺的复合型法律专业人才，同时也可以开展教学输出和合作项目。

### （三）基础理论与案例教学相结合，以培养复合型实务人才作为办学目标

人民大学法学院是全国法学专业的领军院校，拥有雄厚的教学、科研资源，涵盖了全部法学基础学科，相关艺术法专业的领先研究为律师学院设立艺术法奠定了最坚实的法学学科基础。

律师学院以培养应用复合型人才为特点，建院来为法律实务领域特别是律师事务所培养和输送了大量高素质的应用型人才。律师学院引入一批实务界经验丰富的校外老师，在教学中引入了大量的案例教学，丰富了教学内容，促使理论与实践相结合。同时，校外老师特别是来自艺术品相关机构和有艺术法专业的律师事务所的，可以为学生提供实践的机会。通过校内校外的互动，推动教学与实践的有机融合，让艺术法教学实践逐步提高和完善，弥补教学和实践中的缺失。

## 四、与学生共同成长

成为律师学院一名校外老师后，我有机会走上讲台，将自己律师生涯中的工作积累、经验、教训甚至是人生感悟与同学们分享。回忆起自己在求学的路上，许多老师的教导、对待、言谈举止甚至是一句话都对我一生产生过至关重要的影响。例如我读高中的时候，历史老师曾经说过一句话，说学法律的人没有读过《法国民法典》就不算学过法律。后来大学选择了

法律专业，因为历史老师这句话，我从学校图书馆借来《法国民法典》，生怕自己不算学过法律。大学期间及工作后，我在民法学上下了很大功夫，为我一生的工作打下了坚实的专业基础。一生中遇到许多恩师，他们对我影响深远，同时他们的榜样力量让我愿意学习，成为和他们一样的人。当我站在讲台上，内心有着神圣的感觉，同时也有一份深深的责任感。

除了站在讲台上，我还参与了毕业生论文评审和论文答辩，看到律师学院学生的论文题材丰富、涉猎领域广泛、思维活跃、文字严谨，于我也是一次很好的学习机会。

另外，我也是律师学院两名同学的指导老师，与她们有着更密切的沟通和交流。其中我们团队有两名律师学院的毕业生，使我深刻体会到律师学院毕业生的高素质和高能力。在工作中，同学们进步和成长的速度很快，经过几年，他们都已成为合格优秀的律师，受到客户、律所、团队的认同和好评。在 2020 年新冠肺炎疫情中，两名律师学院的学生和我一起参加了韩红爱心公益基金会海外医疗物资采购风控公益项目，在这次公益活动中，我和两位同学收获的不仅仅是专业的学习和精进，更是一次生命的成长。

感谢律师学院给我成为一名实务导师的机会，在这一过程中，我在专业上不断提升，也敦促我不断学习和提高。同时，在校内外其他老师和年轻学生身上有许多值得学习的地方，让我有机会和学生共同成长！

# 独辟蹊径的国际化

## ——律师学院与蒙古国国立大学法学院交往札记

毕力格图 *

十年星火璀璨、十载风雨春归，律院矢志不忘的是“立学为民、治学报国”的办学宗旨，律院永恒铭记的是“始终奋进在时代前列”的责任担当，律院的大事，永远同国之命脉、人民甘苦荣辱与共。时值我国高校首家律师学院的十载华诞，同时也是《律师暂行条例》颁布 40 周年、法学院建院 70 周年。我曾有幸，参与律院与蒙古国国立大学法学院之间的合作，生逢盛世，自愿昂头北望，以粗浅的笔墨回忆并记录这段友好交往。

在 2015 年年底，我当时是王轶老师的博士生。律师学院黄河老师找到我，黄老师说是经外事办和教务科查询才找到我，因为我是蒙古族，懂蒙语，比较适合协助律师学院与蒙古国开展国际化的学术交流，问我有没有时间和兴趣参加。我开始以为仅是和蒙古国学术交流的翻译和教务工作，后来多次和律师学院刘瑞起院长长谈和交流，我才发现我的理解过于单薄了。原来与蒙古国开展交流，律师学院

---

* 中国人民大学法学院法学博士，内蒙古工业大学人文学院法律系教师，2012—2015 年任中蒙法律服务研究中心主管。

是有细致成熟、务实可行的设想，并有许多创设性理念的。我了解以后非常兴奋，觉得非常具有全力投入的价值。我的感悟有以下几点。

**其一是逆向思维。**蒙古国地处亚洲腹心，与我国山水相连，蒙古国国土面积为156.65万平方公里，是仅次于哈萨克斯坦的世界第二大内陆国家。人口约300万人，其中蒙古国国立大学是蒙古国辖境内唯一的综合性高校。

在我国，如北京、上海等高校的“国际化”较为普遍，以欧美日韩等国家居多，经调研，在我国的近邻蒙古国却未设有专业的机构与人员深入研究。既然这方面有极大的空缺，律师学院则可以己之长补其之短。

**其二是战略价值。**从地缘和人文来看，从日出到日落，两国接壤4700多公里，历史与文化交融源远流长、密不可分，具有不可忽视的战略价值。如缺乏充分的交流互通，对彼此又缺失深入的研究，两国有形成素昧而陌路格局的尴尬[①]。

**其三是便利与优势互补。**开展中蒙法律实务合作，双方既有便利又可优势互补。中蒙两国近在咫尺，从北京乘机至乌兰巴托仅需两个多小时，当日即可往返，北京至内蒙古二连浩特边境口岸仅700余公里，十分便利[②]。我国有几十年的改革开放经验可供蒙方研究借鉴，蒙古国虽然基础设施和经济发展相对受限，但其中坚阶层具有较高水平，大多具备欧美发达国家的留学与研究经历。随着两国经贸往来日益发展，急需两国法律、实务的研究与交流和建立对应的机制。而对中国的律师和律师事务所来讲，中蒙两国的跨国法律实务是一片

---

① 不出所料，与蒙古国国立大学法学院、蒙古国国家法学研究院、蒙古国法律执业协会等各领导和教授等交流得知，在政府、财团的授意与支持下，日本、韩国的大学与机构早在1999年至2003年，就已在蒙古国国立大学设立专门的研究机构，每年选拔优秀本科生、硕士生，全资支持其赴日、韩高校深造，攻读硕士、博士等学位，培养跨国、跨文化人才。资助蒙方学者、教授等专题研究者和相关机构，常年频繁及深入地开展各项学术研究和交流活动。蒙方对我国的法治环境、法制建设、文化习俗等反而非常陌生。

② 借参加“中蒙俄跨境经贸合作可持续发展国际学术研讨会”之机，我与律师学院刘院长、黄老师考察了二连浩特口岸（对应蒙古国扎门乌德口岸）自贸区，观两国边境人员过往及贸易繁荣，穿梭于边境的“嘎斯”“长车”如过江之鲫、络绎不绝。

“蓝海”①。

**其四是定位妥当。**每当谈及中蒙合作，大家很可能会因民族关系复杂等原因产生忧虑。律师学院与蒙方交流的原则与出发点，是彼此尊重、不带偏见、诚恳务实地与高层次的蒙方机构开展对双方都有需求和空间的项目。比如，律师学院举办的中蒙两国建交以来“首届环境资源法制论坛”，建立“中蒙（蒙中）法律服务研究中心”②等。

如拟开展的项目确有重要价值，能得到蒙古国权威机构和高层直接的支持与关注，是通达便利、方便可行的。

以上是我对律师学院与蒙古国开展交流合作基本理念的一点感受，我认为这是深刻具有务实和创设性的，自2015年及其后长达4年的时间，我看到律师学院对蒙古国的历史、国情和人文等有了颇多学习和研究③。我参与了律师学院与蒙方各机构的历次学术交流。律师学院和蒙古国高校、律师职业协会、国家法学研究院等交流往来频繁不断，其间受律师学院指派，即便是在迎来送往和翻译等的平常工作中，我也从中受益颇深。这几年，我也成为律师学院的在编教师之一，与律师学院结下了深厚的情谊，成为伴我终生的宝贵财务和经历。

向北望，天高地迥、风云激荡；蒙汉情，肝胆相照、山高水长。回顾律师学院国际化的独辟蹊径，与蒙古国开展合作交流有：

——2016年5月21日，我院主办“首届中蒙环境资源法制建设论坛”，历时一天，筹备两月，这是中蒙之间第一次环境资源法制建设交流；来自中蒙双方30多位领导、专家学者济济一堂，从环境法制建设到蒙古国环境保护法，中蒙高校合作蓝图笔笔绘就。

---

① 经调研，乌兰巴托仅有一家中国律师事务所，且业务时断时续。据了解，中国律师与律师事务所在蒙建立律所有一套成熟可行的模式。

② 律师学院与蒙古国国立大学法学院在双方校内建立“中蒙（蒙中）法律服务研究中心”，开展两国法律咨询、法律检索、法律服务、两国法律翻译与研究、培养跨国法律人才和教师交流、学术研究等各项工作。

③ 在律师学院刘瑞起院长的办公室书架上，有《蒙古八部》《蒙古国史》《蒙古秘史》《蒙古语》等很多历史人文方面的书籍。听闻刘院长和黄老师都很想去蒙古国学习蒙古史、蒙古语和新蒙古语……这让我非常惊讶。

——2017 年，律师学院首次开展对蒙古国国立大学的团组访问，院代表团成功地向蒙古国国立大学介绍了人民大学律师学院，扩大了人民大学律师学院在蒙古国的影响，为今后的密切合作交流埋下了一颗鲜活的种子。

——2017 年 6 月 28 日至 7 月 2 日，法学院时延安副院长、律师学院刘瑞起执行院长一行六人受蒙古国国立大学之邀赴乌兰巴托市出席“中蒙律师教育国际化及经贸法律服务研究”研讨会。从中蒙法律研究机构的尝试建立到中蒙法律检索机构的设立，再到法律硕士律师方向研究生赴蒙攻读博士学位等问题，务实合作逐渐深化。

——2017 年 11 月 18 日至 21 日，应蒙古国国立教育大学 DASHDORJ MANDAKH 校长邀请，刘瑞起院长等四人在蒙古国乌兰巴托市，分别与蒙古国高等院校、法律研究机构、律师行业组织和我国派驻蒙方等机构，就两国经贸交流中的跨国法律服务合作和共同培养两国律师人才等问题进行了充分的研讨和交流，合作方向逐渐拓宽。

——2018 年 1 月 4 日上午，中国人民大学律师学院院长刘瑞起等六人在中国人民大学，会见了蒙古国国立大学法院院长吉·额尔德尼布拉刚教授，蒙古国国立大学法学院公法系主任德·巴雅尔赛罕教授，蒙古国国立大学法学院实践教学中心主任哲·额尔和斯呼兰教授。双方就中国人民大学律师学院与蒙古国国立大学法学院之间建立“中蒙（蒙中）法律服务研究中心”等问题进行了交流与协商，并于 2018 年 9 月 7 日正式签订合作协议，标志着两院合作的正式开展。

——2019 年 6 月 14—15 日，第六届“亚洲法学院院长论坛”在蒙古国国立大学法学院举办，来自中国、蒙古国、日本、韩国、印度等国家或地区的 20 余所法学院校齐集一堂。两院共同主办、共同谋划，至此，两院通力合作迈向新高峰。

在我看来，律师学院国际化的设计和规划是成功的，具有良好的、可持续性的发展前景。

继往开来，初心不忘；不问西东，再续华章。

“江山北望，蒙汉情长”，在新的历史交汇点上，律师学院与蒙古国国立大学法学院将继续推动务实合作，常态化开展硕博培养、法律实务、律师交换、法律援助案等诸多方面的交流协商，拓宽我院向北方、亚洲地区投射影响力的宏观视野和国际格局，继续服务于华北地区边境贸易、“一带一路”的各类项目，并肩携手、开拓进取。

沐浴着母校八十余载的辉煌成就和律师学院十载的百业俱兴，我想用生花妙笔描述这一灿烂光辉的实践进程，可惜没有“家学渊源”的资本；我想用绕梁不绝的歌喉颂扬这十年的开阔画卷，可惜没有“人文素质”的积淀；我想用金句银句对我平凡朴实的工作予以描绘，可惜缺乏“宗师大家”的气度，但作为一个深受母校馈赠的学子，律师学院一点一滴历历在目，一草一花牵动我心，就以寥寥几笔，述说母校培育的一位学子的真心实意！

# 现实与理想之间

## ——人大律师学院专业教育之感受

刘继萍*

人的一生中，那些没有刻意、没有雕琢的机缘巧合之事，反而会给生活带来更多的影响、给思考带来更多的契机。

与人大律师学院相识于她初建之时，也正值在人大法学院博士后流动站工作期间。因博士后之前攻读的一直都是教育学专业，且其间做过几年的法律实务工作，几种经历的结合，使我在万分惊讶中成为律师学院领导的“约谈”对象。于是，不是学生、不是教师亦不是管理者，但却参与了学院课程设置及教学实施等问题的讨论，开启了律师学院编外人员的履历。尽管，时至今日一直“身份不明”，但却有幸结识了刘瑞起院长、黄河老师，以及吴江水律师、权睿学律师等一批律师学院的优秀实务导师，共事及探讨过程中，被他们法律人的责任担当、远见卓识，以及扎实的专业知识、丰富的实践经验吸引着、震撼着，同时，也促使着我对一些问题的不断深入探究和思考。

---

* 中国人民大学法学院博士后，北京联合大学教师，2012—2014 年任中国人民大学律师学院《中国律师教育研究报告》项目助理。

## 定位：合格还是卓越？

每个从事教育的人，内心深处都有一束极致的光亮，它充分调动着个人的想象力和期待，无视各种物质条件、不问当下付出、跳脱出身份和地位，与官员无涉、与艰辛无关，进行着完美的、纯粹的目标的预设。在讨论律师学院课程体系及教学模式之时，我总是无意中从当下的问题延伸到最理想的毕业生的描绘上，总能感受到学院管理者和教师藏在心底的那份理想的光亮，深深被那份期盼、真挚和投入所感染。

在我们充分的想象中，人大律师学院培养出的律师应是具有全面法律知识、超群执业能力、丰富文化涵养、高尚职业道德、健康身体和心理，完美的人际沟通和事务协调等能力的人，这种理想的人才在设想中不仅是立体的而且是丰满的。那么，回归现实，律师教育专业培养目标应如何定位，才能真正地实现内心的理想？理想和现实间应如何平衡，才不致过分虚无或是过分萎缩，这是专业建设中首先要解决的问题。

往往，在培养目标的设计上，内心满怀期待和理想的设计者们，更容易把“优秀的”“卓越的”定位为基础的、可见的。可问题是，通过 2—3 年的职前教育，能否在解决了入门要求的基础知识、基本技能、获得基本经验和专业思维方式的前提下，又能有充分实现优秀和卓越的能力及经历？这值得思考。能将理想的规划回归落地到现实基础上，不虚不浮，不落入“理想很丰满，现实很骨感”的套路，表现出的是踏实、真诚的教育风格，更是思考的深度和脚踏实地的责任担当。

在人大律师学院，学生毕业不以卓越为标准，但以卓越为职业发展的目标，一切从基础知识、基本技能、活动经验和基本法律思想开始。这里的学生，一年级便开始尝试律所见习、配备一线律师为导师；这里的课程，既有高校学者的讲授，更有一线律师和法官的讲解；这里的收获，既有理论的滋养，更有系统的实践问题解决的训练。设计者们不仅有内心的理想，知晓理想的实现要基于现实的起点和夯实的基础，更难得的是不求虚名、不图简单，针对法律实践需求、立足基础执业能力的获得。

## 指向：技能还是学术？

对律师职业的认识决定着律师教育内容的选择、资源的配备、教学模式的运用及评价方式的采用等。但在人们的一般性观念中，职业教育就是技能教育，律师教育就是进行职业技能的训练。这和很多职业的职前教育一样，人们首先想到的是训练技能，往往也终于技能的娴熟或是技术向艺术的转变。那么，是否职业教育就更偏向技能而对其他非技能的理论类和人文类的科目没有需求了呢？

在人大律师学院的课程建设上，我听到过很多有益的观点，特别受到吴江水律师的启发。他说，很多“没用”的课程反而能开拓学生的视野、激发他们的潜质、夯实做人的根本。丰富的经历、真实的才学、真诚的向善，让这位极具悲悯情怀的专家型律师基于对律师职业的认识提出了很多独特的课程设计见解。尽管，现实的体制、要求和条件一定程度上影响着我们期望的实现速度。

“律师”作为一份职业，在市场竞争中，依靠业务能力、业务渠道等资源而谋生，其不以理论知识的拓展和传播为首任这是当然的，相对于其他职业的人群，律师职业应更关心知识的应用性和技能的水平性，首先外显的是“技”，这并不是问题。问题在于，人们对律师职业技能性的认知，“技”的背后一定是“道”。有时我们会以“匠”来形容技术的熟练，其实，低端熟练的“技”可能还没有资格称为“匠”。真正的“匠”，一定是具有进行理性规划设计、高超技能、有效执行、反思认知等优异品质的，“独具匠心”的背后也一定是“道”。对于“道”，首先要清楚它的存在，其次要匡正它的方向。当把职业教育只看成是技能的训练及熟稔，那将是职业教育式微的开始。或许，有人会提出，这个现象永远不会出现，因为环顾当前的职业教育或是大学教育，都会有思想品德修养或与专业相关的职业道德的课程。但仅仅是职业道德教育的课程能否撑起“道”之认可与获得，值得思考。

法科学生在课堂上接触的更多是法律知识系统、法律条文及解释，对于社会科学其他领域的知识接触较少，也必定不利于职业发展。作为以辩论为基本特点的职业、作为无时不面对人的不完美和社会的不完美的职业，或许我们要有更多相关人性、思维、语言艺术等的教育内容来支撑“技”与“道”的获得。

无论是何种职业教育，如果仅将目光锁定在当下有用的“技”而无涵养精神和心灵的“道”，即使有光芒，也定如萤光般微弱、如昙花般落寞。因为，能深度思考的律师，不仅要知道法律是什么还要知道为什么；能可持续发展的律师，更需要理论知识的学习和理性思维的训练；能更好实现职业价值的律师，一定是有人性认知、善恶标准和正念的律师。

所以，我们需要明确，职业教育≠技能训练。

所以，我们需要承认，理论的价值和作用、人文素养的修炼和人性之光的塑造。

所以，我们需要定位，律师教育也是教育系统的一部分，要培养健全、丰满的社会人。

## 实施：经验还是理论？

课程体系如何构建、教学模式如何改进，与人大律师学院相识至今，这些问题的探讨一直被重视并不断重提。

法学教育注重学术性，律师教育注重实践性，这是人们的普遍性认识。律师职业的专门化是不言自明的趋势，但很多时候，面对职业教育人们并不思考其特点，而将其顺理成章地办成了理论家的教育。确实，律师职业化的重要表现就是从业者掌握了专门的法律适用的技术，因而，职业教育在教育层次的设计和学习阶梯的搭建上应与理论教育有所区别。但律师职业不是类似按图搭屋的技能性工作，如何保证学生基础性知识技能获得之后，实现理论语言向实践语言的转化，表现出对专业化技能的理解和实操，从而促进良好的执业素养和法律思维的形成，必要法律工具的获得、基本法律方法的学习以及法律思维的基础训练，都要在时间有限的职前教育阶段完成，这不仅是课程设置和教学实施的技术问题，更彰显了其艺术水平。

律师学院的教育重点是以“能力”为核心的教育。映射到学生经验之塔的搭建，学院除了塔基的个体具体直接经验的获得外，还更好地提供了间接的替代性经验。学院编写出版了包括“基础律师实务”和“高端业务实录”系列的教材27册；从2020年4月开始，陆续出版“律师操典”系列教材10余册；单独出版了《医患纠纷法律问题研究》的实务研究集；提供了大量的讲座和其他视听资料。这些教材与材料更具体、更易于理解接受，并能冲破时空的限制，弥补学生个体直接经验的不足。

在具体教学和训练上，授课教师及律所导师引导学生的学习和读书活动，参与案例研讨、论文指导等工作。通过灵活多样的个案研究、判例讨论、模拟法庭及不断线的见习课程等，学生逐渐学会把书面的法律条文转化为应用于生活的法律条文，学会从案件的语言描述、事实呈现透析法律的关键点，学会将学校获得的理论知识、程序和技巧与实际案件处理充分对接，在经历有效内化或顺应过程后，最终表现为综合处理实际法律问题能力的获得，具备一个合格执业律师所要求的基本素质和业务能力。

经验决定眼界、眼界决定心胸、心胸决定思维、思维决定思想，思想又指导着实践。高素质的律师的养成有赖于高水平的法学教育，尤其是职前教育，从门外之人变成门内之人的过程中，教育者的引导和训练对学习者职业认知、职业情感和职业伦理道德的形成有着不可小觑的作用。需要职前职后无缝对接的不仅是知识、技能和思维的训练，还有以自律为基础的德行与人格的培育。十年发展，人大律师学院在律师教育专业方面无疑发挥着先行者的引领作用，尽管，还有太多太多的设想不能自由挥洒，还有太多太多的遗憾不能释然于当下，但在德识之士共同努力下，我们还有下一个十年，我们还可以有更多的期待！

而对我来说，曾与智者同行、与高人为伍，幸甚至哉！

# 我与人大律师学院

## ——律师培训课程之感悟

郑　道*

1998 年 12 月初的一个初雪的日子，我第一次来到北京，来到中国人民大学。那时候的中国人民大学还没有建起明德楼，法学院还在汇贤大厦办公。那时我也不知道我会和人大律师学院建立起如此深厚的联系，一直到现在，还将继续。

2013 年，我有机会开始协助律师学院的律师业务培训工作。记得当时学院已经有一系列培训项目，涵盖了公司法、合同法、保险法实务，证券上市实务等，项目培训时间一般都是一周左右。内容很切合实际，授课专家以资深律师为主。2014 年，证券法第三次修订，针对证券法修订，学院设计了一个证券法实务研修项目，除了本校著名教授之外还邀请了全国人大法工委经济法室、原证监会、最高人民法院、知名律所证券律师等专家授课，课程得到广大学员的一致好评。而学院的培训项目，也从 2014 年始，确立了几个办律师培训课程的基本原则。从这么多年的实践来看，这些原则和方法也被证明是行之有效的，对律师学院的高端培训品牌树立和务实的办学风格的确立都起

* 与中国人民大学律师学院合作、参与律师学院律师课程培训及推广，具有丰富的法律专业培训经验。

到了良好的推动作用。同时，尤为重要的是，通过参与律师学院的培训课程，并经律师学院多年的指导和磨砺，使我深深感受到，要将自觉维护好学校、法学院和律师学院的声誉视作自己最重要的责任，增强社会责任意识，将遵守校纪校规和学院的各项要求融入自己的行为和言谈举止，杜绝单纯的商业思维和行为，在业内树立良好的口碑。这是我对学院培训课程的一种延伸的认识。

学院律师培训课程的第一个原则是“最新”，要紧扣最新颁布的法律法规、司法解释等。

我国社会经济的高速发展，也使国家新的法律法规以及相关司法解释不断发布，如何正确理解适用，是法律专业工作者特别关心的问题。与一般社会行业工作者不同，律师对新的法律法规以及新颁相关司法解释尤其重视和敏感，及时准确向律师们讲解如何正确理解实施这些最新知识，大的方面对于提高整个社会的法治进程，小的方面对于提高律师个人的知识水平和业务能力都很有意义。因此，“最新”成为律师学院举办律师培训课程时的第一原则。记得在2015年年初，学院紧紧抓住最高人民法院出台民事诉讼法司法解释的契机，连续举办了多期《民事诉讼法司法解释》专题培训，取得了良好的反响。从此进一步确定了这一原则。

第二个原则是“最高”，着重师资选择。

律师学院前期培训课程，所邀请的授课专家以资深律师为主，然而对于占全国律师大多数的诉讼律师来说，法官在诉讼中的权威性毋庸置疑，法官的裁判思维和裁判逻辑对于律师们的诉讼策略和应对有着重大的影响力。因此，由法官授课，尤其是可以获得最高人民法院法官的授课和指导是律师们非常渴望的。而法官们也非常愿意传播我国司法审判领域的最新政策与成果，通过培训课特设的互动交流环节，还可以获得来自全国各地律师的反馈。实践证明，在这一点上，已成为律师培训项目成功的基本保证之一。培训内容，如果有“最高”的师资授课，基本就能吸引很多律师前来参加学习。记得在举办《民事诉讼法司法解释》系列专题培训班时，第一期我们就邀请了时任最高院研究室民事处处长和该司法解释专班成员集体授课，得到了学员们的一致好评！参加学员一致认为培训内容切合实务，尤其是和师资互动讨教收获巨大！从此以后，邀请最高院业务庭法官授课成了人大律师学院举办律师专题培训的亮点之一。

从 2014 年到现在，人大律师学院律师实务培训班所邀请的最高院法官有数十位之多，他们精准的解析获得了学员们的一致认同。

第三个原则是“最权威”，发挥学院的学术权威性。

中国人民大学是我国著名高校，人大法学院更是全国法学学术重镇。例如，在民法学领域，人大法学院群星璀璨，学术力量无比雄厚。因此，在举办民法相关培训项目时，充分利用人大法学院雄厚的学术资源，给参会学员以精深的理论指导，也与律师工作现状息息相关。律师大部分是法学专业出身，但是理论功底不一、研学程度不同。进入社会成为执业律师之后，律师实务经验积累很快，相比之下，法学理论的学习和深入研究相对较少，几年或者十几年下来，实务经验已经非常丰富，但是法学理论水平很有可能成为其“短板”，因此，时常聆听权威学者的专业理论授课，对于律师们提升理论水平，进而提高实务能力也有重要的作用，律师学院理论结合实际的课程安排得到了全体学员的高度肯定。如法学院王轶教授、叶林教授、杨立新教授、姚辉教授等大咖精彩授课，为律师培训项目增添了独特魅力，进一步树立了律师学院在全国律师培训界的领头羊地位。

第四个原则是“最实用”，注重市场的导向性。

律师行业竞争激烈，律师自主学习能力和学习需求在全国所有行业中最具主动性，而这些都决定了律师培训必须以市场为导向，律师业务的热点内容就是培训的重点内容，就是培训的重点方向。这些年来，律师破产业务实务、公司业务实务、合同业务实务、建设工程纠纷法律实务、婚姻家庭纠纷法律实务、金融纠纷争议解决法律实务、并购重整法律实务、政府法律顾问律师实务、律师诉讼能力提升、律师谈判能力提升、律师事务所管理与发展实务等，是所有律师关注的业务重点，也是律师学院重点培训方向，实践证明，这些培训项目也吸引了众多的律师前来参加学习交流。准确的课程方向，权威的师资力量，加上法学最高的殿堂，这些都给了学员们不一样的培训学习体验，也为全国律师培训机构贡献了成功经验，树立了龙头地位！

第五个原则是“最贴心”，注重培训后的沟通交流。

律师是一个特殊的群体，他们的工作周期和时间安排具有特殊性。学院尽量把课程安排在贴近双休日的三天到五天，律师们可以在周末上课，便于其安排好学习时间，并在有限的时间强化学习效果。

律师行业还具有很强的地域性和不同业务之间的互补性，这些特性对律师都提出了不同地域不同业务之间互相合作的要求或者需求，而参加同一个培训项目，共同学习之余，如果能组织大家互相交流合作，无疑是提升培训质量，提高培训美誉度的一个重要途径，律师学院在培训中不但在教学质量上狠抓，而且在学员培训后服务上也做出了很好的尝试。首先是建立班级微信群，群内大家实名，注明所在地城市和联系方式，这样不同地域同学们在有需求的时候就能很方便地找到能够提供帮助或合作的同行。实践证明，以此方式大家开展合作，发展友谊，增加了凝聚力。而不同班级之间，也建立了校友群，律师学院建立了 4 个校友大群，大家分享办案心得，分享所在律所活动，分享自己的成功与奋斗经历，在人大律师学院的平台，得到了知识，得到了友谊，得到了合作，也得到了发展！而这所有的一切，都会给人大律师学院律师培训事业带来更多的正能量！

第六个原则是“最诚恳”，注重担当。

作为全国律师教育的旗帜，学院品牌维护最重要的一个方面就是要有担当。具体到培训项目，就是要做到言出必行。根据律师学院培训课程的惯例和要求，每个培训班必须配有教学教务的老师全程陪课，尽量解决学员的困难。久而久之师生之间交成了朋友，许多学员都愿意持续不断地参加学院的培训，有的已多达十余次。

学院在开课时也遇到过突发情况，特别是遇到“不可抗力”时，要有得当的措施力挽狂澜。举个例子：2017 年，律师学院举办一期公司法研修班，4 天的研修班，前两天一切正常，但是第三天、第四天的授课老师因为单位突发事件不能授课，遇到这样的突发情况，律师学院领导当机立断，动用一切资源，紧急寻找了水平很高的代替老师，另外，在第三天授课之前，向所有参会学员如实说明了原因，同时表示，大家如果退学费，学院会全额退费，如果选择继续听课，律师学院将给大家一次免费学习机会。学院这一举措得到了大家的理解与支持，大部分学员都选择了继续听课，而从那时到现在，也已经有很多学员享受了一次免费的高质量的培训学习。这些举措很好地维护了培训品牌，吸引了更多律师前来参加培训学习。

……

这些年来，在律师学院的经历也让我自己学到了很多。从学院刘院长那里不时聆听人生教诲，提升了自己的思想境界；从众多学员那里也得到了很多良好的建议，提高了我对办好法律培训的认知水平；从培训活动中收获了很多学员的友谊，获得感满满。而最重要的是在律师学院的办学培训中，深深感受到整个律师行业每一位律师为全社会法治进步所做出的艰辛努力，正是因为每一位律师的努力，以及律师学院等机构每一次法律实务培训的正能量推动，我们全社会的法治进程才得以不断发展。我为自己这些年能参与其中而深深骄傲。

# 3
# CHAPTER

## 第三部分

## 丰　硕

# 我们是律师学院的掌上明珠

## ——那些年在学院里的各种“作”

于雪飞 *

今天，是母院律师学院的十周岁生日，在母院学习那会儿，我们更像是一群十来岁的孩子，我们的幸福，以徐建院长对我们的宠爱应说“你们可是我的掌上明珠！”

我还记得当初从法学院分方向到律师学院时，笔试过后还有面试，为博得老师们的青睐，使了一个小心机，面试时别人都是便装，我特地穿了一套西装，还是有点闪亮的那种，现在看来既夸张又好笑，但是没办法，当年就只有那一身。面对一排大咖们提问，答的应该是比较糟糕，感觉要失利，临出门时觉得不能就这么完了，不知道是谁给的勇气，回头很郑重地对老师们说：“各位老师，我真的很想做一名律师，希望能够给我一个机会。”现在看来，猜想应该是这句话“骗”到了里面的某位老师，他可能会说：“这个小孩还挺可爱，建议大家不要扼杀了孩子的梦想！”

入学之后，本以为自己会持之以恒地刻苦学习，但这种满腔热血没过多久，就在学院老

* 中国人民大学律师学院 2011 级法律硕士（律师方向）研究生，法律硕士，广东融关律师事务所律师。

师们的各种宠爱之下，化为了各种“作死”，不懂得珍惜随时能向各位业界大咖们求得真经的机会，有的时候甚至还会逃课，对周六日整天上专业课表示“抗议”。害得老师们经常苦口婆心地喊我们起床上课，黄河老师作为我们的超级好“奶爸”也只能以线下请吃饭的方式“贿赂”我们，以求得我们课堂上好好表现，做个听话认真好学的好孩子。很多大律师们给我们上完课不行，还得请我们吃饭，律师免费提供服务的应该有，但是还得倒贴请吃饭的应该也就是在我们律师学院了。院里承办的各种活动不少，说起来是能让我们见世面，但当时的我们，除了能提供点廉价的体力劳动服务，更多的时候在老师们看不见的情况下像是一群捣乱的孩子。

老师们的和蔼可亲是可以任意撒娇的那种，兄弟姐妹的同窗之情是可以嬉戏打闹的那种。因为这，母院才更像是个家，而专业上的日益精进，似乎是在我们成长过程中自然而然的东西。

（台上我们可能是这样子）

（台下其实是这样子）

即使我们算不上什么璞玉，但是我们遇到的全是大师。土壤肥沃，得天独厚，母院给我们提供了成长为一名优秀律师的最佳培育田。双导师制、体系化的专业方向课、多样化的实践活动，都是我们成长所必备的营养。学院老师们总是挖空心思地想着怎么才能让我们看起来像一个律师，我记得有一段时间里，院里领导们甚至认为如果我们以后要做律师，就应该提高眼光，识得所有一线名牌。现在想想，有些看似不务正业的技能，对于做律师来讲却真的有大用处，提高审美力和增强见识跟提高专业知识是同样重要的。可以说，母院从成立的第一天起，培养人才的理念，从未拘泥于传统，从未止步于创新。

做律师不容易，培养律师更难。即使像我这样一直被呵护着成长的律师今天也会有这样的感慨。我们班的同学毕业后也并没有都去做律师，而我，毕业后能够直接做律师也是足够幸运的，凭着自己厚脸皮的优势，直接来了深圳认徐院长做师父，跟着他做律师。因为他曾经跟我们讲过，要想成为大律师，就要找一位像他这样的大律师做师父。跟他做律师，还是比较幸福的，他鼓励我“多吃百家饭”，多跟不同阶段的年长律师做案子，学习每个律师的长处。作为律师，他的人格魅力、创新思维、坚持正义、坚韧不拔的法律人精神熠熠生辉；作为师父，他的教育方式应该说是很好的言传身教、潜移默化的培养方法；作为领导，对下属生活和经济照顾有加。师父不仅领进门，还扶上马送一程，这是做青年律师的幸福。

青年律师的成长并不容易，作为毕业 6 年做了 6 年律师的我来讲，深切感到生存问题、案源问题、专业化问题是压在青年律师头上的三座大山。母院作为律师学院，担起的是培养律师的大任，而不仅仅是培养毕业生，这一点是非常了不起的。母院除了对脱产研究生的培养外，对社会上青年律师的再教育培养也是功不可没的。毕业生入了律师的行，更是学习的开始，所以非常希望我们母院能够对毕业的青年律师进行跟踪培养再教育，对每一个“掌上明珠”都能够“领进门，扶上马，送一程”！

忆往昔，一勺池旁，母院的一草一木，老师的一颦一笑，仍记忆犹新。在那绿色的校园里，巍峨的明德楼，金色的秋风里，我们曾手握春光绚烂的年华，编织七彩的梦。望未来，母院蒸蒸日上，桃李满天下！

# 我与律师学院

## ——爱是心知、是默契

程锦垚*

我应该算是个“平庸”的毕业生。毕业后，基于种种考量，回到了西南成都，进入了国企体制，放弃了年少的律师理想，按部就班地结婚生子。时常想来，不免有些愧疚，实在辜负各位老师教导，未能为学院传承出一份力、发一份光。

今天，慢慢打开记忆的阀门，毫不怀疑地说，在人大、在律师学院求学的三年，是我漫长学生生涯最开心、最充实、最饱满的时光。进校伊始，我递交简历被幸运选入了律师方向，与21位善良积极的小伙伴组成了2012级大家庭，在教务上，得到了韩玉胜老师、张林班主任、黄河老师、周洁老师、陈云老师、杨洪浦老师等无微不至的帮助，感受到他们发自心底的关心，无比感激！在学业上，学院为我们配备了业内大牛导师，使我们收获了许多宝贵的学术知识和人生经验，铭感五内！

犹记得张巍律师为我们所授的第一堂课，引导我们打下“律师执业基础”；犹记得吴江水

---

* 中国人民大学律师学院2012级法律硕士（律师方向）研究生，法律硕士，任职于中国人民财产保险四川省分公司。

老师耐心教导我们合同操作技能实务，不厌其烦地修改讲解，逐步点亮我们务实高效的“合同审核”技能，也让我们在之后的实习工作中受益良多；犹记得在刑事诉讼律师基础实务课上，郝春莉老师循循善诱、细致讲解刑辩律师执业细则，特别是在之后的模拟法庭中，组织全班同学齐上阵，献上了一场酣畅淋漓、慷慨激昂的语言盛宴；犹记得在民商事诉讼律师实务课上，李晓斌和常韦老师从预习准备、课堂讲授、课后作业，精心安排授课，力求把知识点、实操点讲透、吃透；犹记得在公司法律实务课上，当我们第一次聆听龚志忠老师关于企业收购并购的课程，如听天书、顶礼膜拜；犹记得在公开课中，我敬爱的校外导师，韩冰老师现身说法，从并进法、传统法、列别法、图示法，花式讲授了“律师阅卷的方法与技巧”……

即使毕业五年，我也依旧清晰记得也会永远记得。甚至在之后的工作中，我深刻感受到，这些价值观念、思维方式、人文素质潜移默化中带来的诸多益处。

当然，如此幸运的时光，如此温暖的关切，如此久酿的情愫，叫人如何能忘怀?

“令公桃李满天下，何用堂前更种花。”2020 年，是律师学院十周年华诞，我也升级成了母亲，更能真切体会到老师们对学子“润物细无声”的谆谆教导，我也更明白，我是真的爱这所学院，愿意珍惜收藏在心许多许多年。

最后，我真心祝福律师学院十周年生日快乐，越办越好、再创辉煌！也希望我的孩子，长大后有机会回到父母的母校，为学院做点贡献。

# 毕业五周年有感

李　云*

在我刚进入律师学院的时候，学院才两岁，而今我已经毕业整整五年，学院十岁了。在还未进入律师行业的时候，看到已经工作五年的律师，我总是心怀羡慕，并憧憬着自己工作五年后的样子。工作五年了，我现在的样子可能已成为别人憧憬的样子，却是我自己想超越的样子。憧憬、超越、再憧憬、再超越……这可能就是成长的样子。憧憬的过程是充满希望的，超越的过程是充满艰辛的，成长又是幸福的，这就是人生体验吧，其中滋味足以细细品味，也值得不断总结和回忆。

## 幸运与不幸运，在于一念之间

毕业后，会面临很多选择，是选择考公务员还是选择做律师？做律师是做诉讼业务还是做非诉业务？选择这家律所执业还是选择那家律所执业？我们会发现，选择的过程是非常痛苦的，因为无法预知选择的结果，就会陷入焦虑和不安。毕业的五年中，我也时常陷入选择

---

* 中国人民大学律师学院 2012 级法律硕士（律师方向）研究生，法律硕士，北京大成律师事务所律师。

的痛苦之中，额头冒痘、急火攻心，每一次选择，都会让我经历一次人间炼狱。偶然的机会，我接触了一本书，名为《当下的力量》，其中讲了一个故事：“蕃山在变成禅宗大师之前，他花了许多年来追求开悟，但他一直没达到。一天，当他路过市场时，无意中听到了一个屠夫和一个顾客之间的对话。顾客说：给我一块最好的肉。屠夫回答说：我这里的每一块肉都是最好的，这里没有任何一块肉不是最好的。听到这后，蕃山就开悟了。”每次我内心焦灼的时候，就会反复思考这个故事，内心也就平静了，因为选择没有好坏之分，所谓的好与坏是我们自己强加给选择本身的，正所谓“无善无恶心之体，有善有恶意之动，知善知恶是良知，为善去恶是格物”。

## 热爱与坚持

很多人都说，我们需要热爱一个行业，才会不断坚持，并最终取得成功。这固然没有错，但事实上，很多人选择一个行业，并不是因为热爱，而是因为无奈，或者根本不知道热爱哪个行业随便做了选择。现在回头想想，刚工作的时候，我也谈不上有多热爱律师行业，只是没有排斥。然而，在这种状态中待久了，就会出现各种问题，一旦遇到挫折，我就会不断给自己强加烦恼，甚至怀疑自己的选择，根本不去解决问题，对于问题听之任之，最终积累多了，就通过某个事件爆发出来，循环往复。后来发现，我应该改变的是自己的心态，既然我不知道自己喜欢什么，且选择又是没有好坏的，那么无论从事哪个行业对于我来说都是一样的，因为每个行业背后所隐藏的那个“道”都是一样的，我需要抱有极大的热忱坚持去发现律师行业背后的“道”，然后爱上律师行业。改变了想法之后，我的心就平静下来了，慢慢发现原来律师行业非常有意思。我想我已经热爱上了律师行业，是坚持让我热爱，也是热爱让我继续坚持。

## 接受自己的不完美

工作之后，常常会发现自己这不行、那不行，比如会发现自己的实践经验比不上同龄人，或者发现自己的理论功底不如其他的同事。如果自己没有一个好的心态，这些内心的横、纵向对比就会把自己谋杀，因为一旦有这些想法，人就会陷入不断自我否定中，一个人只要自我否定，干什么事情都是干不好的。刚毕业的时候，写法律文件时，我就会不断怀疑自己，因为我觉得自己法律功底不行、实践经验也不足，所以我写出来的东西肯定是不合格的，在起草法律文件的时候一直处于这种情绪之中，根本不是去考虑怎么解决问题，毫无疑问在截止日期提交的法律文件质量肯定是不高的。后来我发现不应当去否定自己，我承认自己不完美，然而别人也是不完美的，我没有经验，但只要我能够全力以赴利用掌握的方法去解决问题，那么只要我解决不了的问题，别人也解决不了。经过几年这种思维训练，慢慢我就不怀疑自己了，写出的法律文件也达到了自己满意的程度。

## 始终归零

刚工作几年的人，最害怕的就是犯经验主义错误，凭着不是特别成熟的经验去判断一件事情。在执业的过程中，我也时常犯这样的错误。然而，法律的规定是不断变化的，在之前处理过的问题，可能在之后由于法律规定的变化，就会出现不同的结果，那么就不能凭借经验去判断。所以，对于执业律师来说，要时常归零，把碰到的所有问题都当作从未面临过的问题去研究、去解决，再利用自己的经验去预测结果，只有这样才不会出现差错。

## 结 语

工作五年道行不深，没有主题，思维漫步，无法写出非常深刻的个人感想，只能把在成长路上的一点浅薄思考予以记录，可能等到律师学院 20 岁生日的时候，再回头看现在的文字，又会发现自己的稚嫩。不过，人不就是从稚嫩到成熟慢慢成长的吗？律师学院也在不断成长着，不过与人不同的是，律师学院可以活百年，羡慕律师学院，也祝福律师学院。

# 沁园春·律院十年

王　达*

春光初露，百花齐放，万物复苏。
积十载耕耘，硕果累累；
天高人大，不二法门。
韶光流转，盛事如约，北海南溟桃李情。
未曾忘，做国民表率，社会栋梁。

岁月如水东流，恰豪情似酒日益浓。
立鸿鹄之志，善作善成；
学思践悟，笃信笃行。
不忘初心，牢记使命，阔步征途知来路。
待他日，展宏图伟业，我辈儿郎！

* 中国人民大学律师学院 2012 级法律硕士（律师方向）研究生，法律硕士，任职于中央和国家机关纪检监察工委。

# 饮水思源，感恩律师学院

王玉峰 *

光阴似箭，岁月如梭，转眼间人大律师学院成立十年了，而我毕业离开她已有五年时间，作为律师学院2012级大家庭的一员，回首往事，感慨万千。踏入社会，走上工作岗位，更加想念亲爱的母校，想念宁静的校园，想念浓浓的师生情，想念真挚美好的同学友谊。回首在人大律师学院求学的短暂时光，收获知识的同时，感激之情也涌上心头。

首先，我要感谢律师学院，感谢律师学院给我们提供了一个广阔的平台和视野。在这个平台上我们得以接触到很多德高望重的法学前辈。律师学院为我们聘请了校内和校外双导师，在学术和律师实践方面给予全方位的指导。同时律师学院还精选了阵容强大的业务突出、热衷法学教育事业的精英法律人士担任授课老师，为我们提供包括律师职业伦理、执业规范、思维与表达、诉讼实务、律师礼仪与沟通技巧、文书写作及法律检索、商事谈判及法律文件起草等与实务相衔接的丰富课程。通过实务课程讲授、律师技能实训、实战案例分享等多种方式强

* 中国人民大学律师学院2012级法律硕士（律师方向）研究生，法律硕士，任职于国泰君安证券股份有限公司北京分公司。

化了我们的律师职业素养和技能，使我们能更加全面地掌握律师执业的基本知识和基本技能，培养律师职业的基本素养，我现在还清晰地记得，当时这些高质量的课程经常吸引同年级其他专业的同学来蹭课。

除了日常的基本课程，在法学院 601 会议室里，律师学院还经常邀请校内外的名家举办各种讲座，受邀的既有高铭暄先生、任继圣先生等德高望重的法学前辈，也有韩大元教授、杨立新教授等理论造诣高深的学者专家，还有景岗律师、张巍律师、陈有西律师、高子程律师等在实践领域的知名律师专家。在一场场讲座中，我们耳濡目染，开阔了眼界和视野。

同时，律师学院经常组织我们参加丰富多彩的课外活动，还记得我们一起去人民艺术剧院观看话剧——《原告证人》，去北京市律师协会参观学习，去北京市第一中级人民法院观摩刑事示范庭审等，通过多种多样的形式领悟法律的艺术。

此外，律师学院还经常面向全国律师举办法律实务研修班，而作为律师学院的学生自然近水楼台先得月，三年时间旁听了多个研修班的课程，不仅学习了专业知识，也认识了很多有多年执业经验的前辈。

所以，我要感谢律师学院，给我们提供了一个广阔的平台和视野，让我们在知识的海洋里自由地遨游，让我们走出校园时更加从容和自信。

其次，我要感谢律师学院的恩师，感谢各位老师的辛勤耕耘，精心培养。

我要感谢亲爱的徐建院长、刘瑞起院长、韩玉胜院长、张林班主任、黄河老师、陈云老师、高巍巍老师、杨洪浦老师以及其他所有关心爱护我们默默付出的恩师们。

饮其流时思其源，成吾学时念吾师，在三年的短暂时光里，是各位亲爱的老师引导我们接触博大精深的学术，教我们如何做出严谨、科学的学问。徐建院长、刘瑞起院长在法学领域的人生经历为我们的职业选择和人生规划树立了优秀的榜样和标杆。黄河老师倾尽所能为我们提供就业指导与帮助，陈云老师时时关心我们的生活，找我们谈心，还有好多老师，在我们三年的求学生涯中给予我们无尽的关怀，让我们的求学之路更加温暖。

回首三年时光，恩师们不但在学业上给予我谆谆教诲，而且在生活上也给予我悉心关怀，能够遇到你们，实属幸运。恩师们严谨勤奋的治学风格，乐观豁达的处世态度让我受益匪浅。三年的研究生学习生涯中，就是这么一群睿智博学，温文尔雅的老师给了我无价的知识和财富。

所以，我要感谢律师学院的恩师，他们待学生如自己的孩子，给予我温暖的关怀。

最后，我还要感谢我亲爱的同学们。没有你们，我的三年研究生生活将失去很多乐趣，三年的时间让我们之间建立了深厚的友谊。时常回忆我们一起背着书包穿梭在校园之中，在图书馆中发奋学习，在课堂上热烈讨论，还记得那熟悉的小路，还记得那熟悉的教室，虽然毕业后不常见面，也不常联系但是我们都从未忘记。世间有这么一种情感，虽然不能时时相聚，但却能一见如故，这就是同窗之情。

非常想念我们敬爱的老师以及亲爱的同学们，期待着下次回到母校，看望我们敬爱的老师，见见我们亲爱的同学，希望未来我也能为律师学院增添光彩，在律师学院十年华诞之际，祝愿律师学院：生日快乐，大展宏图，再谱华章！

# 选择与成长

## ——写在律师学院成立十周年之际

薛　强*

2010 年，人大律师学院正式成立；2020 年，人大律师学院成立十周年。2012 年，我考入人大法学院，选择了律师方向；2020 年，我同人大律师学院共同走过第八年。这八年，律师学院及师长们一直在我身边，伴我成长。三年的校园时光，他们为我指明方向，引领我前行；毕业走出校园时，他们在身后默默注视，做我坚强的后盾；五年的职场生活，他们在我身边给予扶持帮助，给我力量，助我乘风破浪。在律师学院成立十周年之际，我轻轻捡拾起记忆中这八年时光的点点滴滴，诉说我对律师学院及师长们的感谢、感激之情。

### 人大求学，人生的重要选择

2011 年，我在社会蹉跎两年后选择再次求学。本科毕业后，我回到了家乡县城，有一份

* 中国人民大学律师学院 2012 级法律硕士（律师方向）研究生，法律硕士，任职于中国法制出版社。

相对安稳的工作，下班后能和相处多年的朋友喝喝小酒，生活过得还算安逸。但两年后的某一天，我萌生了摆脱这种平淡生活的想法，选择了脱产考研。经过近半年的努力，我考进了人大法学院。来人大法学院求学，是我人生至此做出的重要选择，而进入律师学院，则为这份选择增添了人生蜕变的厚重砝码。我的新生活，至此开始。

## 入学双选，与律师学院结缘

2012 年 9 月，我来到中关村大街 59 号报到。我们那一届的法律硕士设置了律师方向、职务犯罪侦查方向、比较法学（国际商事方向）、多元纠纷解决方向、知识产权方向、商事法务方向、政务法务方向、司法法务方向、亚太方向。在我印象中，律师方向很受欢迎，报名的学生数量远远超过了律师方向的招收人数。据我了解，律师方向是所有方向中为数不多的需要学生和教研室（学院）双向选择的方向之一。经过律师学院筛选，我很荣幸地成为 2012 级律师方向的一员。

## 律师学院的定位，师长的期许

打造“律师教育的旗舰、律政精英的摇篮”是中国人民大学律师学院的目标。可初入学的我们，眼里满是入选律师方向的欢喜，心里满是对未来三年校园生活的向往，哪里能体会到这么高大上的目标。在之后三年的校园生活中，我是在一次次的课堂、座谈、论坛中才对律师学院的定位以及学院老师的期许有了些许了解。

“毕业时，很多同学选择法官、检察官、公务员。法学院开设律师方向，就是要鼓励、支持你们毕业后去从事律师职业，去当律师。”时任人大法学院院长的韩大元老师多次在座谈时鼓励我们，要有律师的理念，要学会向律师一样去思考，要去做律师，要让律师在国家法治建设中体现出应有的作用。这份鼓励，这份期许，在我们年轻的心里埋下了认可律师、尊重律师、选择律师行业的种子。

2012 级律师方向共 22 名学生，毕业时有 8 名同学选择了律师行业，现在则有 10 名同学是执业律师。毕业后，虽然大家选择了不同的行业，有律师、法务、公务员、编辑等，但对律师行业确实是有一份特殊的向往之情的。我想，法律职业共同体中不同职业、不同岗位对律师行业的认可，对律师思维的理解，也是提升律师整体执业环境的一个重要因素，也在一定程度上没有辜负律师学院“律师教育的旗舰、律政精英的摇篮”的培养目标，没有辜负律师学院老师们的教导和期许。

### 校园生活，如夏花般绚烂

回忆起3年校园生活，有伙伴们的笑脸，有学院老师的关切，生活真如夏花般绚烂。我们这一级总共22名学生，14名女生，8名男生，记得班级第一次在教二草坪破冰活动时，大家从刚开始自我介绍时的拘谨，到后来几场游戏下来充满欢声笑语，天南海北地谈天说地，年轻人之间的距离就在夏日夜晚的风里被拉近，3年的同窗生活也拉开了序幕。

人大的住宿条件比较紧张，我们这一级的女生被统一安排在知行楼，与一般的学生宿舍并无二致。但是，男生则分散在静园的各个单元楼。静园是散落在学校北区和中区的家属楼，一般是两室一厅一厨一卫或者三室一厅一厨一卫，因静园不属于学生宿舍，所以我们可以置办热水器、电磁炉等生活家电，这也为我们初期同女生联谊提供了便利。我们总会从菜市场买菜，然后邀请女同学一起吃饭。名为请女生吃饭，实则大家都是“二把刀”，女生来后也只能受邀一起下厨，最后的成果也往往是清炒土豆条、西红柿炒鸡蛋等简单菜式，即便这种简单的联谊，也是羡煞诸多男生，效仿者甚众。

除了日常的专业课学习，学院老师组织的集体活动总能让我们感受到无微不至的关爱。周末时一起爬长城，去北京人民艺术剧院观看话剧《原告证人》，到一中院观摩庭审，参观雷锋主题展览……现在回想起这些活动，仍能感受到学院老师对我们的辛苦付出。

### 专业课学习，打铁还需自身硬

律师方向的专业课程多安排在周末，在学校时我们还经常抱怨课程安排时间上的“不合理”，步入社会才深刻了解到，授课老师是在高负荷工作了五个工作日后牺牲周末的休息时间来为我们授课。我们的专业课程覆盖面很广，包括民事诉讼、刑事诉讼、公司、房地产、合同、证券、婚姻家庭等实务课程，授课老师均是在各自领域深耕多年的成功实务人士。相较于其他行业，律师行业的师徒传承特点更为明显，一般而言，一名律师在成长过程中是很难比较系统、长期地受教于多位在各自领域取得成功的律师的，十多位律师更是难以想象。我们在短短的几个学期内能够享有这些资源，对之后的成长和眼界的开拓是有巨大的促进作用的。

除了专业课程学习，我受益最多的就是律师学院组织的模拟法庭。通过改编的真实案例，我们全程、深入参与案件的各个阶段，在研究实体法律问题的同时，更是直接体会了程序和证据的重要性，真实感受庭审中涉及的每一个细节。庭审结束后，一线法官、律师对庭审中的各方表现进行细致点评，让学生在沉浸案件后，跳脱出来感受法官思维、律师思维的碰撞，获得独特的体验与学习机会。

## 毕业怀念，开启人生新篇章

临近毕业时，大家都忙于毕业论文、实习和求职，在这个阶段，同学们特别容易陷入迷茫和无助的情绪中，求职的压力、身份的转换、别离的情绪，让大家都有些疲于应对。在此，我要特别感谢两位老师——潘文军老师和刘瑞起院长。

我们实行校内 + 校外双导师制，但原则上学院鼓励学生在日常学习中多向实务领域的校外导师求教，论文指导老师也以校外导师为主，因此在校的三年，我很少去叨扰我的校内导师潘老师。在论文开题时，因我的校外导师有临时情况，较长时间待在国外无法对我的论文进行指导，我怀着忐忑的心情找到潘老师说明情况，没想到潘老师欣然应允，对我后续的论文写作进行了详细的指导，还提出，若我的论文采用实证研究方法，她手里正好有一个代理的关联案件可以带我一并研究。每念于此，内心总是对潘老师充满感激之情。

或许因工作职能划分，我们这一级学生与刘院长接触较少，印象中刘院长在临近毕业时给我们上过一节课。但这并没有妨碍我在毕业前厚着脸皮去刘院长办公室寻求毕业指导。刘院长听了我对几份工作的看法，帮我分析了不同行业的利弊和职业前景，让我坚定了就业去向，并为我日后的工作提供了莫大的支持和帮助。

## 职场之中，律院助我披荆斩棘

毕业之后，我去了出版行业，律师学院给了我莫大的鼓励和支持，助我在工作中披荆斩棘。相应地，我也能有机会在自己的工作岗位上为律师学院论文集和教材的出版工作贡献出自己的一分力量。

### 信任建立，我与韩老师的故事

出版工作需要发掘好的选题，并联系作者出版。工作之初，作为一个“愣头青”，我把找寻选题的目光投向了学院老师。第一位受我叨扰的是韩玉胜老师，回想当时的场景，现在依然觉得有趣。记得一天下午，我与王达约好一同回学校看望老师，因我早到了一会儿，于是决定先去韩玉胜老师办公室“挖掘”下选题。其实在校时和韩老师接触较少，对韩老师的印象停留在他每次论坛和讲座中诙谐幽默的主持上。进入办公室，我向韩老师赠送了几本刑法学专业图书后就直入主题向他发出书稿的邀约，本以为能有些许收获的我，却遭到了韩老师“干脆利索”的拒绝。当时我只能边尴尬地继续和韩老师聊天边等待王达的到来。其实，工作一段时间后我才知道，一本专著的出版需要倾注作者的诸多心力，并不是能够随口允诺的。每每想到自己这次的冒失经历，总觉得愧疚中带着分傻气。

后来，我争取到了律师学院律师法学研究会论文集的出版项目，人也稳重了许多。一次在回校的聚餐上，韩老师主动问起了我的出版工作，并在之后交给了我一本图书。出于这份信任，我自是高质量地完成出版工作。从最初的冒失邀约，到后来的信任托付，总能让我感受到老师的关注和成长的力量。

### 光荣任务，律师学院教材出版项目

毕业已经五年，律师学院也迎来十周年。工作中虽未取得大的成就，但我的工作能与律师学院成立十周年这一特殊时刻汇集在一起，能为律师学院的发展贡献出自己的一分力量，我感到尤为光荣。

2019 年 5 月，刘院长联系我拟由律师学院发起，由在律师学院担任校外实务导师，并在律师学院长期从事教学及授课的专家、学者和律师学院若干名教师撰写一套教材。2020 年是人大法学院成立 70 周年，人大律师学院成立 10 周年，该套教材拟作为律师学院教研、教学成果，向人大法学院、律师学院献礼。刘院长指出，该套教材要定位于“实务操典”，旨在帮助法学院学生了解律师执业、法务工作领域，储备实务知识与技能，助其度过从校园走向律师执业及实务工作的各个阶段，满足其系统、深入学习各执业及实务领域的方法论和实务技能的需要。收到任务后，我极为重视，在刘院长的组织下同各分册老师召开了丛书项目启动会，并和分册老师一一沟通图书细节，探讨书稿主题与写作内容，协调组稿、交稿时间等。现该套教材已收齐多本稿件，并将于今年 10 月陆续付梓。

律师学院已经十周岁，也伴我走过了八年时光。作为“黄埔二期”的学生，律师学院培养了我，让我从一名懵懂冒失的少年自信地步入社会；律师学院成就了我，让我能够在工作岗位上独当一面、披荆斩棘。在律师学院成立十周年之际，愿律师学院能够砥砺奋进、继往开来，愿律师学院的师长能够工作顺遂、身体健康，愿我们不辱学院培养，在各自的领域都能直挂云帆、乘风破浪！

# 我为何选择了律师学院

钟以桢*

2013 年 9 月，在北京最美的季节，我从西南政法大学来到了中国人民大学。对于北京这座城市，我算是初来乍到，对各种事物都感觉新鲜。我觉得中国人民大学律师学院就是新鲜事物。

开学后不久就要选择专业培养方向，当时供同学们选择的有职务犯罪侦查、多元纠纷解决、律师、食品安全治理等方向，各方向的培养重点不同，后面要修的课程也不同，各有特色。那段时间，大家都在讨论、打听如何选方向的事情。我感受到来自各个地方、各种专业背景的同学们的兴趣很广泛，热情也很高涨，都在认真规划着接下来的研究生生活，我自己也不例外。

家里建议我选职务犯罪侦查方向，认为这个方向毕业后进入检察院工作的机会比较多，将来各方面都更有保障。这也符合我考研择校时的想法，当时选择报考中国人民大学，就是看重其开设了职务犯罪侦查方向，成为一名检察官对我也很有吸引力。

由于我本科在重庆西南政法大学就读，所以关注到那些年在重庆发生的法治热点事件，

---

* 中国人民大学律师学院 2013 级法律硕士（律师方向）研究生，法律硕士，北京市中伦（深圳）律师事务所律师。

我也就逐渐地关注了律师职业。可以说，在每一个法治热点事件中，总是有律师的身影出现。特别是对于一些冤假错案的纠正，律师做了大量的各方面工作，肯定也吃了不少苦头。尽管执业环境有待改善，但是很多律师依然保持着对法治的追求，保持着对真理的追求。那段时间，律师充分利用了互联网，在网络上进行鼓与呼，抱团取暖，促成一个又一个冤假错案的纠正，这是非常不容易的，也是非常有法治意义的。律师的价值不断得以彰显，正义虽然迟到，但并未缺席。有些事情难，但是总要有人去做。

律师学院那年举办的宣讲会，也让我更多地了解了律师学院的师资力量和培养模式。宣讲会让我近距离接触到了一些大律师，大律师言谈举止之间彰显了其气度与智慧。我当时觉得，以律师身份参与国家法治建设，真是一种令人向往的事情。而且在法治环境逐渐改善的情况下，律师应该会更有作为，公民合法权益的保护离不开律师。另外，律师学院特点鲜明的双导师模式也很吸引我。校内导师指导学术研究，校外导师传授实务经验，可以说就是为律师而量身定制的。双导师模式沟通了学校与社会，学生毕业后也可以少走弯路，是很不错的创新。

经过各种考虑、比较之后，我在规定时间的最后一天把申请书交到了律师学院的老师手上。我当时怀着成为一名刑事辩护律师的梦想，选择了律师学院。律师学院经过面试也选择了我，我深感荣幸。在此后的三年时光里，律师学院也确实教了我很多，带给了我很多快乐。

虽然我现在从事的是知识产权律师业务，而不是刑事辩护律师业务，但我依然记得自己填在律师方向申请表格中的那句话——“让所有的辩护都通往正义”。我希望在以后的日子里，自己能继续践行这句话的精神，也希望有一天正义能洒满人间。

# 一生情系在律院

郭筱楠*

## 一

和律院的结识源于一个偶然的契机。当时尚在中国人民大学就读新闻学本科的我，偶然从师姐处得知，本校的法律硕士，可以在就读后选择律师方向，在通过考核后，就可以成为律师学院的一员。那是我第一次听说律院。但心里已经隐隐有种预感：我会属于这里。

我有一个做律师的梦想。这个梦想在我的高中时代萌芽，并在本科时代生长，最终变成一棵枝繁叶茂的大树。在决定跨专业考研时，我给自己设定了一个小目标：我要做律师学院的学生，将来做一名律师。

所幸，在魂牵梦萦与上下求索之后，这个小目标还是按照我最初的计划，顺利实现了。

---

* 中国人民大学律师学院 2015 级法律硕士（律师方向）研究生，法律硕士，北京市汉卓律师事务所律师。

## 二

直到真正成为律院的一员，我才知道我懵懂间做了多么正确的选择：知名律师等受邀授课的校外老师，让我能在校接触到一线实务；律院的各位老师亲切和善，进入明德法学楼 618 永远让我有种回家的感觉；各位同学认真又可爱，律院同学的班级聚会是法律硕士里最多的；再加上各种福利，总是能吸引来其他专业的小伙伴艳羡的目光。这一切都让我对律院越爱越深。

而且，我在这里碰到了两位老师，每一位都对我的人生规划产生了深远的影响。

## 三

李晓斌老师是我的校外导师，能成为李老师的学生是我的幸运。李老师师从民法之父佟柔教授和著名法学教育家曾宪义教授，在法学上的理论造诣和实务上的丰富经验都令我景仰，对我的每一句点拨都让我受益无穷。李老师为人亲切，不仅关心我的学习生活，也对我的职业规划等提了不少指导意见。李老师知道我一个人在北京求学（其实哪位同学不是呢），每逢节日都担心我一人在外思乡心切，不仅悉心垂问，还让我能多次有幸受邀到李老师家中拜访（李老师家的饭菜真的好吃）。李老师知道我想接触律师实务，也带着我旁听案件，出席会议，让我在校期间就增长了很多见识。我对李老师实在感激。

## 四

在律院的学习生活让我慢慢明确了自己未来的执业方向：刑事辩护业务逐渐引发了我巨大的兴趣。

韩冰老师作为资深刑辩律师来律院授课，我被他的执业理念和工作方式深深折服，十分冒昧地加了微信，鲁莽地询问能否到韩冰老师担任主任的北京市汉卓律师事务所实习。

结果说明了一切，现在我是汉卓所的执业律师了。

## 五

在律院发生过那么多令人温暖的事，时间跑得太快，好像我昨天还是一个学生，今天就已经毕业两年了。但每次回律院，仍然有回家的感觉。

律师行业没有我想象的那么难，但也没有我想象的那么容易。还记得工作后见到刘瑞起院长，刘院长关心我的工作生活，问我工作以来哭过没有。当时我对这个问题表示十分惊讶。刘院长告诉我："你没哭过，那你还差点意思。"

那时候我不明白，现在我懂了，律师行业没有那么多鲜花和掌声，更多的往往是汗水和泪水，也正是因此，执着和坚守显得尤为可贵和重要。

## 六

律院十岁了。

十是一个特别的数字，是一个阶段的结束，也是另一个阶段的新开始。

作为律院校友中的一员，我从律院得到了太多也学到了太多，却偏偏没什么可回报的。律院是我一生情系之所，在她生日到来之际，至少请允许我送上真挚的祝愿：

祝中国人民大学律师学院十全十美，桃李满天下！

# 十载筑基，一脉承传

## ——纪念中国人民大学律师学院成立十周年

徐经纬 *

2020 年 4 月 26 日是中国人民大学律师学院成立十周年的纪念日，也是我们全体律院师生们的节日。古人说“寒窗十载”，十年前，它是国内第一所由高校开办的律师学院，十年后，它仍是全国各律师学院中的领头羊和金字招牌。而作为一名与她同行五年的毕业生，除了心中不自觉地骄傲和自豪，似乎又有一份沉甸甸的责任感，要在自己的岗位上，把创办律师学院的人大 78 级学长们对母校的热爱和对法治进步的信念传承下去。

人大律师学院成立于 2010 年 4 月，彼时我尚在紧张的高中阶段。我的初中和高中都是在橘子洲头、岳麓山脚度过的，周末的时候老师常常带着我们去登岳麓山，既为强身健体，也为舒缓心情。一入山门，便能看到那幅世人皆知的对联，“惟楚有才，于斯为盛”，自宋代以来，作为湖湘文化代表的岳麓书院，至今已逾千年历史而文脉犹存。那时我就经常憧憬，大学是不是就会像在古时的书院里那样，师生唱和、思接前贤、谈古论今。当然，真实的古代书院也

* 中国人民大学律师学院 2015 级法律硕士（律师方向）研究生，法律硕士，北京市天元律师事务所律师。

许并不是我想象的那样。

进入律师学院，可以说是机缘巧合，也可能是偶然中的必然。2011 年我考入中国人民大学法学院，按部就班地完成应修的学业，并保送了本校的研究生，但在选择研究生方向时我却犯了难。我的本科导师冯玉军老师当时任法学院的法硕工作委员会秘书长，基于他对我的了解，他鼓励我可以多考虑向实务方向发展。在保研的后半个学期，学校也提供了一个学分政策，鼓励本校保研同学利用本科最后一学期提前选修研究生课程并可以计入学分，恰好我在学校京剧社有两位关系很不错的师兄，潘孝龙师兄和文建斌师兄，都跟我说人大律院的课可以多听听，有干货，而且给分高（现在想想这两位师兄的话真是直击要点，此后我给师弟师妹推荐时也是这么说的，只不过改成了给分高而且有干货，递进关系一下子就不一样了）。我记得选修的是马一德老师的《知识产权律师实务》，我对知识产权法本没有太大兴趣，但是马老师上课时能把一场知识产权纠纷讲得如同阵地战一般绘声绘色，最后又能以他独到的眼光把“战术”升华成“战略”。嗯，看来我这俩师兄这回还真靠谱了。

于是，2015 年秋季学期开学后，我顺理成章地报名成为律院的一员。从一件小事上，我尤其要感谢刘瑞起院长和周洁老师。律师方向是法学院研究生当中为数不多的享受“双导师制”的专业，填报未来职业方向和导师意愿时，大家都是参考往年的名录进行选择。令我记忆犹新的是，一次在中区食堂吃饭的时候，我接到了周老师专门打来的电话，她跟我说：“经纬，我要先告诉你一个消息，你报的老师不在今年导师名单内，所以最终分配的导师会有调整。但是，你的校内和校外导师都是刘院长认真考虑后亲自推荐的，你放心吧！”我当时还有些意外和奇怪，其实分配导师无非是在两个名单之间做做连线题，即使有调整待名单公布时学生们也不会有什么异议。可是在律院，老师们都非常重视导师分配，有时要在老师和学生之间反复沟通，每一名同学的意愿和导师分配都要经过刘院长和老师们的反复考量，甚至对于不合适的老师还会淘汰。律师学院现在每一届都是 20 名学生，并不算多，但是能够把重视“人才”培养做到重视“每一位学生”的培养上，这其中一定还有许许多多的细节“没有披露”，这些细节正是律院十年筑基前行的齿轮。

尽管从人大毕业三年了，律院的两位导师对我的关心和爱护一直在延续，每当有困惑时，我也总喜欢在微信上、电话里甚至是当面和他们吐吐槽。我清楚地记得，第一次作为学生去见龙翼飞老师，是 2015 年 12 月 31 日下午 5 点在明法二楼。我和同班同学冯文博一起去见我们的新导师，当时明法二楼有 65 周年院史展览，龙老师站在大厅的展板前对我们两人讲述他求学、治学的经历，尤其提到他与赵中孚等诸位先生的师生情谊，这是我入“龙门”后的第一堂课。校外导师李公田老师对我而言更如“良师益友”，我和同门的师兄师姐每每与李老师闲谈在餐厅、漫步于校园、欢聚在音乐会……在他的引领下我结识了许多杰出的律界前辈，了解了许多律师行业发展的变化与前景。记得当时我因为毕业选择的问题纠结过一阵，便给李老师发微信表达我的困惑，没过几天，李老师就约我和他一起去北大参加一个会议，在会议中途他离开了会场，带着我在校园内边逛边聊，从他自己的学习和工作经历，谈到他对律师行业的认识和看法，最终让我下定决心，选择在律师的道路上走下去。李老师有一篇《正道相承，筑造未来》的演讲稿广受赞誉，文中提到律师行业是一个非常重视传承的行业。律师学院里正因有这些甘为人梯的导师们的真诚付出，把对职业的热爱、对人生的感悟传递给了一届届学生，才取得了人大律院十年持续领先于国内各大律师学院的辉煌成绩。

以上种种，只不过是我所经历的一些小小片段。但是，当我打开电脑想写点关于律师学院的什么时，我的脑海中好像没有一个纯粹的律师学院，所有的记忆都把我和我的老师、我的同学们联系在一起。这让我陷入一种哈特式的沉思，什么是律师学院？

律师学院是一个实体吗？好像是，它分明就在明德法学楼 618，门口还挂着我和几名同学亲手镶过金属边的“律师法学院研究会”牌匾，办公室的墙上、桌上还摆着一届届毕业生的合影……

律师学院是一个实体吗？它又不是，因为对律院的回忆并不完全在 618，对我而言，律院在刘院长的茶杯中，也在龙老师经常打不通的手机里，在李老师的摄影和歌唱作品中，也在黄河老师的一排排烟斗上……

如今，最早一批毕业生中的宋建设师兄又回到律院开始授课；我也时不时在潘老师的模拟法庭课上为师弟师妹们当当助教；越来越多的毕业生们走上工作岗位，走入律师职业，走向法治前阵……在岳麓书院“惟楚有才，于斯为盛”联的旁边，大门的两壁上，还有另一副对联，只是因今人所撰显得不够瞩目，但却表达了对学脉传承的思考，上联：治无古今，育才是急，莫漫观四海潮流千秋讲院；下联：学有因革，通变为雄，试忖度朱张意气毛蔡风神。说的是古今治理国家中急迫的是如何培养人才，切不可忽视世界历史潮流和千年学府的讲学传统；治学要掌握传承和革新的辩证关系，把握如何变化才能称雄，多思考和学习朱熹、张栻的治学精神，毛泽东、蔡和森的经世风格。在新中国法治建设和律师行业发展的进程中，人大律师学院勇立潮头、独树一帜，虽距“千秋讲院”尚有900余年，已然是一培养律师队伍的“不二法门”，而朱张、毛蔡的续篇，或许正待师生们接续、书写。祝福律院的下一个十年，也期待着自己的下一个十年，希望十年之后，又是美好的相遇！

# 师言在耳，且行且思量

赵正阳*

坐在律所的办公桌前，看着“人民大学律师学院十周年院庆”的通告，思绪又回到五年前刚入校入院时的情形。在那之前，并未想过能进入人民大学，亦未想过能进入律师学院，以至于，时至今日还清楚记得老师通知我调剂到律师方向时，正在图书馆看书的我从座位上跳起，一路跑回宿舍告知室友是怎样的兴奋。一转眼，毕业之后进入律所工作也有两年时间。两年时间不长，但感想不少。尤其每每思及在校时老师们唇齿之间的些许话语，对照当前的执业经历，更是感想万千，回味良久。

## 做技术派，不做死磕派

律师学院以培养执业律师为主要目标，在教学过程中，会为学生配置最优秀的师资力量，聘请一些坚持耕耘在一线的资深律师为我们教授最前沿的实务课程。在各项课程中，对韩冰老师的刑事辩护实务课程印象最为深刻。由于早年间办案机关从阅卷到开庭只给律师三五天

* 中国人民大学律师学院 2015 级法律硕士（律师方向）研究生，法律硕士，北京市康达律师事务所律师。

的时间，久而久之，韩冰律师练就了在短时间内高效阅卷的本领，其中秘诀就是通过接触办案人员时有意识地获取他们的观点与态度，从诉讼文书中抓取重点，甚至根据生活常理大胆地假设。韩冰老师认为诉讼律师在办案中遇到压力、阻力时要据理力争，而“据理力争”的前提是要“据理”，然后再“力争”。应心平气和地“争论”，而不是脸红脖子粗地“争吵”。在专业技能上不断地打磨、提高，“做技术派，不做死磕派”。韩老师的授课及“做技术派，不做死磕派”理念，是后来我选择诉讼作为执业领域的动因之一，这一执业信条也对我影响至今。

在最近一个代理执行人应对案外第三人提起的对执行标的房产的异议案件中，案外人的行为符合《执行异议规定》第二十八条规定的排除执行的所有要件，且在另案中，与我方情况相同的执行人已被该第三人排除执行。我阅尽法条，虽发现最高院最新出台的《全国法院民商事审判工作会议纪要》（以下简称《九民纪要》）以及最高院对应编写的《九民纪要理解与适用》（以下简称《理解与适用》）一书中，对《执行异议规定》第二十八条作出了解释，但同样对我方不利。不过，我不想就此放弃，在几天时间里反复阅读揣摩《理解与适用》，几乎把其中十几页纸张翻烂之后，终于寻得了书中两个字的突破口——“逃税”——在解释案外人行为瑕疵导致房产未过户时，《理解与适用》列举了“逃税”这一情形。碰巧该案中案外人与被执行人因为房产过户中的税费问题产生过争执，并且该事实被固定在了另一生效裁判文书中。于是我就以“税费问题”为抓手，重点论述了该案外人逃避纳税义务的行为瑕疵，主张其不符合完全排除执行的要件。最终，法院采纳了我的意见，使得我方执行人的利益得到保障。虽然自己离“理论深厚，精于操作”的技术派还相去甚远，但我相信，信念能够到达的地方，有一天脚步也一定会随之到达。

## 做律师，先做人

在律师学院，和我们班的同学接触最多的就数班主任陈云老师，与我们交流时，陈云老师常挂在嘴边的一句话是："做律师，先做人。"陈老师解释，"在一个平台里面，同事间的能力往往相差不多，工作也都会犯错，到最后大家的工作成果都大致相当，但是每个人的人品在领导心里却各有一本账"。工作两年以来，见过不少重收费、轻服务的律师。由于法律服务行业的信息不对称，相当一部分纯朴善良的当事人的合法权益无法得到保障。看到这些现象，感叹自己没有能力改变大环境，只能严格要求自己恪守执业之底线，"决不能为挣钱坑害当事人"。

想起某日，一位同学介绍的朋友向我打电话咨询离婚问题：他和妻子结婚数年，孩子刚满两岁，但大概因生育孩子平添了几分柴米油盐、鸡毛蒜皮的烦恼，夫妻双方矛盾愈演愈烈，经常大吵大闹，再后来"离婚"就成了吵架的日常结束语。曾经对爱情的憧憬和此时对婚姻的失望的巨大落差，使双方萌生了离婚的想法，夫妻对财产没有多大争议，但都要求两岁的孩子归自己抚养，且非常急切地想通过诉讼解决。在了解情况后，我劝说他："争取抚养权最好的办法是不要离婚，你们都说为了孩子，但孩子跟了你以后就没有妈，跟了她以后就没有爸……不要在生气的时候做决定，你们都应该有一段冷静期……"交谈到最后，虽然当事人离婚的念头没有改变，但他表示愿意冷静一段时间。挂了电话，脑子里闪过"花了一个上午时间劝说当事人不要委托自己是否划算"，但片刻之后一个更为清晰而坚定的声音一直在心中回荡——"做律师，先做人"。业务没了，是暂时的，人品没了，是一辈子的。

## 垒起七星灶，铜壶煮三江。摆开八仙桌，招待十六方

"垒起七星灶，铜壶煮三江。摆开八仙桌，招待十六方"是戏剧《沙家浜》中阿庆嫂的一段唱词。在我们那届律师方向的最后一节课上，刘瑞起院长把这段词作为结课语送给我们那届同学。"垒起七星灶，铜壶煮三江"，即前期大量地输入。正如一本书所说"每一个优秀的人，都有一段沉默的时光。那一段时光，是付出了很多努力，忍受了很多的孤独和寂寞，不抱怨不诉苦，只有自己知道"。"摆开八仙桌，招待十六方"即后期大量地输出。法学作为一门实

践性极强的学科，其最终价值还是应用。因此需要“摆桌待客”，使书本上静止不动的法条，变成现实中定分止争的法器。这段唱词工整对仗，朗朗上口。可当时对这段词的理解也只停留在表面。进入职场之后，才逐渐理解这段唱词投射在律师行业影像里更深层次的内涵。

最高院的2020年度司法解释立项计划为49件。在信息爆炸的时代背景下，律师行业从过去的经验主导型，变为现在的“经验+学习”二元主导型的行业，“学习”其中就包括对新法条的学习能力。“垒起灶台”，摆出学习的姿态。“壶煮三江”，大量地吸纳知识。律师只有“活到老，学到老”，不断地更新自己的“数据库”，方能把握最新的立法动向，不至于被抛在信息法律时代的浪潮之后。

律师在有了充足的“输入储备”之后，便可放开手脚“摆开八仙桌，招待十六方”。但“摆桌待客”也绝非易事。“摆桌”需要勇气，“待客”更需要智慧。在律师执业的初期，需要勇敢地去尝试，尝试各种类型的业务、案件。不要轻易对一项业务、一个案件说不。要摆出“海纳百川”的包容之桌，只有切身感受一番，才真正知道自己的兴趣、天赋所在。同时，“摆席容易请客难”。律师如何能“招待十六方”，这恐怕也需要一些智慧。律师常自诩为医生，那么面对当事人时，在无法“治愈”的情况下，如何通过“帮助”和“安慰”，向他们表达同理心，给予他们最大的抚慰；在诉讼中，在很难坚守“实体”阵地的情况下，如何尝试通过“程序”技巧，最大限度地维护当事人的利益……这些都是“待客”的智慧与艺术，值得反复思考。

在校期间众老师的教诲，已镌刻在我法律生命里的最深处，成为不可磨灭的思想印记。每当困顿迷惘时，它总能潜移默化地指引我前行的方向。

所谓漫漫律途，道阻且长。师言在耳，且行且思量。

# 我与律院的故事

郭　超*

我与人大律师学院的故事从我还没加入律院就已经开始了。在我本科毕业的那个暑假，我每天都怀着兴奋又紧张的心情憧憬着未来两年的人大研究生生活，并在与师兄的交流中对律师学院的师资、课程设置以及教学模式等有了初步了解。尽管这只是我第一次与律院相识，但我已基本明确将律师方向作为自己研究生的专业方向。开学后，经过申请，我终于如愿进入了律师学院学习，成为律院大家庭的一部分。

## 一、律院的老师

律院的每一位老师都很亲切友善，刘瑞起院长、韩玉胜老师、潘文军老师、黄河老师、韩晓强老师、陈云老师等，这些老师都在我两年的研究生学习和生活中给予了莫大的关心和支持。

* 中国人民大学律师学院 2016 级法律硕士（律师方向）研究生，法律硕士，君合律师事务所律师。

## 二、律院的课程

与其他方向的课程相比，律院的课程最大的特点就在于有校外的实务专家来授课，他们所教授的内容不仅包括专业的法律知识，还涉及宝贵的法律实务经验，让我受益匪浅。而且律院课程的吸引力还一定程度体现在对学生来说十分友好的成绩（分数）上。

## 三、律院的福利

2017年暑假，在律院的帮助下，我有幸获得法学教育发展基金的资助，前往美国马萨诸塞州波士顿市的波士顿学院参加为期三周的法学院暑期学校项目（2017 Boston College Law Summer Institute）。当时赴美过程非常曲折，但最终在律师学院以及各位律院老师的帮助和支持下，我得以顺利参加并完成该暑期项目。据悉，我是第一个获得此项奖学金资助的律师学院学生，这是我莫大的荣幸，同时我也想感谢律院的刘瑞起院长、陈云老师以及黄河老师等诸位老师对我的帮助、关心和支持，老师们的辛勤付出让我得以顺利获得法学教育发展基金的资助以及参加境外学习交流的机会。

## 四、律院的挂念

律师学院真的就像一个大家庭。每次遇到黄河老师，不论是当面交流还是电话沟通，黄老师都会说一句，“如有什么困难或需要帮助的尽管说”。每当听到这句话，我总觉得内心既温暖又充满力量，因为我知道，律院这个大家庭永远会是我们每个律院学子在面对生活风浪时的港湾。毕业后，我还不时收到律院寄来的校友通讯录，今年春节，我还收到律院寄来的新春贺卡，贺卡上有律院每位老师的手写寄语。坐在律所的工位上，看着信封上的律院院徽，读着律院老师的祝福，感动不已。

今天，我们作为律院培养的学子，在全国各地向律院送上十周年生日祝福。回首过往，律院已走过十年成长之路，展望未来，我相信律院将会发展得越来越好。最后，我想借用韩玉胜老师的祝语，与各位律院老师和校友共勉：“不忘初心，牢记使命。风雨十年，携手共进。——感恩、感激、感谢。”

# 我眼中的律院

李　凌*

初次了解律师学院，是在分方向时从班主任老师口中得知的。“双导师培养机制，同时还充满着人文关怀”，至今老师这句评价我还记忆犹新。之后通过自己查询资料，了解到中国人民大学律师学院是我国第一所由部属重点高校组建的律师学院，旨在创立中国律师的专业化教育体系，落实国家法律人才发展战略，简言之，就是为我国律师队伍提供源源不断的新生力量而专门设立的学院。出于自身兴趣爱好的考虑，毅然决然写了申请书申请加入律师学院。结合自身在律院两年多的学习时光，律师学院的培养机制与人文关怀最令人印象深刻，成为律院在学生眼中的两大“闪光点”。

## 一、理论联系实际的培养机制

首先，律师学院最具特色的就是双导师培养机制，即在给院内学生配备校内导师指导校

* 中国人民大学律师学院 2017 级法律硕士（律师方向）研究生。

内学习、学术科研的同时，还在律所、法院、公司等实务界聘请业内专家担任校外导师，负责指导学生的课余实习、职业规划等。以个人为例，我的校外导师拥有丰富的办案经验，对我的日常学习、职业规划很是关心，时常给我分享讲座信息，教我如何更好地学习，有适合我做的工作也会分配给我，让身处象牙塔内的我能够看见外面的世界，使我对实务工作有了一定了解，待人接物、为人处世的能力也得到提升。这是纯粹的校园内教育所欠缺的。

其次，律师学院的系列方向课程也更具有实操性。律院给学生指定了四门方向必修课，分别是律师执业规范与工作方法、公司法务前沿、刑事法实务前沿、民商法实务前沿。从课程名称就可以看出律院的课程偏重实务教学，授课教师也大多数是校外导师或其他实务界专家。实务课程的设计能够让我们更好地了解法律实务，接触真实案例，掌握律师工作的基础业务及相关技巧。使我们在毕业时不至于太过理论化、太过学生气，能够更顺利地实现学习到工作、校园到社会的转变。

## 二、注重学生成长的贴心关怀

进入律院学习后，发现律院对学生的关怀无处不在。从新生见面会上刘瑞起院长对我们殷切的关怀与教导，到每学期律院班主任、辅导员与同学们的聚餐；从分配校外导师前对我们执业意向的征集，到担心与校外导师联系不密切专门组织的实务导师见面会；从如父母般教授我们礼仪与处世之道，到竭尽所能给学生搭建与外界沟通的平台，譬如学院各项活动、培训课程等都对学生开放，想方设法给我们提供接触实务及社会的机会，加深我们与各类法律从业者的联系，无一不体现出律院对学生教育、成长的关注。每一次见到律院老师，老师们都是微笑着关切地询问近况，如有困难或疑虑，老师们也是不遗余力地协助或提供信息，点点滴滴都体现出律院对学生的贴心关怀。

2020 年，律院成立十周年，我正好从律院毕业。很庆幸自己当时选择了律师方向，让自己有机会能进入律院学习。很感激律院对我的培养，律院给我的不仅仅是专业知识的提升，更多的是综合素养的提高。同时，很感谢律院各位老师在疫情期间对我论文、工作等毕业事宜的关心与帮助。十周年院庆，遇上疫情，遗憾无法返校见证律院的成长，无法到明法 618 协助老师们筹办活动，只能用这只言片语祝愿中国人民大学律师学院蒸蒸日上，更加辉煌！

# 律院光阴　幸好有你

孙诚圆 *

时光静流，岁月荏苒，转眼间，研学时光已过半。桃李不言，下自成蹊，驻足看，律院成长正盛年。

早在入学时，便已得知2020年是律院十周年院庆，期许之情，盛于言表。然而，一场疫情打破了美好的期许，无法在现场和律院一起纪念，不免有些沮丧和遗憾，只能在心中献上自己最为诚挚的祝福。5月的北京，在初夏温热晚风的轻拂中，疫情终将褪色。不禁盼望着学校重新展开怀抱的那一刻，再和律院相逢，与阔别已久的挚友喜相问候。

作为一名在校生，我很荣幸能够加入律院大家庭。在近两年的学习时间里，背包里装着满满的收获和感动。律院为我搭建崭新的舞台，感谢；律院让我结识了众多良师益友，感谢；律院带给我知识与能力的双重磨炼，感谢！

谈及律院，难以绕过刘瑞起院长。初入律院时，我对律院的第一印象便是来自于院长。新生见面会上，刘院长为我们详尽回顾了律院的成长历程，对律院的创建和发展过程如数家珍、娓娓道来。被律院的风雨历程打动的同时，我也被刘院长博学善道的人格魅力所折服。

* 中国人民大学律师学院2018级法律硕士（律师方向）研究生。

刘院长博学，课堂上除了讲授法律知识，他也和我们谈文化、聊艺术、论美学，每堂课都能大饱耳福。刘院长不拘于理论，更重于实践，他的课程一贯以实践为导向和特色，在对我们进行思维引导的同时，“怂恿”我们大胆发言，鼓励我们勇于表现、乐于分享。刘院长风度翩翩，举手投足间是沉淀多年人生阅历的重现，言谈举止间是累积多年实务经验的升华。刘院长随和，在课堂内外看到我们，总会投来亲切的关怀和问候，笑着问我们课业完成的情况、实习工作的进展。

刘院长对在校生实习情况的关切，体现了学院注重培养实务能力的基调。律院的课程偏重实践，例如，民商法实务前沿，针对律师的工作属性，前两次课程单设法律谈判。我们采取分组对抗的形式，针对小案例展开谈判，有些小组最终达成协议，但过程跌宕起伏，有些小组因具体的某个合同条款争得耳红面赤，更有的小组陷入谈判僵局，以失败告终。谈判结束后老师汇总结果，有针对性地分析谈判过程中遇到的种种问题，兼以分享自己多年谈判的经验技巧。两次谈判课程结束，我们学会了对法律知识的灵活运用，更收获了处理实际问题的有效方法。在后续课程中，律院邀请了众多实务界的律师和法官为我们授课，课堂多以法律知识和实务经验相结合的方式进行，我们沉浸在其中，更收获在其中。律院的教学定位在应用性和实操性上，基于此，律院的课程模式大多融合了传授式教育和互动性教育。老师单纯讲授知识的时间减少了，更多的是学生与老师的提问互动和分组讨论。原本严肃的课堂变得鲜活有趣起来，也鼓励我们勇于表达自己的想法和观点。

除了诸多实务课程，律院针对我们的个人兴趣和职业规划安排了实务导师，意在有效锻炼我们的实务工作能力。入学后学校安排我们和众多资深律师、法官见面，敲定了后续的实习事宜。律院还为每届学生配备了一位班主任，专门负责在校生的学习和生活。宋建设老师是我们这一届的班主任，我们亲切地称呼宋班，作为律院的毕业生，他也是我们的学长和前辈。作为班主任，宋班帮我们制订学习计划，鼓励我们通过读书和参加活动充实自己；作为学长和前辈，宋班把自己亲身经历的案件改编成小案例，与我们讨论研习，也毫不保留地分享自己执业过程中累积的经验。

律院是个大家庭，传授知识的同时带给我们家一般的庇护与归属。年终元旦，学院精心准备了跨年午餐，邀请我们共同举杯迎接新年的到来；中秋佳节，学院送来月饼，让我们倍感欣慰，独在异乡为异客，身在律院一家人。

天高人大，不二法门，是我们每个律院人的追求和信仰。身在律院，胸佩院徽，更是我们每个律院人的光荣和自豪。言有尽而意无穷，感谢律院，更祝福律院，愿律院桃李满园，花开似锦。

# 情谊常存，深恩永志

## ——致我们的律院

王雅婷 *

这里是律师学院，这里是一个家。在这里，我遇到了最好的老师，最好的伙伴。

初见律院，我并不知道这是一个怎样的存在，只是在和她友好握手后，感受到她掌心的温润，沉醉于她明媚的微笑。在以后的日子我才知道，律院是一个令人“乍见初欢，久处不厌”的地方。

在法学教育中，律院的理念自成一格，它的教学之义，非仅律师之道，更在于处世之道。我们终会从学校的象牙塔，走向社会的大熔炉。我们不是诗人，不追求做“远方的忠诚儿子和物质的短暂情人”。现实告诉我们，物质匮乏，短暂的情人做不了，而远方也终渺茫不见，因为“远方，除了遥远，一无所有”。我们的律院，它不只是为我们描绘远方的图景，还帮我们筑牢立足社会的根基，这是我们追求诗和远方的资本。我们希望未来的生活能够面朝大海，春暖花开，但首先我们要有一座房子，我们的律院，帮我们一砖一瓦地修建属于自己的房子。它不教我们如何成为魔幻的理想主义者，它教我们首先成为一个成熟的人，

* 中国人民大学律师学院 2018 级法律硕士（律师方向）研究生。

社会可用之人。

律院有这样的老师，长者风范，平易近人，融艺术美学于庭审之上，寓兵法奇谋于案件之中，传人生智慧于课堂之内；有这样的老师，授人以渔不以鱼，将法律检索技能悉数传授，在林林总总的材料中去粗取精；有这样的老师，将法律谈判之法倾囊相授，运筹于帷幄之中，决胜于谈判之上；有这样的老师，以鲜活有趣的互动言传身教，以盘根错节的案件明法析理；有这样的老师，以大师兄自称，带领我们研讨案例，以身说法传经，循循善诱劝学；有这样的老师，以满足学生的需求为己任，既是老师也如长姐，既是良师也是益友。

在律院我有这样的一群伙伴，在办公室的圆桌旁，埋首于错综复杂的案件中，一起探讨纠缠不清的法律关系；有这样的一群伙伴，在北园的“拾光小屋”里，轮番演讲，虽算不上“指点江山”，但也是“书生意气，挥斥方遒”；有这样的一群伙伴，在图书馆的讨论室里，偷偷分享着零食，秉烛夜话，肆意畅谈，谈人生、谈社会、谈理想；有这样的一群伙伴，在法律谈判课堂上唇枪舌剑，讨论得如火如荼，思维的火花在激烈的交锋中迸发。

我尤其要感恩的是，在这里，我遇见了对我恩重如山的导师，他说我是他的第一个学生，他会倾尽所能帮我实现梦想。

律院就是这样一个充满温情的地方，仿佛一位长辈，将她的故事娓娓道来，时时刻刻关注着我们的需求，助我们跋山涉水逐梦远方。借此机会我想对律院说：过去的悠悠十年，我只参与了两年。还有一年我就要从这里毕业了，我多希望在这里的日子不止短短三年，我多希望可以再多些时光与您朝夕相处，虽然我相信在未来的日子里，当我在战斗或在流浪时，您会一直注目在我身后。希望当我毕业多年，您还会常常喊我回家。

# 海阔凭鱼跃，律院带我飞

肖崇怡*

如果说法学如武功，做律师就像是行走江湖，江湖上，各路高人身怀绝技，各类门派各显神通。初入江湖，不怕天高地远，不怕智识尚浅，怕的是一开始的视野和平台就受到了局限，从哪里开始就在哪里结束。人大律师学院作为我国第一所部属重点高校组建的律师学院，给予了我们律师学院学生领先全国的视野和平台。

## 一、优秀榜样的力量

律师学院为每一位学生配备了校内、校外两位导师，校内导师指导我们在校的理论学习，为将来工作实践打下坚实的法学知识基础，校外导师指导学生的职业规划，在实务操作技能上给我们提供教学指南。我的导师潘文军老师、张弢老师总是毫不吝啬地给予我鼓励，在每次我产生困惑和遇到困难时提供帮助，相信其他的律院导师也是如此，律院学生的进步离不

* 中国人民大学律师学院 2018 级法律硕士（律师方向）研究生。

开他们的悉心指导。律师学院的导师库中，有各个业务领域的领军人物，还包括不少的传奇级、元老级的律师，每次的导师见面会宛如武林大会。2018 年冬的那次见面会我记忆犹新，当时的我看着满座神采奕奕的导师们，心中也暗暗对自己说，希望自己也能成长为那种闪闪发光，内心坚毅，传递着正能量的人。

要成为一名优秀的律师，首先要知道优秀的律师是什么样的，律师学院的每一位导师都堪为学习的榜样。钱列阳老师在一次授课中跟我们讲过，律师的角色是集学者、商人、社会活动家于一身的。首先，优秀的律师应当建立并不断完善、丰富自己的知识体系。“学者”不仅代表在自己的专业领域做到如“学者”般精通，还意味着终身学习其他领域的新知识。互联网时代知识的更新换代迅速，“依法治国”的背景下法律法规修缮不停，律师一方面要了解客户的实践需求，另一方面还要不断更新自己的法律知识库。其次，律师身份的本质是商人，优秀的律师不能没有出色的经商头脑。律师工作的本质是提供专业劳动服务而获得报酬，只有不断投资自己，提升服务的价值，才能创造更多财富。商人的角色还意味着律师将一直身处激烈的市场竞争中，如逆水行舟，不进则退。此外，优秀的律师还是优秀的社会活动家，律师应当具有人格魅力，乐于倾听且善于表达，才能在人际交往中获得别人的信赖和认可。

## 二、扎实的技能训练

律师学院为学生精心设计了培养方案，包含以大课形式开展的实务课程和小班的提升计划。律师学院开设的实务前沿系列课程，内容涵盖公司法、民商法、刑法各个领域，从房屋买卖合同、民间借贷这类常见纠纷到科创板制度构建的最新业务，从刑事辩护的执业风险到非诉业务中的风险防范，为在校生介绍了律师工作的各个业务领域的执业规范和工作内容。这些课程带给我们的不只是知识上的收获，老师们的演讲风采、工作习惯甚至包括待人接物都是我们学习的材料。这些课程大多开设在周末早晨，而许多住在朝阳区的老师还要从北京东门赶往位于西边的人大，甚至有老师为了将最新的实务动向纳入课程内容而凌晨备课。客观来说，教学可能只是他们的一份兼职，这份兼职的酬劳与他们作为律师的收入可以说是微薄，但是老师们对待“兼职工作”的尽职尽责，赢得了学生们的尊重。除了知识性的授课内容，老师们总是有各种精彩纷呈的故事可以分享，个人的成长经历、执业过程中的案例、生活中引发思考的细节等。这些故事让课堂变得生动活泼，也让我们更直观地了解到优秀律师的生活。

律师学院把学生以年级为单位编为一个班，为每个班配备了班主任。我们的班主任宋建设老师精心设计了一系列包含开展班级例会和课后任务等内容的培养计划。班级例会主要包括中英文的语言类节目和学习收获分享两部分。语言类节目主要是为了提升我们的演讲水平、训练表达能力，学习收获分享则是促使大家主动思考，共同进步。课后任务，宋老师给我们开出了各学科的书单，还布置了庭审观摩、写作练习等课后作业以磨炼实务技能。宋老师还为对民商事争议解决感兴趣的同学开展专门的案例教学计划，虽然因为疫情有所耽误，但是宋老师投入其中的心血还是让我们十分感激。

## 三、温暖的律院家庭

离乡千里，律师学院就是我们在人大温暖的大家庭。老师们就是家里的长辈，为家庭的繁荣而不辞辛苦地奔波。在我们家里，有每次见面都事无巨细、苦口婆心地教导我们的刘院长，总是如父母为子女一般为我们谋划深远。还有杨洪浦老师、韩晓强老师、宋建设老师、黄河老师，为律院的每一节课程、每一次活动，甚至每一次小小的聚餐，都精心准备，如兄长一般关心我们的学业进展与人生规划，耐心提点，为我们提供中肯的建议。有刘梦梦老师、徐亦安老师在律院日常运营的幕后默默付出，她们如姐姐般的温柔细心，大方得体，带给了我们每个人家一般的温暖。律师学院用最精简的人员高效地开展着各项工作，每一次课程或会议，从设备调试到反馈意见的收集，律师学院的老师们把每一个细节都做到了几乎完美。正是因为长辈们的苦心经营，才有了律院各类精彩纷呈的课程和活动，这是长辈们给我们做的榜样。律院的大家庭里自然少不了可爱的同学们，是律院把我们凝聚在一起，每一次的班级例会、律院聚餐都增进了大家的感情，是可爱的同学们的陪伴让我们在人大的时间充满了欢乐。律院就是我们缘分的连结点，不论是师生，还是同门，再过十年回首，律院大家庭应该也仍是记忆中最亲切的人。

还有一年我们这一级也就毕业，正如小船要驶向波涛汹涌的大海，却有这样一群人护着我们出发远航，他们就是我们的底气。山高水长，律院携我们一同成长！

# 五十九号独家记忆

杨佳茜 *

世事白云苍狗，律师学院的迎新会仿佛还在昨天，转眼间，我还能在中国人民大学律师学院学习的时间已经仅剩下不到一年了。2020 年注定是不平凡的一年，新冠肺炎疫情暴发，奥运推迟，各国封锁，市场停摆，紧促的步调在转瞬间被迫放缓，我看着窗外 10 点钟不落的太阳，想着大概这是一个回忆我在律师学院时光的最好时机。笔端落下，却不知道从何写起，在律师学院的两年时间，700 多个日日夜夜，留给我太多回忆的高光时刻，闭上眼帘，在律师学院的故事滚玉落珠般洒下来。

"律师是个什么'东''西'？"刘瑞起院长语出惊人。这是刘院长在律师职业道德和工作方法课上的开场白。刘院长的风趣幽默和他的"非典型方法论"给我留下了深刻的印象。他从律师这一职业讲起，帮我们追本溯源，潜移默化又循循善诱地告诉大家作为一名未来的执业律师，你所承担的律师的职业使命和社会责任是什么。律师的责任不仅仅是律师法白纸黑字的规范决定的，也不是夫子们照本宣科灌输给你的，而是律师这一职业在漫长的历史演化过程中，在客户的选择和信任里，在一代代律师们的砥砺前行下，

* 中国人民大学律师学院 2018 级法律硕士（律师方向）研究生。

逐渐积淀出来的。平心而论，在律师学院学习的同学之所以选择这个专业方向，对这一职业都或多或少有自己的理解，但大家的了解更多是在法律知识上、在业务能力上，很少有人会认真地思考律师这一职业本身所具有的独立价值。而这种思考正是不可或缺的，而且它在很大程度上决定了一个法律从业者的发展格局。在律师学院的学习让我明白，格局，有的时候比知识和技能本身，更能决定一个人未来的发展轨迹和发展潜力。

律师学院的格局是什么呢？“天高人大，不二法门”，这是初入律师学院的时候律师学院给我们的寄语。这短短的八个字背后蕴含着律师学院对我们的期许和谆谆教导。正如刘院长所说，格局的大小，决定了你的体量；视野的宽窄，影响了你的走向。对于新一代的后浪们来说，天地广阔，大有可为，透过这八个字，我看到了律师学院铺陈在我面前的一幅宏大画卷。但人之大，法至高，并非一日之功，正如明德法学楼前漫长的阶梯，攀登阶梯的过程从来都不是一蹴而就的。想入“不二法门”，先要请君入“瓮”，在案牍劳形中参悟、领会、总结、升华，才能有幸一睹朱斯提提亚的芳容。

我在律师学院学习过程中另一深刻的体会就是在这漫长的“案牍劳形”中，律师学院独特的教学方法使“苦旅”成为“乐途”。这要说到研究生二年级上学期的实务课程。人大律师学院是律师教育概念的先驱实践者，同一般法学教育不同，律师教育不局限于某一部门法分类内，更强调实用性和学科交叉性。课程设计方面律师学院一向力图采用小班授课，跟每个同学充分互动和交流。专业课程由执业时间长，业内具有口碑的实务经验丰富的校外导师进行设计，涵盖各个传统的法学研究领域。在黄河老师的会见咨询谈判课上，黄河老师精心设计了一个谈判案例，并让同学们在课上基于这个案例进行实战演练。全班分成了许多小组，大家沉浸在自己的角色里，仿佛自己就是案例里的公司老总、法律顾问和乐队成员，唇枪舌剑地为自己这一方争取更多的利益。这种生动的授课方式是我在进入律师学院以前没有体会过的，通过自己的实际操作和老师鞭辟入里的点评，我不仅掌握了黄河老师教授的谈判技巧，还锻炼了谈判的思维方式，更产生了对这一工作的极大兴趣。这堂课只是律师学院开设的诸多品类丰富，内容精彩的实务课程的冰山一角。在律师学院，每堂课都渗透着巧思和妙想，引导着我不断地攀登高山，找寻进入“不二法门”的捷径。

律师学院是我的课堂，更是我在人大的一个家。中秋节的月饼是来自家人的问候，胸前的徽章是这个大家庭的荣耀，年终的聚餐更是整个律师学院大家庭欢聚一堂、其乐融融的盛事。律师学院每届的学生不多，可大家的凝聚力和归属感都很强。律师学院的老师们记得我们的每一件鸡毛蒜皮的小事，我们也记得老师们每一句苦口婆心的叮嘱和真挚恳切的问候。桃李不言，下自成蹊。律师学院成立至今已经有十年了，十年的时光孕育了太多感念的种子，播撒到了祖国法律事业的东西南北。

陶杰在他的散文里写道：“当你老了，回顾一生，会发觉：什么时候出国读书，什么时候决定第一份职业、何时选定了对象而恋爱、什么时候结婚，其实都是命运的巨变。只是当时站在三岔路口，眼见风云千樯，你做出选择的那一日，在日记上相当沉闷和平凡，还以为是生命中普通的一天。”对于我来说，进入律师学院学习，就是一个普通、平凡却又足以改变我人生轨迹的选择。站在历史的洪流里，我无从预知将来的自己将会被冲向何方，往事也好，旧人也罢，都将是蛇的蜕，笋的衣，随着滔滔洪流滚滚而去，但律师学院教会我的法律的技术，哺育我的法律的良心，都将沉淀下来，让我一生受益。

# 秉情怀之念　承法治之脉

## ——暨中国人民大学律师学院十周年“院庆月”活动随感

李青松*

### 理念传承：紧握时代脉搏，践行法治实践

岁月不居，时节如流。作为中国人民大学落实国家法律人才发展战略所组建的律师学院，已走过十年砥砺耕耘的风雨历程。十载春秋，十载风雨，十载漫漫长路，对律师学院成立十周年的祝福已成为由衷之言。“大江流日夜，慷慨歌未央”，时代经历巨变、科技席卷挑战，中国特色社会主义事业不断发展前行，法治建设也承载着更多的使命，发挥着举足轻重的作用。法治建设以彰显中国智慧的法学教育实践为根本遵循，而法学教育以培养德法兼修的法治人才为应有之义。基于此，律师学院契合中国律师专业化教育体系，应运而生。律师学院以培养“先进法治理念”“深厚专业素养”“开阔国际视野”的法律人为学术理念和办

* 中国人民大学律师学院第二期国际商事仲裁法律实务高级研修班2015—2017年两年期学员，中国海事仲裁委员会委员，天津澍泽律师事务所主任。

学宗旨，为法治实践输送一代代法治精神的坚定捍卫者，颇感荣幸，我也是其中一分力量。

“先进法治理念”体现在关注前沿热点，回馈社会期待，解读现实问题。律师学院坚持问题意识，涵盖旨在扩展法治思维的金融犯罪辩护专题，旨在提高操作技能的商事犯罪领域专题，旨在提升业务技能的行政协议司法解释专题等。“深厚专业素养”体现在凝聚师资力量，分享实务技巧，提升专业技能。教学和科研有效依托中国人民大学法学院雄厚且资深的师资力量，为培养具备人文素养、家国情怀及健全人格的法律人提供深厚的支撑。课程体系设置和优质资源整合切实考量律师基础业务与基本技能，在实践中学习，在运用中提高，可有效提升律师思维与表达技能，培养律师文书写作与法律检索能力，强化律师职业伦理与职业规范等。“开阔国际视野”体现在学术交流合作，人才流动培养，访学互换机遇。律师学院坚持将国家战略情怀根植于教学理念之中，对待国际规则择善而从，旨在培养参与国际治理、熟悉国际规范体系和国际秩序并具有较强开拓创新精神的新型法治人才。

抓住机遇、迎接挑战，“法律必须被信仰，否则它将形同虚设”，用理性的法治来推进新时代的改革早已大势所趋。

## 成长历程：积跬步至千里，积小流成江海

过去的日子，寒来暑往，有幸进入律师学院学习两载有余。由于新冠肺炎疫情原因，十周年“院庆月”活动无法以线下相聚方式收获来自五湖四海莘莘学子的祝福。但对律师学院真挚的爱，以及那份法律人情怀的传承，一直藏于我们心底，无论我们身处何处，都依旧鲜亮如初。律师学院是梦想，亦是家园。疫情阻隔了前往的路程，但无法阻隔院庆的欢悦与真挚的祝福。

初入律师学院那求知的渴望仍历历在目，在这里，我收获了共同的法治传承与共同的知识记忆。印象颇为深刻的是参加国际商事仲裁法律实务高级研修班第二期的学习经历。应对经济全球一体化，中国企业国际商事贸易往来过程中经验不足、屡屡受挫的背景，国际商事

仲裁作为解决争端的主要方式发挥着不容小觑的作用。因此，如何恰当地选择国际仲裁机构，如何通过国际商事仲裁高效解决经济争端，保护中国企业的合法权益、维护国家的经济利益，怀揣着上述疑问与求知的渴望，我对待课程设置的每一专题，字求其训、句索其旨。其中，颇具广博学识和儒雅学风的杨良宜教授，结合自身丰富的仲裁实践经验与涉外民商事法律经验，深入浅出地讲述了国际商事仲裁案件中的仲裁协议与管辖权、仲裁机构、自然公正与利益冲突等问题，将需要关注的问题、程序的把控及灵活运用审理措施等内容讲述得面面俱到。从理论到实践，从裁判规则到实际案例，结合现行国际仲裁机构仲裁规则，杨教授让我真切感受到知识的饕餮盛宴。而且，与第二期研修班诸位同人分享与交流也着实让我受益匪浅，同业互敬是律师礼仪的核心要义，秉持这一要义，我始终坚持真诚沟通，细心认真聆听，积极提出观点。分享与交流的内容也不胜枚举，如对现有制度局限性所产生现实问题的剖析，某一理论实务案例裁判采用不同观点的理解，或是对律师职业愿景、使命以及价值观的探讨。“常与同好争高下”教诲我们要与志趣相投、志同道合的人争论高下，恰因此契机，我深入交流、推心置腹，碰撞出不少思想智慧的火花。

明辨审慎、理性严谨，“法律是善良公正的艺术”，历经知识洗礼而镌刻下的时光印记，早已铭记在心，彰显于行。

## 百感丛生：润万物于无声，行大爱于无形

牢记党和人民嘱托，不忘初心与使命。自 2008 年开始律师执业并积极投身法律援助工作以来，我始终坚持把“平生有微尚，法理维道义”放在高处，努力成为良心和正义的值更人。2013 年 6 月创立天津澍泽律师事务所，2016 年 4 月成立了天津澍泽律师事务所党支部。2015 年天津澍泽律师事务所成为“天津市示范劳动人事争议调解组织”，分别获得 2015 年度、2017 年度“天津市河东区人民调解工作先进集体”。2018 年度先后被中共天津市和平区委组织部、天津市和平区两新组织工委授予“党建工作示范点”，中共天津市委组织部、天津市两

新组织工委“党建工作示范点”，中共天津市律师行业委员会授予“党建工作示范点”等各项殊荣。2019年天津澍泽律师事务所被天津市和平区司法局律师行业党委评选为“先进党支部”，党员律师吴凤颖先后被授予“全国优秀党员律师”“天津市新时代司法为民好榜样”“和平区律师行业优秀共产党员”等荣誉称号。

“润万物于无声，行大爱于无形”是澍泽律师的立所宗旨，亦是我内心深处对法律的秉要执本。悉心对待每一位委托人，精心对待每一个案件，始终秉持法律信仰，捍卫正义闸门。律师是社会发展的服务力量，是社会责任的践行力量，亦是司法公正的平衡力量。

在法律道路上，我取得了一些阶段性的成就，无一不归结于律师学院对我的点点教诲与悉心培育。但“路漫漫其修远兮，吾将上下而求索”，法律人不仅需要术业有专攻，更需奉献责任使命。以初心砥砺前行的精神，以一往无前的奋斗姿态，献身给善、献身给真、献身给正义。

祝中国人民大学律师学院十周年生日快乐！

# 圆梦人大

张云利 *

2015 年 11 月，一个偶然的机会，我看到了中国国际经济贸易仲裁委员会和中国人民大学律师学院共同举办的第二期国际经济贸易仲裁高级研修班的招生简章，我第一时间打电话联系上了杨洪浦老师，很快办理好了必需的报名入学手续，按规定时间于 12 月报到，在学院举行了隆重的开班典礼：中国国际经济贸易仲裁委员会秘书长于健龙、人大法学院院长韩大元、人大律师学院院长刘瑞起亲自到场发表讲话，随后，在明德法学楼六楼开始上课。

其实多年前我和人大有过一面之缘，我在 1988 年大学毕业后做了两年律师，1990 年报考了人大法学院民诉法研究生，经人引荐，找到了人大的民诉法专家江伟教授，他身材消瘦、和蔼可亲，没有任何架子，耐心地对我进行了辅导，在考试中，我的民诉法考了 83.5 分，但是因英语低了两分，错失成为人大硕士研究生的良机。

在这次研修班的开幕式上，律师学院刘院长说，来我们这里学习的都是我们人大的校友，

---

* 中国人民大学律师学院第二期国际商事仲裁法律实务高级研修班 2015—2017 年两年期学员，中国国际经济贸易仲裁委员会委员，河北华盛通达律师事务所主任。

都要进入我们人大学生名册。这句话我至今仍然记忆犹新，萦绕耳畔，些许弥补了当年没有考上人大研究生的缺憾。

我们这个班的几十个人大部分来自广州、深圳以及四川、重庆、上海等省市，我是唯一河北的学员，尽享地利的优势。每隔一段时间，我们就要进行为期一周的集中授课，我常常是早晨坐最早的高铁到北京西，坐地铁到人大西门，先去学生食堂吃饭，然后背着包和人大的学生一样，走在校园的小路上，准时地进入课堂开始上课，听取各位导师和法学名家的授课和指导。其他同学，路途遥远，坐飞机奔波旅途劳顿，耗费很多时间，因此他们对我羡慕不已。

作为律师学院的学员，我们在学习国际贸易高级研修班课程的同时，可以免费参加律师学院举办的任何法律培训班。基于此，几乎每个月举行的各种法律培训讲座，如刑法、PPP、经济法等，我几乎课课不落，早晨坐高铁赶来，下午下了课又坐高铁返回，不耽误第二天的工作。刘瑞起院长在一次开会时戏称，都像张云利这样，这么善于利用学习机会，我们培训班的费用就收不上来啦。

在律师学院给我们授课的都是国内著名的顶尖法学家、教授、博导，比如法学院王轶院长在讲课时往往一句话几十个字、上百个字不停歇、不打磕，一气呵成，吸引着你的思路，让你大脑不停地加速运转，确实感觉有一种转不动的感觉，但又非常过瘾，见识了真正的法学大咖风范。其他教授讲课也都各有风采，拥有众多粉丝，我们从中汲取了很多的营养知识，开拓了眼界，提高了自信，丰富了自我。

我们这个研修班的同学们也建立了深厚的友谊，包括去广州上课，去武汉上课，去四川重庆上课等，尽东道主之谊，开展了一些业务协助合作，一直保留着微信群经常互动问候。

在 2017 年 5 月贸仲进行仲裁员换届时，我进行了报名，并且得到了给我们研修班授课的原香港仲裁院院长、在国内外享有盛誉的国际仲裁员杨良宜先生的签名推荐信，经过层层选拔考试，我荣幸地被聘为贸仲国际仲裁员，这也是石家庄律师中唯一的一名国际仲裁员。

作为从事律师工作几十年的老律师（2019 年 12 月河北省司法厅省律师协会给我颁发了

从事律师工作 30 年以上、为律师事业发展做出了贡献的证书和奖章）、石家庄律师协会三届理事会副会长，我用自己的行动证明，我们也可以在首都大舞台上有立足之地，可以展现自己的风采。只要不安于现状、故步自封，选择人民大学律师学院这样高水平的律师培训机构进行充电、研修深造，完全可以不断提高自我，可以站在更高的法律服务平台进行竞争、开拓进取。

现在，只要有时间我仍然时常到人大律师学院，参加第三期国际仲裁高级研修班的一些课程，继续学习、充电，到人民大学看看我的老师、朋友们。2019 年，我的儿子从天津大学毕业，考上了首都师范大学的法学研究生，他的导师恰巧是毕业于人民大学的法学博士杜强强，与人民大学的师生情仍然延续着……

# 人大律师学院，刑辩律师的摇篮

## ——一位刑辩律师的成长见证

徐向前 *

我是深圳的许向前律师，目前在广东德纳律师事务所执业。2013 年 9 月 11 日，我报名参加了中国人民大学律师学院刑事辩护业务高级研修班第四期培训，这是我第一次与人大刑辩班结缘；加入刑辩班后，我认识了来自全国各地的刑辩大咖，从他们身上也学习了很多刑辩知识。从一期到四期，在全国已经有了一两百个律师学员，大家都加微信群，由于当时微信还是小群（一般只能加 40 人，但是联通卡可以申请 150 人微信群特权），于是我率先把人大刑辩班微信群拓展到了 150 人群，把人大刑辩班学员凝聚在一个微信群里，便于交流沟通合作。后来，在大家的共同努力下，该微信群又最终成为 500 人群，成为人大刑辩班实质意义上的官方群，我作为群主，义务承担起该群的管理职责，以及配合班委、律师学院开展有关宣传动员工作。

2017 年 9 月 11 日，我又报名参加了刑辩班第八期培训，被推举为班委，成为该年联欢

* 中国人民大学律师学院刑事辩护法律业务高级研修班第四期、第八期学员，广东德纳律师事务所律师。

晚会的主持人；2019 年 12 月 1 日，我又争取机会报名参加了刑辩班第十期培训，此次由于上课场地限制了招生名额，报名非常激烈，我是好不容易才争取到了这个名额。为了珍惜这一次来之不易的学习和交流机会，我和几位学员义务组织了一场别开生面的《人大刑辩夜话——刑辩律师专业品牌打造研讨沙龙》，组织来自全国各地的刑辩大咖学员，从台下走向台上，分享执业干货，活动取得了圆满成功。

通过人大刑辩班，我结识了来自五湖四海的刑辩大咖，虽然每一次相聚时间短暂，但是之后的交流互动频繁，与很多学员结下了深厚的友谊，本人也从初涉刑辩到专注刑辩，成为一名专业刑辩律师。这些年承办了多起故意杀人、故意伤害致死、抢劫致死、重大毒品犯罪等相关案件，均免予死刑或法定刑下轻判；也办理了一些地区影响力较大的刑事案件，如广州南沙 7.6 亿元特大传销案法定刑下轻判、广东贵金属涉案 2000 万元诈骗案不起诉等多起重特大案件，取得良好的辩护效果。也办理过几起无罪辩护案件，如许某某寻衅滋事案免予刑事处罚、许某某滥伐林木案公诉机关撤回起诉等无罪案件。

感谢人大刑辩班给予我开阔的视野，智慧的启迪，为我的执业提供了坚强的后盾！也因为在人大刑辩班的专业培训学习，让我能够从容应对每一场激烈的刑事庭审，赢得一个个案件当事人的高度认可。

人大刑辩律师班的同学和校友是我的第一批律师人脉圈，直接助力了我 2017 年 6 月发起创办的星火律师平台，截至 2020 年 2 月 20 日，已入驻了 130 个地级城市律师团队，其中至少 30 位城市负责人是人大刑辩班的学员，我和另外两位联合创始人广州洪树涌律师，佛山刘鹏涛律师皆来自人大刑辩班。还有平台早期发起人余安平律师，还有平台城市负责人金华的张丽蓉律师、哈尔滨的曲铁军律师、厦门的许兴文律师、三门峡的李建锋律师、上海的蔡正华律师、郑州的胡松涛律师、昆明的蔡亚律师、成都的姚志刚律师、北京的张雨律师、株洲的文铁军律师、大连的张旭涛律师等人都是来自人大刑辩班。

在人大律师学院十周年之际，我要再次感谢引领我加入人大刑辩班的刘平凡律师、曹春风律师、高明律师、张丽蓉律师等前辈，他们亲临深圳为我们倾囊授课，培养了我对刑辩业务的基本技能，坚定了我专注刑辩的信念！感谢徐建院长，钱列阳老师！感谢所有为人大刑辩班默默付出的老师同学，教职员工！！

来到人大律师学院学习，有学员曾深情地写道："我为神往的人大律师学院而来，我为仰慕的刑辩老师而来。我为同道中人的相知而来，我为同道中人的相守而来。"记得2010年9月首期人大刑辩班开班之初，全体首期学员曾经给人大律师学院赠送了一块牌匾《赠中国人民大学律师学院：中国刑辩律师的摇篮》。中国人民大学律师学院是中国律师的黄埔军校，是中国刑辩律师的摇篮。我要在此为人大律师学院见证，人大律师学院、人大刑辩班无愧于这个光荣称号！让我们牢记中国人民大学律师学院刑辩班座右铭：同心铭德，共铸刑辩。无论岁月如何变幻，人大刑辩班永远是我们的精神旗帜！

刑辩律师在当下中国不容易，有人说我们是"刀尖上的舞者"，所以更需要抱团取暖，守望相助。弘扬刑辩正能量，为中国刑辩事业添砖加瓦，让我们一起奋力向前！

# 律师学院的真谛是培养精英法律人

阴明伦 *

适逢中国人民大学律师学院成立十周年之际，接到刘瑞起院长邀请写一篇与律师学院有关的文章，想了想，还真不知从何写起。一是象征学院培养法律人的“明德楼”让我感触颇深。每当我走近或离开教学楼时，都会不自觉地停下来抬头或回头看看“明德”二字。谨记从事法律工作靠的是责任心，心里永远要明净、思想要明净，守住行为的准则和规范。一定要把道德放在法律人的首位。如果没有责任心，那么我们就谈不上社会公德、家庭美德和职业道德。二是在神圣而庄严的明德教学楼里，让我学到不少法学知识，丰富了我的律师生涯，结识了同学和老师，结交了来自全国各地的法律人。同时，也意识到一旦走出人民大学律师学院的校门，将要肩负的律师责任。三是我在明德楼里完成了二年的“国际商事仲裁法律实务高级研修班”的学习，并通过最严格的考试和考核，从班上脱颖而出成为中国国际经济贸易仲裁委员会仲裁员、中国国际经济贸易仲裁委员会建设工程评审专家。四是人民大学律师学院作

---

* 中国人民大学律师学院第二期国际商事仲裁法律实务高级研修班 2015—2017 年两年期学员，中国国际经济贸易仲裁委员会委员，四川仁厚律师事务所高级合伙人。

为培养法律人的摇篮，自 2010 年 4 月成立起就担负着为国家培养优秀的法律人的神圣使命，就一直在为国家的法治建设、完善法学教育体制不懈探索，做出了卓越的成绩。五是人民大学律师学院培养出来的法律人一定是法律从业人员中的精英。既能运用法律解决案件纠纷和社会问题，又能为公平正义发声，追求正义信念，维护司法公正。

所以，作为校友，为表达对人民大学律师学院的崇敬和关心，在这里我以律师和仲裁员的身份，谈下当下律师（包括老律师）最渴望破解的问题。归纳起来就是：律师办案“如何运用诉讼策略思维去影响裁判者的审理思路？如何运用诉讼策略思维去影响裁判者的分配举证责任？如何运用诉讼策略思维去影响裁判者的内心确信？如何运用诉讼策略思维去影响裁判者的价值权衡？如何运用诉讼策略思维去影响裁判者的司法观点？如何运用诉讼策略思维去说服裁判者，并赢得裁判者的认可”的问题。为此，谨建议人民大学律师学院在探索律师教育培训上还应与上述问题接轨，针对律师办案与裁判者在思维上存在的差异及启示进行重点研讨，将上述问题纳入律师培训计划。使其培养出来的律师个个都是精英，因为从学院走出去的律师们太需要通过培训来获得和掌握这方面的庭审技巧了。

就律师而言，与其他职业不同，我认为律师是一个终身都需要学习的职业。虽然律师在办理案件中，与裁判者都是用法律思维分析问题和解决问题，但由于两者的职业属性、工作内容、立场角度不同，仍存在不同的办案思维方式。如果人民大学律师学院培训出来的律师，能够通过研究裁判者的思维方式，把诉讼策略思维运用到案件办理的思考中，我想会达到开拓思维、顿彻顿悟的办案效果。

下面，我以自己的办案实践经验，就律师在办案中如何运用诉讼策略思维去说服法官，赢得法官认可的问题向学院作个介绍，并作为自己向中国人民大学律师学院成立十周年的汇报献礼！

我认为，出庭律师不论是参加诉讼还是仲裁，庭审的目的都只有一个，这就是通过证据、法律和法理说服法官作出有利于己方的裁判。但这一目的并非总能实现，因为裁判是以事实为依据，以法律为准绳的。换言之，官司获胜不一定都是律师的功劳，而输掉官司也未必就是律师造成的。虽然大多数案件并非是黑白分明的，但优秀的律师可以运用自己的智慧、法律知识和经验来影响案件的判决。法官不是机器，也会被其尊重的人说服。因此，如何使法官自由裁量的结果有利于己方，这就考验着出庭律师的说服能力。在庭审过程中，除了说服内容本身以外，律师还要尽量赢得法庭的尊重。经验告诉我，同样的内容从不同的人口中说出，其说服力会截然不同。这就要求出庭律师将建立个人良好的口碑作为长期目标。如果一个律师留下了胡搅蛮缠的口碑，那么无论这位律师是否有道理，法官都可能无意中忽略该律师在法庭上的发言。因此，在还未形成口碑时，律师需要在个案中表现得专业且敬业，才能得到法庭的尊重。这就需要：

第一，法庭上能使法官的观点动摇的唯一机会就是自己有力的庭审表现，往往胜诉方是准备得更充分的那一方。而准备不充分的后果会让你在庭审中面对突如其来的状况，感到没有时间停下来思考，慌张而不知所措。如果今天仍有律师认为庭审是在走程序、走过场，那我要告诉你这种认识是错误的。原因是，我国职权主义的诉讼模式，在庭审期间，允许双方提交新证据并变更诉讼请求或抗辩理由，从而养成双方不重视诉讼文书，一开始就较为简略，完全没有重视法官只有在庭审时才能全面了解案件事实，进而确定争议焦点并考虑法律适用的情况。虽然不同法官的审判风格截然不同，但是公正法官是会服从于事实和法律进行公正裁判的。如果律师不熟悉法庭的审理风格，那么无疑会影响其庭审表现。例如，法官是亲切还是严厉；对律师的发言是耐心倾听还是不耐烦地打断；法官在庭审中批评了哪些方面；庭审流程怎样等信息，都需要律师细心留意。

第二，作为诉讼律师应该是最熟悉涉及案件事实和法律的人，这既是出庭律师应做的工作，也是法官的期待。法官希望从高水平的律师那里了解案情和法律意见，从而帮助其正确裁判。律师也正是通过对事实的理解和法律的掌握来显示自己的水平。一定要知道，律师在庭审中的主要工作在于帮助法官发现案件事实。这要求律师事无巨细地掌握案件的细节，这样才能够在庭审中应对法官出其不意的问题。只有这样，律师才能在法官面前建立熟悉案情的印象，从而更愿意听取律师的陈述。但这种能力不是与生俱来的，而是勤奋努力的结果。

在势均力敌的案件中，面对精心准备的一方以及漫不经心的另一方，法官行使自由裁量权的倾向性显而易见。

第三，庭审的最大挑战在于不可预见性，而这最主要来自对方。如何在庭审中随机应变，除了依赖于出庭律师的经验和知识储备外，重要的是事先了解对方。为此，不要低估对手，应在庭前尽可能预判对方的理由和证据，并规划好如何应对。也就是要换位思考，既要站在对方的角度去想辩点，还要站在法官的角度去评判，做到心中有底。

第四，严谨。对法庭诚实是律师的底线，欺骗法庭不仅违背律师的执业伦理，而且还可能承担法律责任。但更多的时候在庭审中发生的状况是，由于来不及反应，律师会下意识地对未核实过的事实进行断言。而如果这被当庭确认，那么无疑会损害律师在法官面前言论的可信度。更坏的情况是，如果法官因此质疑律师的品性，那么会怀疑其所有的发言。因此，在陈述未经核实的事实时，要注意严谨，避免使用绝对性语言。例如，可以用“据我所知”来开头，将对客观事实的描述转化为主观想法的表达。另外，对于能够经由证据确认的事实，不要使用“我认为”这样的开头，听起来好像这是律师的一厢情愿，而非真实情况。应该斩钉截铁地进行陈述，加强法官的心证。

第五，坦诚。在大多数案件中，事实和法律不可能都完全偏向于某一方。因此，从中立的角度看，对于己方不利的事实如果已经被证实，那么不要回避，要正面承认，强词夺理地反对反而会给法官留下一种胡搅蛮缠的印象。另外，法官对于事实认定有自己独立的认识，不会因为一方反对就不认定。对于己方不利的法律规则，与其被对方指出，不如己方主动挑明。因为即使对方没有提出，可能也难以逃脱法官的慧眼。如果律师大胆地，而不是扭捏地指出不利的法律规则，那么会给法官留下一个自信、讲道理的形象。但应该准备好下一步的应对方案，例如，向法官说明为何该法律规则不该被考虑或者与本案无关。这种坦诚是有风险的，因为对方可能没有意识到该不利的法律规则，所以，使用这一先发制人的策略时要谨慎。无论是事实还是法律问题，律师都没有义务向法庭披露其所知晓的全部。根据情况，律师可以仅呈现对己方有利的方面，或者使待证事实陷入真伪不明的状态。因此，坦诚仍然要让位于律师基本的执业伦理，即维护委托人的利益。在有的情况下，维护委托人的利益与向法庭诚实会发生冲突，此时，律师需要在不欺骗法庭的前提下使委托人的利益最大化。这需要一些技巧。

第六，简洁的表述是法官最愿意听到的。如前所述，法官既没有耐心也没有时间听律师长篇大论。况且庭审不是比哪一方说得多，而是比谁能说到点子上。因此，律师在庭审中不要啰唆重复或纠缠于细枝末节。律师的工作是在庭审中将复杂的情况变得简单，而不是相反。在大多数案件中，能够吸引法官注意力的问题不过一两个，因此，要将精力集中在重要的问题上。有时，律师担心法官听不明白或没听清，在庭审中说得面面俱到，而且翻来覆去，其实不必如此。法官会注意到律师提出的切题的观点，如果没有，那么大概是因为律师的发言属于陈词滥调。不要重复的另一面是，即使法庭没有接受己方的观点，也不要纠缠不放。反复说明并不会改变法官的想法，只会浪费庭审时间。

第七，法庭上最后陈述是律师向法官发言的最后机会，也是对裁判施加影响的最终时机。但在实践当中，这往往没有得到应有的重视。双方往往都会程序性地总结为“支持我方全部诉讼请求”或者“坚持答辩意见”等。如果有需要，可以在最后陈述时适当重复，便于书记员记录并加强法官的印象。有时，律师的长篇大论可能是为了照顾到旁听席上的当事人。一个天然的矛盾在于，法官希望节省时间听到干货，而当事人则希望律师能够慷慨陈词。当然，律师不可能完全不顾及当事人的感受。但需要再次强调的是，庭审中律师发言的对象只有法官，而不包括其他任何人。因此，律师应该根据法官的风格来陈述发言。如果这与当事人的意图矛盾的话，那么需要提前与当事人充分沟通。同理，律师也不要试图在旁听席压制对方的形象或博取旁听席的掌声，律师应将旁听席视作空无一人。

第八，律师应灵活应变庭审上的发言，不能奢望庭审会按照自己事先的准备进行，而要做好随时被法官打断的准备。例如，法官可能会问一个本来计划稍后说明的问题，此时，如果该问题很简单，那么可以立即回答；而如果提问与发言无关，那么可以告知法官会在缩短发言后回答问题。另外，在被法官打断后，可能会忘记之前所说的内容。此时，不一定要接着刚才的中断发言，继续发言即可。同样，如果某个观点被对方当庭放弃或者没有被法官问到，无论庭前进行了多么精心的准备，都要果断放弃准备的内容。庭审发言要切题，如果发言与争议焦点无关，那么陈述的内容再精彩也没有意义。

有句话叫“知错能改善莫大焉”，这句话对于其他职业来说管用，但用在律师身上就不管用了。因为法庭如战场，不可逆转，律师办的每件案子都关系着当事人的切身利益，是别人的人生，所以不容许律师在办案中犯错。那么如何才能提高律师的办案技能？如何洞察裁判者思维对案件的影响？唯有掌握前面所提到的若干问题，多学习，才能优化开庭技巧。

一件案子通过开庭，有时候是半天，有时候则需要一天或两天才能审理结束。所以，要做到快速地了解裁判者的审理思路，让裁判者能听懂，并且接受律师的观点，确实对于每一位律师来说都是一个重大的挑战。这时候，庭审表现与庭审驾驭如何，不仅是评价律师综合实务能力最直接的依据，也是当事人评价律师水平的依据之一。可见，诉讼律师提升诉讼技能，掌握裁判思维非常重要。

记得美国著名法学家霍姆斯说过一句法谚：“法律的生命不在于逻辑，而在于经验。”可见法律的真谛是实践，律师实践经验在法律实务中的重要性。

最后，祝人大律师学院越办越好！为国家培养更多法律人！

附　录

# 中国人民大学律师学院各研究机构及十年分类大事记

# 中国人民大学双创法律服务工作站简介

中国人民大学双创法律服务工作站（以下简称双创法律工作站）成立于2019年3月12日，是由中国人民大学律师学院、中国人民大学创业学院及人大文化科技企业孵化器联合发起设立的法律服务公共平台。双创法律工作站整合了中国人民大学学科优势资源，为学校各院系有创新创业意愿的学生提供创业法律辅导，同时为文化科技园中的企业提供全方位的法律咨询服务。双创法律工作站大力促进创新创业服务能力升级，立足人大，面向海淀和中关村，辐射北京，在践行产学研的有机结合、帮助创业企业提供一站式法律服务的同时也服务于学校人才培养，力求将创新创业融入创新性人才培养中，使参与工作的学生真正做到“干中学、学中练”。

进入双创法律工作站的成员来自中国人民大学律师学院的在读研究生及毕业生，由律师学院教师、律师学院实务导师进行指导。

双创法律工作站针对初创企业，以初创企业的活动逻辑为主线，对创业过程中的关键步骤及细节提供法律咨询服务，帮助初创企业在较短的时间内掌握企业合规性经营、一般经营中会遇到的法律风险等相关基础法律知识；针对成熟期企业及其他有需要的当事人，双创法律工作站的工作人员在专精于特定专业领域的指导老师的指导下为其提供全方位、高质量的法律服务。除此之外，工作站也邀请实务专家、知名学者不定期举行公开课，或开展专业论证。

更重要的是，作为全国高等院校法律创业的“首创”之举，“双创法律工作站律师培养模式”为执业律师培养开创了新路径。

律师学院认为，与其他学科毕业生创业项目的抓研发、生产、市场、销售、服务、管理等模式不同，法科生创业具有特殊性，“创业即是执业”，实现独立执业就是创业。

独立执业要求法科毕业生具备律师基本素质、基础技能和执业技能，这些能力在传统的法学院法学教育中是无法学习也无法训练到的。要掌握初步的律师执业基础技能，通常需要法科生进入律师事务所实习，在资深律师的精心指导下不断培养与训练才能有所掌握。但法科生进入律师事务所实习后，不见得将自己的职业方向定为执业律师，即便想成为执业律师也不一定留在指导律师的团队中执业，因此负责指导的资深律师通常不愿花费大量的时间和精力指导实习律师提升基本素质、基础技能和执业技能——这是法科生和青年律师在进入律师行业初期的常态，导致其执业能力无法快速稳健成长，不能有效地具备独立执业的能力。即便法科毕业生已具备了独立执业能力，但独立执业要分摊律师事务所的各项成本，负担沉重。这就是法科生和青年律师创业、执业的难点和痛点——缺乏培养他们执业技能和顺利执业的平台与生态。解决如上青年律师成长的问题是律师学院成立双创法律工作站初衷之一——快速稳健地推动法科毕业生的独立执业。

不仅如此，律师学院的双创法律工作站还是律师学院课堂教育的有效延伸。首先，双创平台类似于医科大学与其附属医院培养模式：学生在双创法律工作站的培养中，会得到如“临床实践”般的实践锻炼培养，而辅导者大多是律师学院的教师和实务导师，熟悉律师学院每位律师方向研究生的特点、专长和基本能力，可对其进行“量体裁衣”的“一对一”指导，助力其成长。

其次，学生可获得的资源远领先于社会律师事务所的平均水平。从律师学院得到资深律师的业务指导也领先于社会律师事务所的平均水平。律师学院对法律服务、法律实务的研究与实践领先于全国高校，各类高端、新型、新兴的法律服务的研究具有实务性、前瞻性、前沿性和专精性，律师学院的此类资源对在校生和毕业生全部开放。律师学院法律硕士研究生有优秀的学习与研究传统，无论在校生还是毕业生，依托人大法学院、律师学院的学术资源优势，不间断地把握、研究法律服务市场的热点、焦点、难点问题，可以获得领先全国法律服务市场的业务能力，他们在良好的环境和平台不断学习、进步、成长，是为客户提供优质法律服务和业务腾飞的基础。

同时，基于学校、法学院、律师学院积极给予创业团队学术、技术、管理和资源方面的指导与帮扶，在“科技园”“孵化器”等人大优质资源的支持下，得以助力学生具备稳健、快速成长与发展的潜力。在此模式下，学生不仅具备良好的法学理论基础，而且具有扎实的法律实务实践技能和良好的律师执业社会适用性。与全国同类型法学院毕业生相比较，具有突出的创业优势和律师执业技术优势。

法律工作站的创立是律师学院对“法科生创业”这一概念的全新诠释，并将双创法律工作站作为践行“律师教育”这一律师学院提出的教育理念的尝试，为法科生的创新创业探索了一条独有的成长途径，为培养法治社会合格建设者开创了新模式。

# 中国人民大学双创法律服务工作站（法硕创新创业实践基地）管理办法

## 第一章　总　则

**第一条**　为响应“大众创业、万众创新”的政策号召，贯彻创新驱动发展战略，根据中国人民大学（以下简称“我校”）“十三五”规划和《关于加强学生创新创业教育和实践工作的若干意见》，以及中国人民大学律师学院（以下简称“律师学院”）、《法律硕士（律师方向）研究生创新创业教育和实践工作培养方案》，中国人民大学创业学院、人大文化科技企业孵化器与中国人民大学律师学院已于 2019 年 3 月 12 日联合设立“中国人民大学双创法律服务工作站（法硕创新创业实践基地）”。

**第二条**　中国人民大学双创法律服务工作站（以下简称“工作站”）旨在大力促进我校创新创业服务能力升级，通过整合我校学科优势资源建立专业权威的“双创”法律服务公共平台，立足人大，面向海淀和中关村，辐射北京和全国，实现产学研的有机结合，帮助创业企业提供一站式的法律服务，同时也服务于学校人才培养，力求将创新创业融入创新型人才培养中，使学生真正做到“干中学，学中练”。

**第三条**　工作站的设立，是律师学院“律师教育理念”的践行与延伸。律师学院对法律硕士（律师方向）研究生的创新创业是特指：帮助学生从校园学习顺利过渡到执业律师的执业状态，打通从课堂到实践通道，加速并胜任独立执业作为创新创业标准。

**第四条**　中国人民大学双创法律服务工作站设立于中国人民大学文化科技园兴发大厦9层910室，北京秀进律师事务所。

**第五条**　为规范工作站的运营管理工作，特制定本管理办法。

## 第二章　组织机构及工作职责

**第六条**　中国人民大学律师学院建立以学院领导、教学教务主管、辅导员、指导教师为成员的管理团队，全面负责律师学院在校生以及毕业生的创新创业管理工作。

**第七条**　工作站设指导教师，由律师学院遴选聘任。指导教师包括律师学院的在职教师、校外实务导师和相应律师事务所适格的执业律师。根据实际工作需要，在得到律师学院的批准后，还可聘请社会知名企业家、律师、优秀毕业生或其他相应领域的专家作为工作站的指导教师。

**第八条**　工作站是公益性的教学实训平台，不得从事商业或营利性活动。

**第九条**　工作站的工作范围包括：

（一）全面负责律师学院在校生和毕业生创新创业工作的管理并制定工作指引和相关制度等；

（二）负责宣传国家和省、市、区、学校有关创新创业的方针、政策；

（三）为创新创业者和企业提供咨询、辅导与服务，包括但不限于：政策咨询、法律服务、商业模式咨询与评估、创业咨询与辅导等；

（四）负责与校外单位创新创业工作的接洽、联系；

（五）为中国人民大学其他学生创业项目提供必要的法律咨询与服务；

（六）负责完成上级主管部门及学校安排的其他工作。

**第十条**　工作站设负责人和执行主管，负责工作站的日常工作，包括：定期检查各项工作开展情况、各岗位职责、规章落实情况，负责跟踪、督办即办事项、协调内部关系等。

**第十一条** 工作站设有承办法律咨询的工作人员1—3名，其中至少有1名为专职工作人员。

## 第三章 工作站人员及管理要求

**第十二条** 可申请加入工作站的双创人员（以下简称工作站人员）包括：

（一）律师学院的在读研究生；

（二）已执业或在执业实习期及拟从事律师职业的律师学院毕业生；

（三）拟从事律师职业的人大法学院或其他学院的在读生和毕业生，以及在执业实习期的毕业生；

（四）经律师学院审核通过的其他人员。

**第十三条** 申请加入工作站的双创人员，应当向律师学院提出书面申请，通过律师学院的考核后方可加入。

**第十四条** 工作站人员必须遵守国家法律、法规和相关政策，遵守学校的各项规章制度，服从律师学院及工作站管理团队的管理，遵守本管理办法及《中国人民大学双创法律服务工作站工作指引》等相关规章制度。

**第十五条** 律师学院毕业生返校参加工作站活动的，无论其是否已执业或处于执业实习期，应遵守司法行政及律师行业的相关规定及执业操守的有关规范。

**第十六条** 工作站人员应认真完成工作站交办的工作任务，积极参加教学与辅导活动，按教学要求提交工作报告及相关文件。

**第十七条** 工作站人员与外单位人员接洽、联络和交流中，涉及使用学校、律师学院和工作站名号的，应由律师学院书面授权批准后方可使用。

**第十八条** 工作站人员的业务如涉及法律服务相关机构及律师事务所的，应遵守司法行政管理规范及相关机构、律师事务所有关管理规定。

**第十九条**　工作站人员应遵守工作站的场地管理规定，具体要求按《中国人民大学双创法律服务工作站工作指引》中的相关规定执行。

**第二十条**　工作站人员按教学要求完成全部教学任务的，经律师学院考核，准予其结业。

**第二十一条**　工作站人员如不服从双创工作站管理团队指导、不能按时完成工作任务、缺席教学及辅导活动的，以及出现弄虚作假、违法乱纪、违反校纪校规的，工作站有权对该人员进行调整和终止支持。

## 第四章　附　则

**第二十二条**　本管理办法未尽之处，由中国人民大学律师学院补充修改。

**第二十三条**　本管理办法自颁布之日起施行。

中国人民大学律师学院

2019年3月12日

# 中国人民大学双创法律服务工作站（法硕创新创业实践基地）工作指引

## 第一章　总　则

**第一条**　中国人民大学双创法律服务工作站（法硕创新创业实践基地）由中国人民大学创业学院、人大文化科技企业孵化器与中国人民大学律师学院于2019年3月12日联合设立（以下简称工作站）。工作站立足于校园、人大科技园区，对有创新创业需求的学生提供相应的咨询辅导与法律服务。

**第二条**　工作站的设立，是律师学院为践行与延伸“律师教育理念”设定的具有实践操作性的机制之一。律师学院对法律硕士（律师方向）研究生创新创业的标准，是加速并胜任独立执业。

**第三条**　为保证与提高工作站的培养质量，特制定本指引。

## 第二章　工作站人员及工作范围

**第四条**　工作站人员包括律师学院、法学院等在读研究生及毕业生，以及律师学院考核批准进入工作站的有关人员。有关规定见《中国人民大学双创法律服务工作站（法硕创新创业实践基地）管理办法》。

**第五条**　工作站设指导教师，由律师学院遴选聘任。指导教师包括律师学院的在职教师、校外实务导师、北京市地石律师事务所和北京秀进律师事务所的适格的执业律师。根据实际工作需要，在得到律师学院的批准后，还可聘请社会知名企业家、律师、优秀毕业生或其他相应领域的专家作为工作站的指导教师。

**第六条**　工作站人员在指导老师的指导下对学校各院系有创新创业意愿的学生、毕业生及校友提供创业咨询辅导和法律服务；为文化科技园及社会中的初创期企业、成熟期企业以及其他有需要的当事人提供相应的法律服务。

**第七条**　针对初创期企业，工作站对创业过程中的关键及细节提供法律咨询和法律服务，包括但不限于：企业合规、法律风险管理等。

**第八条**　针对成熟期企业和其他有需要的当事人，工作站可为其提供全方位、高质量的法律服务。服务项目包括但不限于：合同管理、劳动用工制度优化、股权管理及优化、知识产权、债权债务纠纷、争议解决、企业高管法律顾问、合规及公司治理咨询业务以及常年法律顾问等。

**第九条**　对有特殊需求的企业或个人，工作站还可邀请实务专家、知名学者开展法律咨询或专业论证。

**第十条**　律师学院毕业生（包括执业律师和实习律师），应根据指导教师受理或选定案件的类型，确定其相应的工作范围与工作方式。

**第十一条**　工作站设固定的对外咨询时间，一周应开放两次咨询服务，每次不少于 4 小时。

## 第三章　工作流程

**第十二条**　工作站咨询服务采用预约制，咨询单位可通过微信、电话或电子邮件等方式提前预约法律咨询时间。

**第十三条** 工作站对前来申请法律咨询服务的当事人及其法律咨询服务申请，由指导教师审查是否属于工作站受理范围，根据具体情况按相应程序办理。

**第十四条** 工作站人员在指导教师的指导下，应当建立符合要求的档案，包括法律咨询登记表、案件卷宗、工作计划、工作总结、统计表等。咨询、受理记录应翔实准确，档案资料应规范保管。

## 第四章 工作形式

**第十五条** 除日常咨询工作外，工作站的工作形式主要采取寓教于案、寓学于训的实践参与方式。

**第十六条** 根据工作站人员构成，工作站可将其划分为不同的实训教学单位，每个教学单位应设置指导教师及辅导员，各教学单位内及相互之间可根据教学安排定期和不定期地举行讨论、交流等活动。

**第十七条** 相关课程及活动结束后，工作站应组织好课程、活动的总结与报告，收集汇编典型课程实践材料和优秀课程报告。

**第十八条** 工作站应制定年度目标计划，对人才培养及工作效益制定量化目标，保证其落实和执行。

**第十九条** 根据工作站的教学要求，提倡并鼓励工作站人员全案参与，接受全流程的指导和学习。

## 第五章 场地使用

**第二十条** 工作站设固定办公场所，位于中国人民大学文化科技园兴发大厦9层910室，北京秀进律师事务所；工作站配备办公桌椅、文件档案柜、电脑、互联网、电话、打印机等基本办公设备。

**第二十一条**　工作站工作人员应当遵守物业安全管理规定，并保持工作区域干净整洁，一旦发现任何安全隐患，应立即向学院、物业或校保卫处报告。

## 第六章　附　则

**第二十二条**　本工作指引的未尽之处，由中国人民大学律师学院补充修改。

**第二十三条**　本工作指引自颁布之日起施行。

中国人民大学律师学院

2019 年 3 月 12 日

# 中蒙 / 蒙中法律服务研究中心

2016 年 5 月人大律师学院举办了“首届中蒙环境资源法制建设论坛”，这是中蒙两国建交以来，我国和蒙古国之间第一次开展环境资源法制建设的高层次学术交流活动。来自全国人大环境与资源保护委员会、中华人民共和国环境保护部政策法规司、国务院发展研究中心资源与环境政策研究所；中国人民大学、武汉大学、内蒙古大学、首都经济贸易大学，以及蒙古国国立大学法学院、蒙古国国立农业大学单位等的 30 余位领导、专家学者就“环境保护法律法规”“社会转型与环境保护”“草原保护”“荒漠化治理”“城市环境治理”等方面做了深入交流。与会领导、专家、学者一致评价：“这是中蒙两国建交以来，两国首次开展高层次的环境资源法制建设学术交流活动，具有里程碑式的重要意义。”此举，开创了两国环境法制交流的先河，亦是其后律师学院和蒙古国院校广泛交流的起点。

多年来，律师学院与蒙古国国立大学法学院、蒙古国国立教育大学、蒙古国律师协会、蒙古国国家法律研究院、蒙古国外交部等机构和蒙古国著名律师事务所等领导、学者、专家和律师群体交流往来，每年均有四五次之多。其间，我与蒙方各院校、律师实务界的交流中发现，在蒙古国，特别是教育界与中坚层精英对我国人文、社会、法治、经济等领域的建设与发展等颇为陌生，也有诸多疑问与迷惑，这是两国高校、实务界和相关机构长期以来缺乏正常的交流机制所致，由此也引发了律师学院对“一带一路”人才培养国际化的思考与尝试……

在当前国内高校的“国际化”主要面向欧美及至日韩院校的潮流喧嚣之上，律师学院的国际化思考，特别是与“一带一路”重要节点及与我国有 4676.8 公里接壤的蒙古国开展正常交流，将有利于弥补中蒙法学界和实务界离陌渐远的不利态势。律师学院多年来以诚恳务实的态度，与蒙方一流的机构建立优势互补的交流合作机制及充分的互信，可以为两国正常地开展经济往来培养跨国法律实务人才并提供一流的法律服务，这也是蒙古国各高校、法学研究机构、律师行业组织和实务界共同和迫切的愿望。

人大律师学院与蒙古国国立大学法学院的交流已成为常态，蒙方亦认为“一带一路”带来了中、蒙两国发展的良好契机，及已与律师学院多次达成共识的基础上，在两校设立研究机制是十分必要和迫切的。双方在学生交换、学术交流活动、不同学科的合作研究、教师间的互访交流，以及法律文本、重大法学研究成果等翻译、法律诊所、法律检索和法律服务等方面展开广泛、深入的合作，特别是研究中心侧重律师实务，为两国企业、机构提供法律服务，而这一服务建立在中蒙顶尖法学院校、政府有关机构、法律服务机构和专家基础之上，是蒙方非常重视的机制。

2018 年 1 月 4 日，蒙古国国立大学法学院院长吉·额尔德尼布拉刚教授，蒙古国国立大学法学院公法系主任德·巴雅尔赛罕教授，蒙古国国立大学法学院实践教学中心主任哲·额尔和斯呼兰教授，蒙古国国立大学法学院公法系高级讲师莫·乌英嘎等一行访问人大律师学院及法学院。双方随即签署了正式的合作协议，在人大律师学院设立“中蒙法律服务研究中心”；在蒙古国国立大学法学院设立“蒙中法律服务研究中心”。双方前期重点工作放在中蒙两国企业经贸往来发生的典型案例的采集和解析工作——这是两国企业非常需要的。双方还将长期共同开展蒙古国法律翻译、案例分析、律师和律所法律服务检索等方面的工作。

中蒙 / 蒙中法律服务研究中心自创建起，人大律师学院与蒙古国国立大学法学院的交流即进入常态化，每年举办学术交流活动。

# 中国人民大学律师学院艺术与法律研究中心

文化是一个民族的根、一个民族的魂，其力量深深熔铸在民族的生命力、创造力和凝聚力之中，影响着民族的发展道路和前进方向。

21 世纪是我们国家踏上“文艺复兴”的新时代，中华文明再次展露了兴盛的端倪。“一带一路”战略构想，更进一步为我国对外开放和文化经济的繁荣发展提供了新契机、新视野，同时也形成了新的机遇与挑战。

人大律师学院艺术与法律研究中心的成立，是源于律师学院刘瑞起院长对法律硕士（律师方向）研究生的方向必修课程“律师艺术”的思考研究。这门课程不同于社会上诸多以“某某艺术”为名的课程或出版物，此类挂以“艺术”之名，实以个体技术为体，与艺术、美学相差甚远，律师学院法律硕士课程“律师艺术”是基于丰富的执业感悟，并与艺术美学业界专家，如人大艺术学院原院长丁方教授、齐悦副院长、人大东方文艺复兴研究院余润德教授以及中央美院艺术管理与教育学院赵力副院长、杨杰书记等，经多年广泛、深入、务实的商酌与研究，将艺术、美学理论与律师实务相结合的跨界教学尝试。随着与艺术界、理论界诸多专家学者的交流，也基于艺术品市场与其商业模式的迅猛发展呼唤相应的法治建设和律师实务支持等机遇，在中国美协、中央美院、质检总局等机构与专家学者的支持和呼吁下，中国人民大学律师学院艺术与法律中心应运而生，成为全国第一个艺术与法律的研究机构。

2017 年 12 月 18 日下午，中国人民大学律师学院“艺术与法律研究中心”在中国美术家协会、中央美术学院艺术管理与教育学院以及业界一流专家学者的支持参与下正式揭牌成立，标志着艺术与法律协同发展的时代开创性意义，将对中国艺术市场的健康有序发展和文化繁荣起到积极的促进和推动作用。

中心的发展主旨是：创建“一个艺术与法治的新环境：以高视野、多角度全面深入研究和探索中国艺术文化的现状与发展，客观、公正、全面地运用法律精神与实践，面对社会与市场，艺术与资本，使公正、保护、和谐得以永续”。

中心的发展目标是：致力于前瞻性、探索性的发展观，就艺术与法律的科研创设，课题研究、人才培养、国际交流等方面形成长效发展机制，为中国艺术品市场的健康可持续发展起到保驾护航的作用，为我国艺术品相关的法律法规和制度的进一步完善贡献心智，创建新的未来。

# 律师学院商事犯罪研究中心

中国人民大学律师学院商事犯罪研究中心于 2016 年 7 月 16 日正式成立，是我国高等院校设立的首个商事犯罪研究中心。自 2006 年人大律师学院法律硕士（律师方向）研究生实务导师、北京市汉卓律师事务所主任韩冰律师提出“商事犯罪”的概念以来，在实务界和学术界引起广泛讨论。中国人民大学律师学院设立首个商事犯罪研究中心，具有重大的理论和实务指导作用与意义。

随着经济社会发展，互联网、移动互联网等新技术和工具的出现，使人们的生活、商事活动都发生了日新月异的变化；新的变化也引发了各种各样新型的违法犯罪活动。这其中就包括频发的网络金融犯罪等，其特征是影响人群众多，犯罪形式复杂多变等。“商事犯罪”对上述新型犯罪做了重新界定，通过对其违法领域、违法行为等的重新梳理，围绕涉及公司、金融、税务、知识产权等领域进行专项研究，为社会提供专业化的预防与管控的思路和规则，从提升执法者的专业水平和守法者的认知水平两个方面，对“商事犯罪”展开深入研究。

研究中心通过由中国人民大学、北京大学、清华大学、政法大学等学者、教授组成的师资团队对律师进行专业化培训，通过在各省会城市、地级市以律所为依托设立分中心、研究室，进行理论与实践结合，打造理论研究与实践的专业化团队。

2016 年 10 月 18 日，商事犯罪研究中心在北京举办首届“商事犯罪预防与管控年度论坛”。2017 年，在浙江设立商事犯罪研究中心分中心，并于 10 月 13 日下午举办第二期全国商事犯罪论坛。2017 年 10 月 12 日，中国人民大学律师学院商事犯罪研究中心无锡研究室挂牌成立。

2018 年，在广东粤港澳大湾区设立商事犯罪研究中心分中心，并举办第三期全国商事犯罪论坛。仅在 2019 年，律师学院商事犯罪研究中心在韩冰主任的精心策划下投入资源，先后共举办 5 次“商事犯罪实务研修班”，供学员掌握当前商事犯罪领域最新热点、难点问题，了解最新司法动态，增强学员间相互沟通与交流，提高学员理论知识与实践操作技能……

律师学院成立十周年了，商事犯罪研究中心作为律师学院的组成部分，较律师学院而言更为年轻，未来将持续致力于商事犯罪相关研究，并为广大律师提供学习、交流的平台，为商事犯罪研究工作增光添彩。

# 中国人民大学律师学院公职律师与公司律师研究中心

根据司法部统计数据，截至 2018 年年底，全国公司律师 7200 多人，占全国执业律师总人数的 1.71%，全国公职律师 3.2 万人，占全国职业律师总人数的 7.43%。从每年中国法学高校毕业生的就业来看，去政府和公司从事法律工作也是最主要的就业方向，可以看出公司律师及公职律师现已经成为我国法律行业不可忽视的一个群体。然而，我国目前针对以上两种新兴职业的发展研究较少，行业特性、职能职责及评价标准还不够清晰，行业认识度和美誉度有待提高。我们认为，随着两公律师从业人数持续增长，成立专门的研究机构来填补研究空白，推动两公律师行业快速发展是十分必要和迫切的。

中国人民大学律师学院作为我国律师教育的领航者，积极承担社会责任，为填补这一研究空白，于 2019 年 10 月 20 日成立了中国人民大学律师学院公职律师与公司律师研究中心，旨在充分利用学院教学、研究资源和学术优势，搭建社会各方交流和学习的资源共享平台，推动两公律师职业群体的成长和成熟。中心成立近一年来，已发布了中国人民大学《中国公司律师发展白皮书（2019）》，并出版了法律硕士（律师方向）研究生教材《公司律师：成为公司的价值创造者》。

中国人民大学律师学院公职律师与公司律师研究中心的成立创造了四个“第一”：我国第一家公职律师研究中心，第一家公司律师研究中心，研究中心发布的《中国公司律师发展白皮书（2019）》，是我国发布的第一个以公司律师为主体的报告文书，是我国第一家以两公律师实务界（含政府职能部门、国企、外企、民营企业）为主，结合高校教学研究资源的平台。

研究中心广泛邀请了来自政界、学界、商界和法律实务界等数十名行业翘楚参与研究中心的工作，其中不乏央企、国企、外企、民企等不同所有制的知名公司专家。此外，研究中心还有幸邀请到了国务院国资委、司法部、公安部等部委领导莅临指导并参与研究工作。

中国人民大学律师学院怀着包容的心态，诚邀全国不同地区、不同行业的法律精英同人一起加入到公职律师与公司律师研究中心的研究当中来，引领行业发展。

# 中国人民大学律师学院 2010—2020 年分类大事记

## 一、法律硕士（律师方向）研究生培养类

**1. 律师学院为法律硕士（律师方向）研究生开设的方向必修课共 47 门课程，同时供法学院全体学生选修**

| | |
|---|---|
| 律师执业基础（2 学分） | 律师执业基础类 |
| 律师执业规范（2 学分） | 律师执业基础类 |
| 非诉讼律师实务基础（2 学分） | 律师执业基础类 |
| 律师礼仪与沟通技巧（2 学分） | 律师执业基础类 |
| 律师执业规划及律所管理（2 学分） | 律师执业基础类 |
| 律师职业伦理与执业规范（2 学分） | 律师执业基础类 |
| 法律文书（2 学分） | 执业基本技能类 |
| 法律谈判课（2 学分） | 执业基本技能类 |
| 模拟法庭训练（2 学分） | 执业基本技能类 |
| 法律实践（2 学分） | 执业基本技能类 |
| 律师工作技巧（2 学分） | 执业基本技能类 |
| 律师工作方法（2 学分） | 执业基本技能类 |
| 律师执业规范与工作方法（2 学分） | 执业基本技能类 |

| | |
|---|---|
| 律师思维（2 学分） | 执业基本技能类 |
| 律师思维与表达（2 学分） | 执业基本技能类 |
| 律师文书写作技巧及法律检索（2 学分） | 执业基本技能类 |
| 律师工作艺术（2 学分） | 执业基本技能类 |
| 律师诉讼法律实务（2 学分） | 律师实务类 |
| 律师非诉讼法律实务（2 学分） | 律师实务类 |
| 刑事辩护法律实务（2 学分） | 律师实务类 |
| 律师刑事与行政诉讼实务（2 学分） | 律师实务类 |
| 律师民商事诉讼业务实务（2 学分） | 律师实务类 |
| 民事非诉讼业务实务（2 学分） | 律师实务类 |
| 民商事诉讼与仲裁实务（2 学分） | 律师实务类 |
| 商事诉讼法律实务（2 学分） | 律师实务类 |
| 商事非诉讼业务实务（2 学分） | 律师实务类 |
| 合同法律师实务（2 学分） | 律师实务类 |
| 公司法律师实务（2 学分） | 律师实务类 |
| 侵权法律师实务（2 学分） | 律师实务类 |
| 知识产权法律实务（2 学分） | 律师实务类 |
| 劳动与社会保障法律师实务（2 学分） | 律师实务类 |
| 保险法律师实务（2 学分） | 律师实务类 |
| 金融法律师实务专题（2 学分） | 律师实务类 |
| 财税法律师实务（2 学分） | 律师实务类 |
| 房地产法律师实务（2 学分） | 律师实务类 |

| | |
|---|---|
| 婚姻家庭与继承法律实务（2 学分） | 律师实务类 |
| 企业法律风险管理律师实务（2 学分） | 律师实务类 |
| 企业法律风险管理（2 学分） | 律师实务类 |
| 建筑工程律师实务（2 学分） | 律师实务类 |
| 证券发行及上市公司律师实务（2 学分） | 律师实务类 |
| 公司并购律师实务（2 学分） | 律师实务类 |
| 企业破产法律实务（2 学分） | 律师实务类 |
| 矿业与能源法律实务（2 学分） | 律师实务类 |
| 律师代理业务实务（2 学分） | 律师实务类 |
| 民商法实务前沿（2 学分） | 律师实务类 |
| 刑事法实务前沿（2 学分） | 律师实务类 |
| 公司法实务前沿（2 学分） | 律师实务类 |

**2. 律师学院开展教学研究出版的教材和专著等　累计 1456 万字**

| | |
|---|---|
| 《企业法律风险管理律师实务》 | 377 千字 |
| 《刑事辩护律师实务》 | 376 千字 |
| 《房地产律师实务》 | 599 千字 |
| 《风险投资与私募股权律师实务》 | 264 千字 |
| 《金融律师实务》 | 345 千字 |
| 《婚姻家庭与继承律师实务》 | 240 千字 |
| 《建设工程律师实务》 | 386 千字 |
| 《公司并购律师实务》 | 380 千字 |
| 《土地律师实务》 | 292 千字 |

| | |
|---|---|
| 《知识产权律师实务》 | 488 千字 |
| 《证券发行上市律师实务》 | 745 千字 |
| 《律师事务所管理实务》 | 341 千字 |
| 《矿业与能源律师实务》 | 327 千字 |
| 《律师执业基础》 | 851 千字 |
| 《刑事诉讼律师基础实务》 | 364 千字 |
| 《行政诉讼律师基础实务》 | 300 千字 |
| 《民事诉讼律师基础实务》 | 430 千字 |
| 《非诉讼业务律师基础实务》 | 569 千字 |
| 《商事仲裁律师基础实务》 | 507 千字 |
| 《公司业务律师基础实务》 | 636 千字 |
| 《房地产业务律师基础实务》 | 550 千字 |
| 《企业法律风险管理基础实务》 | 354 千字 |
| 《劳动法律师基础实务》 | 343 千字 |
| 《知识产权业务律师基础实务》（上、下） | 1080 千字 |
| 《婚姻家庭法律师基础实务》 | 460 千字 |
| 《合同业务律师基础实务》 | 336 千字 |
| 《侵权责任法律师基础实务》 | 502 千字 |
| 《公司兼并与收购教程》 | 577 千字 |
| 《中国企业境内首次公开发行及上市业务教程》 | 457 千字 |
| 《监察机关职务犯罪调查法律实务》 | 280 千字 |
| 《医患纠纷法律问题研究》 | 350 千字 |

| | |
|---|---|
| 《中国公司律师发展白皮书》 | 14 千字 |
| 《公司律师》 | 309 千字 |
| 《中国律师教育发展报告》 | 127 千字 |

**3. 律师学院为律师方向研究生及法学院全体学生举办的《律师之路—名师讲堂》系列学术讲座**

| | | |
|---|---|---|
| 第 一 讲 | 张　珹：金融企业不良资产 | 2012–04–08 |
| 第 二 讲 | 李肖霖：如何做一个好的刑辩律师 | 2012–04–10 |
| 第 三 讲 | 龚志忠：律师执业风险控制 | 2012–04–19 |
| 第 四 讲 | 黄海星：媒体介入与司法公正 | 2012–05–10 |
| 第 五 讲 | 李晓斌：土地法律服务市场主要业务领域及实务 | 2012–05–15 |
| 第 六 讲 | 景　岗：国际资本市场中的中国律师 | 2012–05–16 |
| 第 七 讲 | 陈有西：中国司法改革的路径选择 | 2012–05–31 |
| 第 八 讲 | 韩　冰：律师阅卷的方法与技巧 | 2012–06–05 |
| 第 九 讲 | 朱茂元：建筑法律领域的律师业务 | 2012–11–29 |
| 第 十 讲 | 高子程：商鞅变法的启示 | 2012–12–17 |
| 第十一讲 | 江　华：首次公开发行股票并上市管理办法 | 2012–12–20 |
| 第十二讲 | 钱列阳：新刑诉法下刑辩律师若干业务问题初探 | 2013–03–18 |
| 第十三讲 | 郑雪倩：医疗卫生法律相关问题 | 2013–05–20 |
| 第十四讲 | 季奕鸿：欧洲法律体系及律师执业 | 2013–10–16 |
| 第十五讲 | 李贵方、王兆峰：如何做律师 | 2013–11–23 |
| 第十六讲 | 吕良彪：大商战背景下的法律人思维 | 2013–12–04 |
| 第十七讲 | 薛海滨：跨境律师 | 2013–12–06 |

| | | |
|---|---|---|
| 第十八讲 | 张　巍：青年律师成长之路 | 2013-12-20 |
| 第十九讲 | 周萌枝：探索法律知识服务 | 2013-12-30 |
| 第二十讲 | 权睿学：如何培养青年律师 | 2014-03-28 |
| 第二十一讲 | 姜秋菊：商事仲裁的优势和程序特点 | 2014-04-01 |
| 第二十二讲 | 郑艳丽：境内涉外争议解决 | 2014-04-17 |
| 第二十三讲 | 张圣怀：大变革时代的证券法律业务 | 2015-04-24 |
| 第二十四讲 | Geoffrey San：赴美投资的智商、情商、法商 | 2016-10-21 |

**4. 律师学院为律师方向研究生举办的学术研讨、讲座和课外培训及活动**

| | |
|---|---|
| 韩大元院长寄望律师学院首届律师基础实务班毕业学生 | 2011-06-19 |
| 律师实务教学方法和英国律师学院 LL.M 课程学术研讨会 | 2012-01-06 |
| 王利明副校长、韩大元院长在律师方向研究生兼职导师座谈会提出要求 | 2012-02-25 |
| 律师方向研究生座谈会 | 2012-04-14 |
| 律师学院导师沙龙：探讨律师方向研究生培养模式 | 2012-05-26 |
| 律师学院导师沙龙：研讨律师学院重大课题和发展方向 | 2012-05-29 |
| 全国律协王俊峰会长来律师学院讲授“律师事务所品牌建设” | 2012-07-20 |
| 律师学院组织律师方向研究生赴北京第一中级人民法院旁听一起伤害案件庭审 | 2013-04-12 |
| 法律硕士（律师方向）研究生课外培训：律师礼仪 | 2013-06-14 |
| 学院组织律师方向研究生到北京律协参加“律所和律师服务与管理座谈会” | 2014-03-08 |
| 律师方向研究生教材《高端业务》系列丛书出版 | 2014-06-11 |
| 律师方向研究生教材《实训经典》系列丛书出版 | 2014-06-11 |

| | |
|---|---|
| 2014 级法硕兼职导师开放交流会 | 2014-06-20 |
| 名誉院长祝铭山及法学院院长韩大元寄语 2011 级律师方向研究生毕业 | 2014-06-20 |
| 律师学院组织律师方向研究生至北京高院参加宪法日活动 | 2014-12-04 |
| 全国律协王俊峰会长“怎样做一名优秀律师”讲座 | 2015-06-09 |
| 律师学院举办“律师教育与职业规划论坛” | 2016-04-23 |
| 律师学院组织律师方向研究生在北京高院参加“智慧法院”活动 | 2016-12-14 |
| 韩大元院长、阎芳副书记在八周年院庆暨研友会成立大会讲话 | 2018-04-21 |
| 律师学院创设双创法律服务工作站（法硕创新创业实践基地） | 2019-03-12 |

## 二、学术研究

### 1. 引领律师教育类

| | |
|---|---|
| 徐建院长在第九届中国律师论坛做“中国律师正规化教育的探索”主旨发言 | 2011-10-23 |
| 重庆律师学院到我院学习交流 | 2013-03-12 |
| 人大律师学院举办第一届中国律师教育论坛 | 2014-04-26 |
| 人大律师学院举办第二届中国律师教育论坛 | 2015-07-25 |
| 韩大元教授、韩玉胜教授倡议成立中国律师教育联盟 | 2015-07-25 |
| 第三届中国律师教育论坛暨中国律师教育联盟 2016 年年会 | 2016-10-30 |
| 刘瑞起院长在第三届中国律师教育论坛做大会主题报告 | 2016-10-30 |
| 中国律师教育联盟正式成立 | 2016-10-30 |
| 第四届中国律师教育论坛暨中国律师教育联盟 2017 年年会 | 2017-12-17 |

| | |
|---|---|
| 刘瑞起院长在第四届中国律师教育论坛做大会主题报告并接受广州电视台专访 | 2017-12-17 |
| 第五届中国律师教育论坛暨中国律师教育联盟 2018 年年会 | 2018-08-04 |
| 刘瑞起院长在第五届中国律师教育论坛做大会主题报告 | 2018-08-04 |
| 深圳律协、深圳律师学院来我院交流调研 | 2019-11-06 |
| 第六届中国律师教育论坛暨中国律师教育联盟 2019 年年会 | 2019-11-23 |
| 韩玉胜副院长在第六届中国律师教育论坛做大会主题报告 | 2019-11-23 |

**2. 律师学院各研究机构的主要活动**

| | |
|---|---|
| 律师学院举办全国首届"商事犯罪预防与管控"年度论坛 | 2016-10-18 |
| 律师学院举办"商事犯罪预防与管控"年度论坛 | 2017-12-18 |
| 律师学院商事犯罪研究中心无锡研究室授牌 | 2017-10-12 |
| 中国人民大学律师学院艺术与法律研究中心正式成立 | 2017-12-18 |
| 中国美术家协会分党组书记、驻会副主席徐里教授祝贺并致辞 | 2017-12-18 |
| 中国人民大学律师学院与中央美院艺术管理与教育学院签署战略合作协议 | 2017-12-18 |
| 律师学院举办首届生态环境法治论坛 | 2018-08-03 |
| 律师学院与潍坊市司法局签署合作框架协议暨司法实务（潍坊）研究中心揭牌 | 2018-12-18 |
| 律师学院举办首届中国公职律师与公司律师高峰论坛 | 2019-10-20 |
| 中国人民大学律师学院公职律师与公司律师研究中心成立 | 2019-10-20 |
| 律师学院发布《中国公司律师发展白皮书》 | 2019-10-20 |
| 律师学院承办国内首次艺术法国际论坛 | 2019-11-22 |
| 德国艺术法学者彼得·迈克尔·吕恩教授访问律师学院 | 2019-12-03 |

### 3. 与国外院校开展的学术交流

| | |
|---|---|
| 律师学院与英国律师学院签署战略合作协议 | 2010-06-02 |
| 律师学院参加人大法学院与韩国首尔律协座谈会 | 2011-09-26 |
| 律师学院举办“律师国际业务”公益讲座 | 2012-01-05 |
| 律师学院参加“韩国律师制度专题讲坛” | 2012-03-03 |
| 徐建院长访问哈佛大学法学院 | 2014-10-20 |
| 律师学院承办英国法研讨会 | 2015-09-21 |
| 律师学院举办首届中蒙环境资源法制建设论坛 | 2016-05-21 |
| 律师学院参加“一带一路”国际法律服务与合作论坛 | 2016-11-06 |
| 我院应邀参加“中蒙俄跨境经贸合作可持续发展国际学术研讨会” | 2017-01-02 |
| 中蒙律师教育国际化及经贸法律服务研究研讨会 | 2017-06-28 |
| 中蒙跨国法律服务合作访问 | 2017-11-18 |
| 蒙古国国立大学法学院到学院访问 | 2018-01-04 |
| 中蒙（蒙中）法律服务研究中心在中蒙两国分别成立 | 2018-01-04 |
| 律师学院举办欧洲及法国破产企业收购、非洲和法语区国家 PPP 融资项目法律实践讲座 | 2018-07-08 |
| 律师学院参加第六届“亚洲法学院院长论坛” | 2019-06-14 |

## 三、律师行业研究及专题研究

### 1. 律师学院作为中国法学会律师法学研究会的常设机构开展的各项工作

| | |
|---|---|
| 中国法学会律师法学研究会，常设机构（秘书处）设立于人大律师学院 | 2014-12-21 |
| 中国法学会党组书记、常务副会长陈冀平书记作重要讲话 | 2014-12-21 |
| 王利明副校长作重要讲话 | 2014-12-21 |

| | |
|---|---|
| 《最高人民检察院关于依法保障律师执业权利的规定》研讨会 | 2015-01-18 |
| 中国法学会律师法学研究会 2015 年年会暨第二届法治国家与律师论坛 | 2015-12-04 |
| 王利明副校长充分肯定研究会成立一年来的工作成绩 | 2015-12-05 |
| 全国律协王俊峰会长作大会报告 | 2015-12-05 |
| 律师学院编审出版《中国律师法学研究》2015 年论文集 | 2015-12-05 |
| 中国法学会律师法学研究会 2016 年年会 | 2016-12-10 |
| 中国法学会党组书记、常务副会长陈冀平充分肯定研究会各项工作 | 2016-12-10 |
| 全国律协王俊峰会长作大会报告 | 2016-12-10 |
| 吴付来副书记表达了法学院、律师学院与律师法学研究会进一步开展合作的希望 | 2016-12-10 |
| 林嘉书记提出促进中国律所的国际化、培养走向国际的青年律师 | 2016-12-10 |
| 律师学院编审出版《中国律师法学研究》2016 年论文集 | 2016-12-10 |
| 中国法学会律师法学研究会 2017 年年会 | 2017-11-18 |
| 中国法学会党组成员、副会长张苏军提出四点要求 | 2017-11-18 |
| 全国律协王俊峰会长作大会报告 | 2017-11-18 |
| 中国法学会律师法学研究会 2018 年年会 | 2018-11-25 |
| 中国法学会党组成员、副会长兼秘书长鲍绍坤作重要讲话 | 2018-11-25 |
| 全国律协王俊峰会长作大会报告 | 2018-11-25 |

**2. 律师学院举办的律师行业类学术研究与活动**

| | |
|---|---|
| 律师学院举办纪念《律师暂行条例》颁布三十周年研讨会论坛 | 2010-04-26 |
| 律师学院举办"包容性增长与律师业发展"研讨会 | 2010-10-28 |
| 律师学院举办"2010 年度最佳辩护词"评选活动 | 2011-03-04 |

| | |
|---|---|
| 律师学院举办“醉驾入刑”法律问题研讨会 | 2011-05-30 |
| 律师学院举办房地产投资信托基金专题研讨会 | 2011-06-17 |
| 律师学院举办“民营企业融资创新法律”研讨会 | 2011-06-19 |
| 律师学院举办企业法律顾问执业培训研讨会 | 2012-10-24 |
| 律师学院举办“中国律师百年”高峰论坛 | 2012-12-08 |
| 法学院院长韩大元在中国律师百年高峰论坛致辞 | 2012-12-08 |
| 律师学院名誉院长祝铭山在中国律师百年高峰论坛致辞 | 2012-12-08 |
| 律师学院顾问委员会主任任继圣在中国律师百年高峰论坛致辞 | 2012-12-08 |
| 原司法部副部长肖建章在中国律师百年高峰论坛致辞 | 2012-12-08 |
| 中华全国律师协会副会长蒋敏在中国律师百年高峰论坛致辞 | 2012-12-08 |
| 中国法律史学会会长杨一凡在中国律师百年高峰论坛致辞 | 2012-12-08 |
| 律师学院举办指定监视居住模式与人权保障研讨会 | 2013-06-28 |
| 律师学院举办食品安全社会共治中律师的角色论坛 | 2013-11-22 |
| 律师学院举办第二届土地法律实务论坛—依法行政土地改革法律实务 | 2015-01-14 |
| 律师学院举办民事诉讼法司法解释理解与适用专题研讨会 | 2015-02-01 |
| 律师学院参加北京市经济法学会 2015 年学术年会 | 2015-04-18 |
| 庆祝人大法学院成立 65 周年律师学院成立 5 周年，举办“司法改革论坛” | 2015-07-12 |
| 律师学院举办环境诉讼司法实务高级研讨会 | 2016-03-26 |

**3. 律师学院举办律师实务培训课程（2010—2019 年）**

| | |
|---|---|
| 证券发行上市律师研修班 | 2010-07-25 |
| 中国西部地区首届律师公益培训班 | 2010-08-11 |
| 房地产法律业务研修班 | 2010-08-22 |

| | |
|---|---|
| 首期刑事辩护法律业务研修班 | 2010-09-11 |
| 律师事务所管理研修班 | 2010-10-24 |
| 商标法与知识产权法相关反不正当竞争法高级研修班 | 2010-12-01 |
| 著作权法实务研修班 | 2010-12-16 |
| 首期中国房地产企业法律风险防范暨地产开发并购融资操作实务高层研讨班 | 2010-12-17 |
| 专利法实务研修班 | 2011-01-05 |
| 首期建设工程法律研修班 | 2011-03-20 |
| 首期公司并购律师实务研修班 | 2011-04-10 |
| 首期土地法律实务研修班 | 2011-05-08 |
| 首期企业法律风险管理研修班 | 2011-05-22 |
| 首期矿业与能源法律实务研修班 | 2011-06-12 |
| 首期风险投资与私募股权法律实务研修班 | 2011-06-19 |
| 首期婚姻家庭与继承实务研修班 | 2011-06-25 |
| 徐州市企业家法律研修班 | 2011-07-04 |
| 首期金融不良资产处置法律实务研修班 | 2011-07-10 |
| 首期金融法律实务研修班 | 2011-07-17 |
| 首期贸易救济措施与 WTO 法律实务研修班 | 2011-08-21 |
| 第二期刑事辩护实务研修班 | 2011-09-11 |
| 第二期中国房地产企业法律风险防范暨地产开发并购融资操作实务高层研讨班 | 2011-09-17 |
| 首期开发区法律服务研修班 | 2011-09-18 |
| 首期企业破产法律实务研修班 | 2011-10-09 |

| | |
|---|---|
| 首期侵权责任法律实务研修班 | 2011-11-20 |
| 首期海商、海事法律实务研修班 | 2011-12-04 |
| 首期合同法实务研修班 | 2011-12-18 |
| 第三期企业家法律研修班 | 2011-12-22 |
| 第二期证券发行上市研修班 | 2012-03-10 |
| 首期招投标与拍卖法律实务研修班 | 2012-04-11 |
| 首期高端商事争议解决研修班 | 2012-04-21 |
| 首期保险法律实务研修班 | 2012-05-26 |
| 巴渝律师英才培训班 | 2012-06-09 |
| 首期税务、会计、审计法律实务研修班 | 2012-06-26 |
| 首期劳动与社会保障法律实务研修班 | 2012-07-27 |
| 首期信息网络与高新技术法律实务研修班 | 2012-08-11 |
| 第三期刑事辩护法律业务研修班 | 2012-08-25 |
| 首期文化产业发展中的律师实务研修班 | 2012-08-27 |
| 企业破产法律实务研修班 | 2012-09-12 |
| 首期律师营销法律实务研修班 | 2012-09-26 |
| 侵权责任律师实务研修班 | 2012-11-12 |
| 土地法律实务暨小城镇建设投融资研修班 | 2013-09-24 |
| 为国际学院艺术培训提供法律课程 | 2013-10-08 |
| 为国际学院航空培训提供法律课程 | 2013-10-08 |
| 为国际学院提供桥梁课程的法律部分 | 2013-10-08 |
| 第二期保险法律实务研修班 | 2013-10-12 |

| | |
|---|---|
| 苏州市律师人才高端业务研修班 | 2013-10-16 |
| 公司并购与重组高级研修班 | 2013-10-23 |
| 第二期律所市场拓展与品牌管理研修班 | 2013-11-28 |
| 第三期证券发行上市研修班 | 2014-04-21 |
| 第四期企业法律风险防范高端研修班 | 2014-05-24 |
| 第三期公司并购与重组高级研修班 | 2014-06-24 |
| 民商事诉讼争议疑难问题法律适用研修班 | 2014-07-12 |
| 第三期婚姻家庭法律师实务高阶研修班 | 2014-07-30 |
| 第二期律师思维高级研修班 | 2014-08-23 |
| 第五期刑事辩护法律业务研修班 | 2014-09-11 |
| 破产法实务高阶研修班 | 2014-09-28 |
| 苏州律师人才高级研修班 | 2014-11-01 |
| 企业家法律风险防范高级研修班 | 2014-11-07 |
| 最新行政诉讼法修正案解析与适用专题讲座 | 2014-12-27 |
| 新民事诉讼法司法解释理解与适用研修班 | 2015-03-20 |
| 政府法律顾问实务研修班 | 2015-03-20 |
| 借贷纠纷、融资担保纠纷法律实务研修班 | 2015-06-05 |
| 第五期企业法律风险管理高端研修班 | 2015-06-11 |
| 律师事务所管理高级研修班 | 2015-06-12 |
| 行政诉讼法律实务研修班 | 2015-07-09 |
| 公司诉讼法律实务高端研修班 | 2015-08-27 |
| 第二期国际商事仲裁法律实务高级研修班 | 2015-09-01 |

| | |
|---|---|
| 第六期刑事辩护法律业务研修班 | 2015-09-11 |
| 盐田港集团法律风险管理高级研修班 | 2015-09-15 |
| 第四期并购与重组法律实务高级研修班 | 2015-09-19 |
| 新三板挂牌实务高级研修班 | 2015-11-27 |
| 公司法律实务高端研修班 | 2015-12-10 |
| 第二期政府法律顾问法律实务研修班 | 2015-12-18 |
| 合同实务高端研修班 | 2016-01-14 |
| PPP 项目实务高端研修班 | 2016-02-26 |
| 国际仲裁高级研修班 | 2016-02-29 |
| 法官裁判思维与律师诉讼策略高端研修班 | 2016-03-18 |
| 涉外投资法律实务高端培训班 | 2016-04-26 |
| PPP 项目法律实务高端研修班 | 2016-05-12 |
| 盐田港集团合同技能实务训练高级研修班 | 2016-05-18 |
| 分层制下新三板挂牌实务高级研修班 | 2016-05-20 |
| PPP 项目全过程管理高端研修班 | 2016-07-28 |
| 合同法实务高端研修班 | 2016-08-19 |
| 2016 年全国执行法律实务高端研修班 | 2016-08-25 |
| 并购与重组法律实务高级研修班 | 2016-09-08 |
| 第七期刑事辩护法律业务高级研修班 | 2016-09-11 |
| 劳动与社会保障法律实务暨人力资源管理研修班 | 2016-10-13 |
| 民商事争议解决高端研修班 | 2016-10-27 |
| 刑事裁判思维与诉讼（辩护）策略高端研修班 | 2016-12-16 |

| | |
|---|---|
| 建设工程项目疑难法律问题高端研修班 | 2016-12-22 |
| 最新执行系列司法解释专题研修班 | 2017-01-13 |
| 公司法律实务高端研修班 | 2017-02-16 |
| 民法总则高端研修班 | 2017-04-27 |
| 江苏省律师协会律师事务所主任培训班 | 2017-06-04 |
| 合同法律实务高端研修班 | 2017-06-08 |
| 民事诉讼证据实务高端研修班 | 2017-07-20 |
| 宁夏回族自治区司法厅 2017 年律师教育培训班 | 2017-07-27 |
| 法治政府建设暨政府法律顾问实务高端研修班 | 2017-08-24 |
| 第八期刑事辩护法律业务高级研修班 | 2017-09-11 |
| 艺术品投资收藏与法律风险高级研修班 | 2017-09-15 |
| 合同法实务高端研修班 | 2017-09-22 |
| 公司法律实务高端研修班 | 2017-09-23 |
| 知识产权法律实务高端研修班 | 2017-10-12 |
| 安徽省青年律师人才研修班 | 2017-10-16 |
| 公司破产审判与管理人实务高端研修班 | 2017-10-27 |
| 公司法律实务高端研修班 | 2017-11-02 |
| 湖州市第二期法律服务高级研修班 | 2017-11-10 |
| 土地与房地产法律实务高端研修班 | 2017-11-16 |
| 婚姻家事律师实务、财富管理与信托律师实务研修班 | 2017-12-14 |
| 青岛市黄岛区司法局律师事务所主任培训班 | 2017-12-25 |
| 民商事争议解决高级研修班 | 2018-01-04 |

| | |
|---|---|
| 法治政府建设暨政府法律顾问实务高端研修班 | 2018-01-11 |
| 民事诉讼证据实务高端研修班 | 2018-01-25 |
| 最新行政诉讼司法解释理解适用暨法治政府建设研修班 | 2018-03-22 |
| 巴渝律师英才项目政府法律顾问能力建设培训班 | 2018-04-11 |
| 最新执行系列司法解释理解适用高端研修班 | 2018-04-13 |
| 企业法律风险防范高级研修班 | 2018-05-24 |
| 婚姻家事及财富传承律师实务高端研修班 | 2018-06-08 |
| 律师事务所管理高级研修班 | 2018-06-28 |
| 公司法律实务高级研修班 | 2018-07-05 |
| 第九期刑事辩护法律业务高级研修班 | 2018-09-11 |
| 商业银行风险防控和法律实务高级研修班 | 2018-10-24 |
| 首期商事犯罪实务研修班 | 2019-01-26 |
| 第二期商事犯罪实务研修班 | 2019-03-30 |
| 艺术品与法律风险高级研修班 | 2019-04-18 |
| 第三期商事犯罪实务研修班 | 2019-06-22 |
| 第四期商事犯罪实务研修班 | 2019-07-27 |
| 第五期商事犯罪实务研修班 | 2019-09-27 |
| 第十期刑事辩护法律业务高级研修班 | 2019-12-02 |

**图书在版编目（CIP）数据**

我与律师学院：中国人民大学律师学院十周年纪念文集 / 中国人民大学律师学院组编 .
—北京：中国法制出版社，2021.4
ISBN 978-7-5216-1755-9

Ⅰ . ①我…　Ⅱ . ①中…　Ⅲ . ①中国人民大学律师学院—纪念文集　Ⅳ . ① D926.5-40

中国版本图书馆 CIP 数据核字（2021）第 049406 号

策划 / 责任编辑：薛　强

**我与律师学院：中国人民大学律师学院十周年纪念文集**
WOYU LÜSHI XUEYUAN：ZHONGGUO RENMIN DAXUE LÜSHI XUEYUAN SHIZHOUNIAN JINIAN WENJI

组编 / 中国人民大学律师学院
经销 / 新华书店
印刷 / 北京虎彩文化传播有限公司
开本 / 880 毫米 ×1230 毫米　16 开　　印张 / 17.25　字数 / 265 千
版次 / 2021 年 4 月第 1 版　　2021 年 4 月第 1 次印刷

中国法制出版社出版
书号 ISBN 978-7-5216-1755-9　　定价：60.00 元

北京西单横二条 2 号　邮政编码 100031　　传真：010-66031119
**网址：http://www.zgfzs.com**　　**编辑部电话：010-66054900**
**市场营销部电话：010-66033393**　　**邮购部电话：010-66033288**
（如有印装质量问题，请与本社印务部联系调换。电话：010-66032926）